JN120438

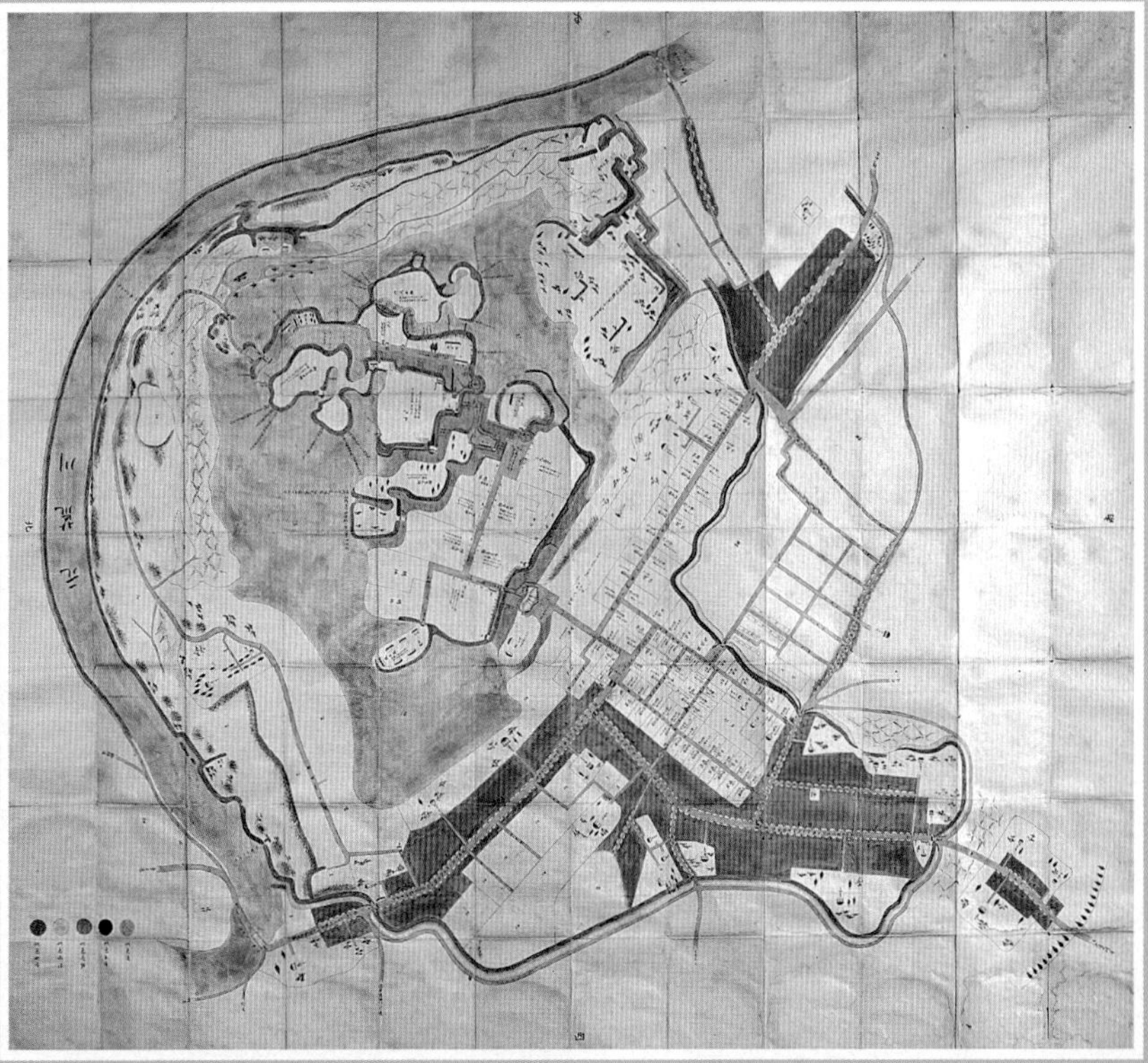

・岩槻城并侍屋敷城下町迄総絵図

（さいたま市立博物館所蔵・写真提供）

江戸時代に描かれた岩槻城の絵図。元荒川や周辺の沼を天然の水堀とする構造は、戦国時代に遡る可能性が高い。

・開山玉隠英璵坐像

（秩父市萬松山円融寺所蔵）

「自耕斎詩軸并序」を書いた玉隠英璵は、建長寺の住持を務めた高僧であった。

・建長寺三門（山門）

建長寺は、鎌倉五山第一位の禅宗寺院。
足利政権の関東支配に重要な役割を果たした。

・絹本着色太田資頼像

（川島町養竹院所蔵・埼玉県立歴史と民俗の博物館写真提供）

岩付太田氏（岩付城を本拠とする太田氏）の二代目当主。かつては、先祖から岩付城を継承し扇谷上杉氏に忠勤を果たした人物とされた。近年の研究では、渋江氏から岩付城を奪い、太田氏惣領の永厳を討ち下剋上を果たしたとの指摘も。新たな資頼像は、「太田氏が築城・継承した岩付城」という旧来の理解に疑義を投げかけた。

・龍穏寺山門

太田道真が再建したと伝わる曹洞宗寺院。新編武蔵風土記稿は、道真が隠居後に住んだ自得軒を同寺に隣接する山枝庵に比定する。

・太田道真と道灌の墓所（龍穏寺）

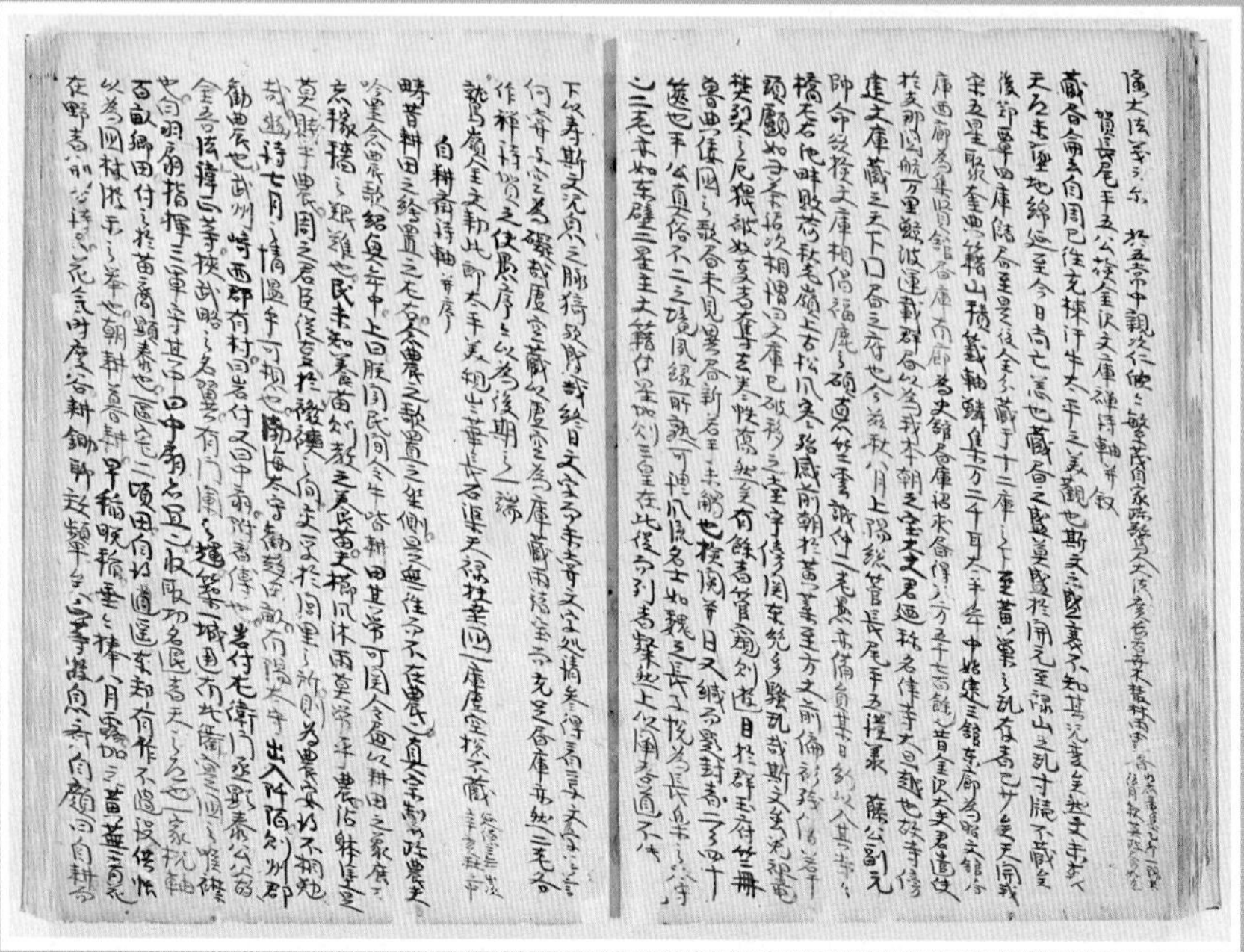

・文明明応年間関東禅林詩文等抄録

（自耕斎詩軸并序部分・東京大学史料編纂所所蔵）

鎌倉五山を代表する高僧・玉隠英璵による漢詩文。謎の人物「自耕斎」に対する賛辞の中で、この人物が岩付城を築いたとする記載が登場する。その内容は、通説であった岩付城の太田氏築城説に再考を促した。

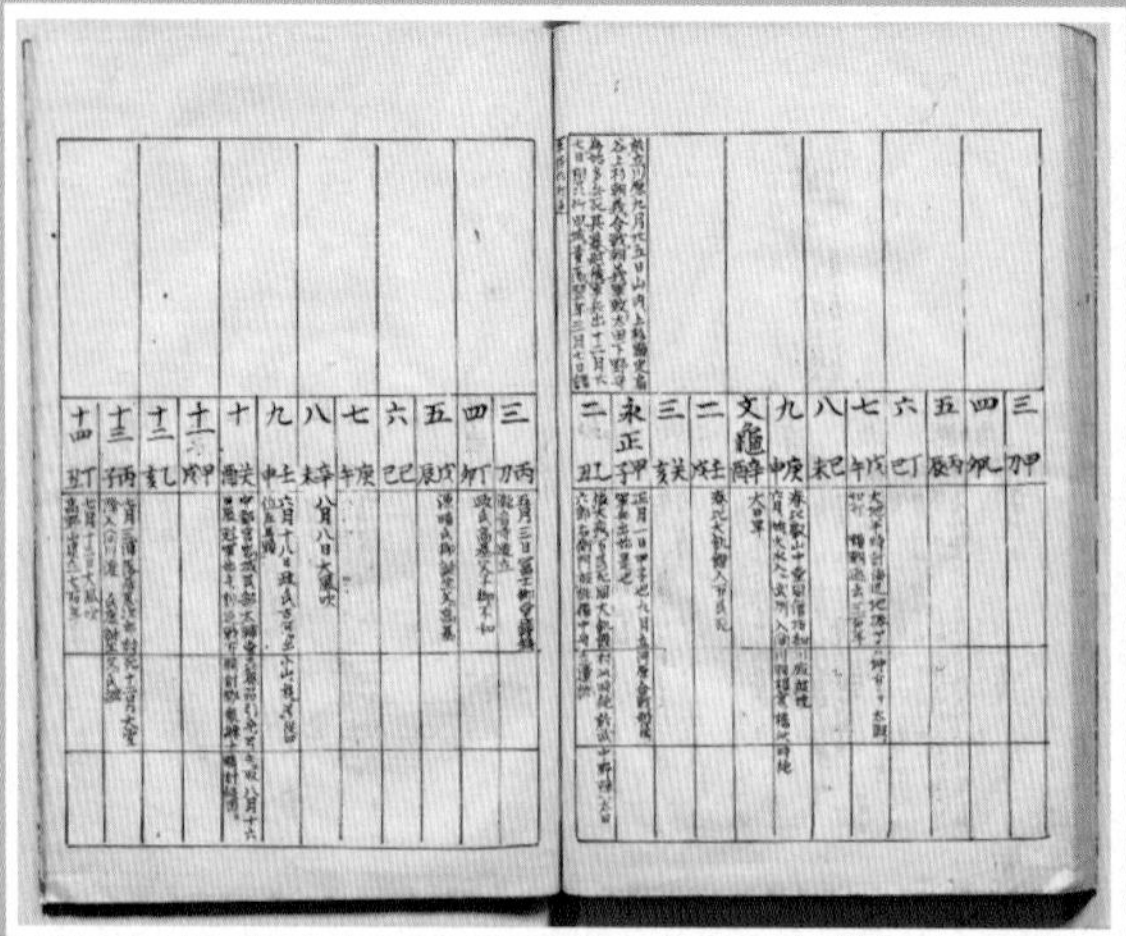

・年代記配合抄

（国立公文書館所蔵）

国立公文書館所蔵の年代記。作成者は不明ながら、道灌後の太田氏に関する記載が豊富で、信頼度も高いとされる。太田資頼が渋江氏から岩付城を奪ったとする記載は当史料が出所。

玉隠と岩付城築城者の謎

「自耕斎詩軸并序」を読み解く

「玉隠」題字　武田かず子

柴田昌彦
中世太田領研究会

まつやま書房

はじめに

「自耕斎詩軸并序」という漢詩文がある。室町時代後期の関東において漢詩の名手として知られた禅僧・玉隠英璵（一四三二～一五二四）による、漢詩とその序文からなる六百数十文字の作品である。

この時代の禅僧らは、漢籍の造詣を背景に無数の美文を紡ぎ出した。後世「五山文学」と呼ばれたこれらの漢詩文は、その格調の高さから権力者に愛された。将軍や公方、管領や各地の守護大名らが禅僧たちに詩文を求め、僧たちは古代中国の英雄や聖人になぞらえた美文によって彼らを称揚した。戦国時代の権力者が愛した文化といえば茶の湯が知られるが、その興隆は十六世紀半ばからである。足利将軍・公方らの権威が残っていた十五世紀後半には、五山文学と連歌こそが、権力者に愛された文化であった。

玉隠は、関東禅院の最高位である建長寺の住持を務めた人物である。江戸城を築いた伝説的英雄・太田道灌（一四三二～一四八六）や、関東の最高権威である古河公方・足利政氏（一四六二～一五三一）、そしてその補佐役である関東管領・山内上杉顕定（一四五四～一五一〇）などが玉隠に詩を求めた。「自耕斎詩軸并序」は、まさに「五山文学」の名手中の名手によって書かれた詩文なのだ。

ただし、斎号「自耕斎」を名乗った人物を死後に称揚したこの詩文は、玉隠の作品としては極めてマイナーな部類に属する。ではなぜ、本書はこの作品に注目するかを表明するのか。それはこの詩文がある歴史論争を巻き起こしたためである。すなわち、岩付城という城の築城者を巡る論争である。

岩付城（近世以降は岩槻城と表記）は、今日の埼玉県さいたま市岩槻区にその城址を残す戦国の城である。往時は荒川の本流であった元荒川を天然の水堀とした堅城であり、上杉謙信と北条氏康が関東の覇権を競った十六世紀半ばには、争奪戦の対象となった要所であった。

この岩付城の築城は、古くは、軍記物や系図等の系譜史料に基づき、太田道灌あるいはその父・道真によるものだとされてきた。ところが、この通説を「自耕斎詩軸并序」が覆すことになった。そこに記されていた岩付城の築城者とその継承者がおよそ太田氏とは思われない人物であり、当時最高位の禅僧であった玉隠によって書かれたこの漢詩文の信頼性が軍記物や系譜史料よりもはるかに高いとされたためである。この詩文を根拠とした新たな築城者説が提起され、〝太田氏築城説〟は、定説の座を退くことになったのだ。

しかし、太田氏による岩付城築城説は、不成立が確定したとして、排除されるべき旧説なのであろうか。

疑問の始まりは、他ならぬ「自耕斎詩軸并序」である。太田氏築城説の否定根拠とされた同詩文であるが、その一言一句を取り上げての精読は、まだ行われていないのだ。また、岩付城築城者「自耕斎」はむしろ太田氏とみられるとの反論もなされている。この反論にはその後厳しい批判が加えられることになるが、筆者にはいずれの議論も「自耕斎詩軸并序」の記載を部分的に取り上げた断片的なものに思えた。一言一句を取り上げた同詩文全体の精読を行わねば、結論は出せないのではないか。その想いに押されて、筆者が挑んだのが「自耕斎詩軸并序」への挑戦であった。

本書は、岩付城の築城者を記す最も信頼度の高い根本史料「自耕斎詩軸并序」の読解を一つの軸として、岩付城太田氏築城説の成立性を再検証した筆者の取り組みを記したものである。先行研究が、必ずしも十分に取り上げてこなかったこの漢詩文の特異性を分析した上で、そこに記された岩付城の築城者と継承者が太田氏であった可能性を論じた点が、その特徴である。

ただし、「自耕斎詩軸并序」に整合する新解釈を示せただけで、学説としての太田氏築城説を復活させることはできない。漢詩文が芸術作品である以上、その解釈に主観が混入することは避けられない。学術的に否定された学説を復活させるには、学術的なアプローチに則った反論が必須である。

そこで筆者は、次のアプローチを取ることにした。

・先行研究をレビューし、太田氏築城説を否定した議論を洗い出し、その全てに反論を試みる。その際、史学における一般的な史料批判の考え方を踏まえることに留意する。かつての太田氏築城説が拠った史料はいずれも二次史料であり、その記載はより信頼度の高い一次史料によって裏付けが取れない。この致命的な欠点を直視し、信頼度の高い史料と矛盾が生じない形で再構築されなければ、同説の学説としての復活は無い、との立場をとる。

・新たに提起する太田氏築城説と、今日の定説としての戦国関東史の整合性を検証する。具体的には、近代的な史学研究の成果として構築された戦国関東史と不整合が生じない（あるいは定説側に修正を求める場合根拠を示すことのできる）通史叙述を試みる。

・加えて、中世の河川流路に関する地理学の成果を踏まえ、新たに提起する太田氏築城説が、当時の岩付を巡る地理的条件と矛盾を生じえないことの検討も行う。

・その上で、「自耕斎詩軸并序」の奇怪さ、とりわけ築城者「自耕斎」とその子「岩付左衛門丞顕泰」に関する奇妙な記述を、新たに提起する太田氏築城説の立場から説明できることを示す。

以上の四つの検討を通じて、筆者は、太田氏築城説が今なお〝生きた学説〟足りえることを証明したいと考えている。どうか読者には、厳しい目で筆者の検討・解釈・立論に瑕疵がないかを点検しつつ、お読みいただきたい。また同時に玉隠が残した「自耕斎詩軸并序」という漢詩文を楽しんでいただきたい。室町時代から戦国黎明期の権力者らが愛し、当時最高の知性が紡いだ「五山文学」の世界は深い。その一言一句を掘り下げていく作業は、驚くほどスリリングであった。それを味わっていただきたいのだ。

そして願わくば、「岩付城の築城者は誰なのか」という論争の解を、ご一緒に考えていただきたい。

目次

序章　戦国期の関東と岩付城の位置づけ

「岩付城の築城者は誰なのか」という議論（以下、岩付築城者論と呼ぶことにしたい）に入る前に、本書をお読みいただく上での予備知識について概説したい。

（一）地理学の研究成果を踏まえた中世の河川流路、
（二）今日の定説としての戦国関東史、
（三）本書における諸史料の信頼性に関する見解、
をそれぞれ紹介していく。

知見をお持ちの読者は、本章をスキップし、第一章に進んでいただいて構わない。ご知見の有無に関わらず、まず第一章に進んでいただき、必要に応じて本章を参照していただく読み方もお勧めしたい。

（一）戦国期関東の地勢と岩付城周辺

広大な関東平野は、山ではなく、主に河川によって分割される。岩付城の地政学的な位置づけを理解するためには、当時の河川の流路を把握することが重要となる。しかし、関東の現在の河川は、江戸期に行われた〝付け替え〟や開削により、戦国期から大きく変化している。往時の流路が今日とのそれらと大きく異なっていることを理解しなければならない。

筆者は、ＮＰＯ法人越谷市郷土研究会の秦野秀明氏のご指導の下、以下の研究成果を踏まえて中世関東の河川流路の在り方の確認及び図化を行った。

・埼玉県（一九九三）『中川水系 人文 中川水系総合調査報告書２』
・鈴木哲雄（二〇〇五）『中世関東の内海世界』（岩田書院）
・橋本直子（二〇一〇）『耕地開発と景観の自然環境学』（古今書院）
・松浦茂樹（二〇一五）「関宿から利根川東遷を考える」、水利科学五九巻一号
・松浦茂樹（二〇一八）「綾瀬川の歴史と現状」、水利科学六二巻一号

主要な河川につき、本書の流路検討の概要を記す：

①利根川は、江戸期の東遷以前は、江戸湾に注いでいた。多くの研究が、中世以前の利根川が春日部付近で東西に分流し、西は今日の古隅田川、東は今日の古利根川の流路を通り、吉川付近で再合流していたとする見方で合意する（埼玉県（一九九三）、鈴木哲雄（二〇〇五））。

②荒川は、今日、入間川と合流して武蔵野台地と大宮台地の間を通る流路を取るが、こうした姿は江戸期の西遷工事以降のものである。中世の荒川は、入間川とは合流せず、今日の綾瀬川と元荒川の流路を通ったと考えられる。

③綾瀬川は古代には、武蔵国の足立郡と埼西郡の郡境となった大河であった。そのため中世においても綾瀬川が荒川本流だったとされる一方、近世以前に綾瀬川筋から元荒川筋への河川の付け替えが行われていたとの指摘も存在する（松浦茂樹（二〇一八））。「綾瀬川下流域の未発達な自然堤防から推すと、綾瀬川が荒川の主流筋であった期間はそれほど長いものではなかったとみられる」

（岩通六八六）との見解も存在するため、以降本書が作成する図では、両河川を荒川中流として示すことにしたい。

④中世利根川の主流の一つである古隅田川は、岩付城付近で中世荒川（元荒川流路）と合流したと考えられる（埼玉県（一九九三）、鈴木哲雄（二〇〇五））。古隅田川は武蔵国と下総国の国であったことが『類聚三代格』・『伊勢物語』・『吾妻鑑』の記載から確認され、岩付城は古隅田川対岸に下総国・下河辺庄を望む位置に築かれたことになる（埼玉県（一九九三））。

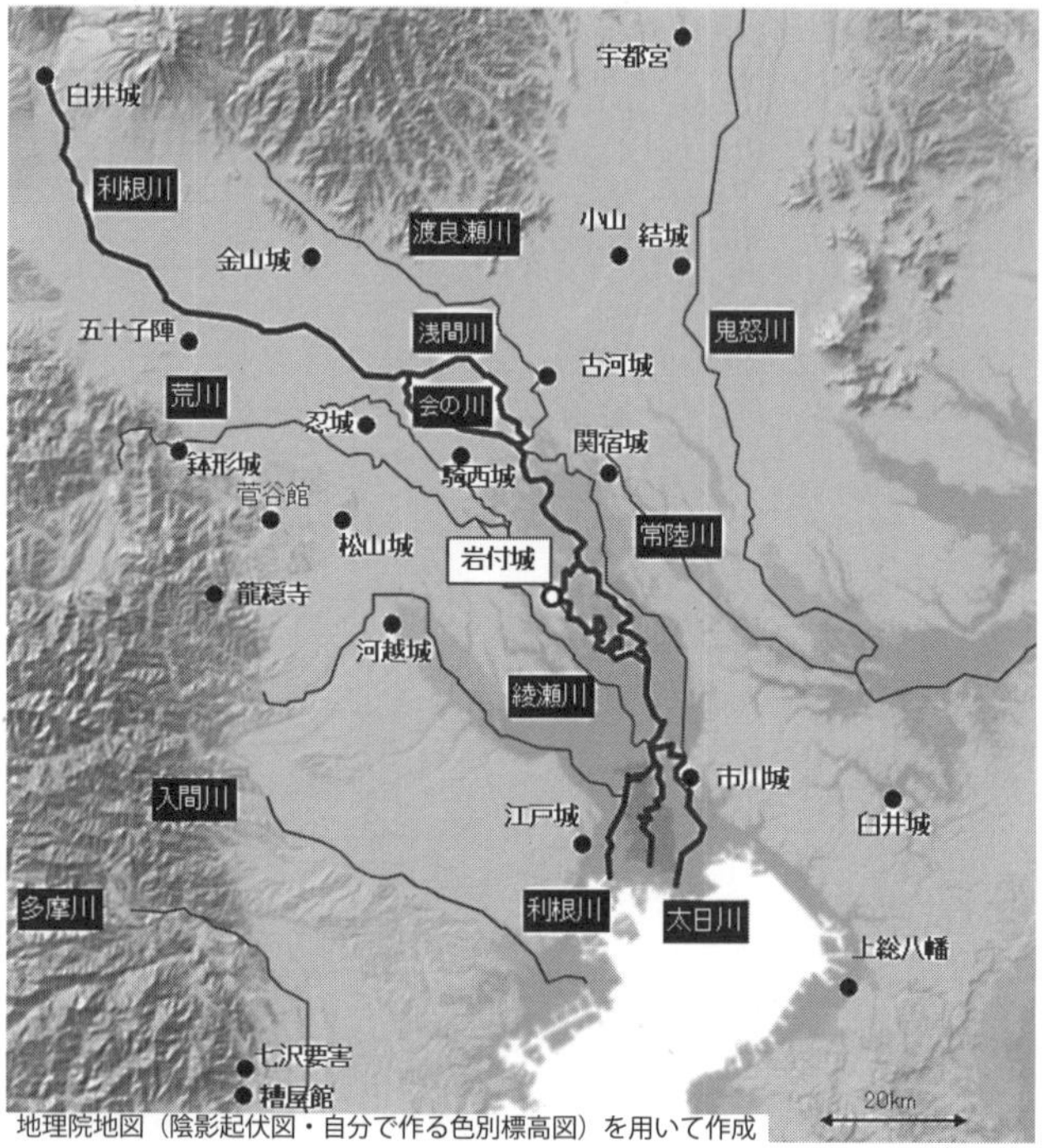

地理院地図（陰影起伏図・自分で作る色別標高図）を用いて作成

図１：中世関東の河川流路

⑤中世利根川は、岩付より上流では、古代には「合の川」が本流であったが、中世には「会の川」もしくは「浅間川」が本流となる。「浅間川」本流説（埼玉県（一九九三））と「会の川」本流説（橋本（二〇一〇））が併存するため、以降本書が作成する図では、両流路を示すことにする。

⑥常陸川は、利根川の付け替え前の状態であり、利根川とは繋がっていなかった。

以上の検討に基づく、中世関東の河川流路を「図1：中世関東の河川流路」に示す。

岩付城周辺の地勢

次に、以上で確認した中世関東の河川流路を踏まえ、岩付地域周辺の地勢を確認したい。

岩付城は、「大宮台地」を構成する七つの支台の一つ「岩槻支台」上に築かれた城である。中世荒川（元荒川流路）を隔てた北東には、慈恩寺が乗る「慈恩寺支台」が存在し、また中世荒川（綾瀬川流路）を隔てた西には「片柳支台」・「鳩ケ谷支台」・「浦和大宮支台」・「与野支台」・「指扇支台」が展開する。すなわち「大宮台地」は、二本の中世荒川（元荒川・綾瀬川）によって、三つに分割され、「岩槻支台」はその中央に位置したことになる。なお、中世荒川（綾瀬川流路）は、足立郡と埼西郡の郡境であり、「岩槻支台」・「慈恩寺支台」は埼西郡、「片柳支台」・「鳩ケ谷支台」・「浦和大宮支台」・「与野支台」・「指扇支台」は足立郡に属した。

岩付周辺にはこの郡境以上に大きな境界も存在した。武蔵野と下総国の国境を成した中世利根川（古隅田川）である。岩付城は、武蔵国側の東端に位置し、古隅田川の対岸に下総国を望む状況にあったことになる。古隅田川の東岸には、下総国・下河辺庄という広大な荘園が展開し、称名寺が寺領としたことで知られている。図中の「赤岩郷」や「築地郷」は、称名寺の荘園として有名である（第三章にて後述）。

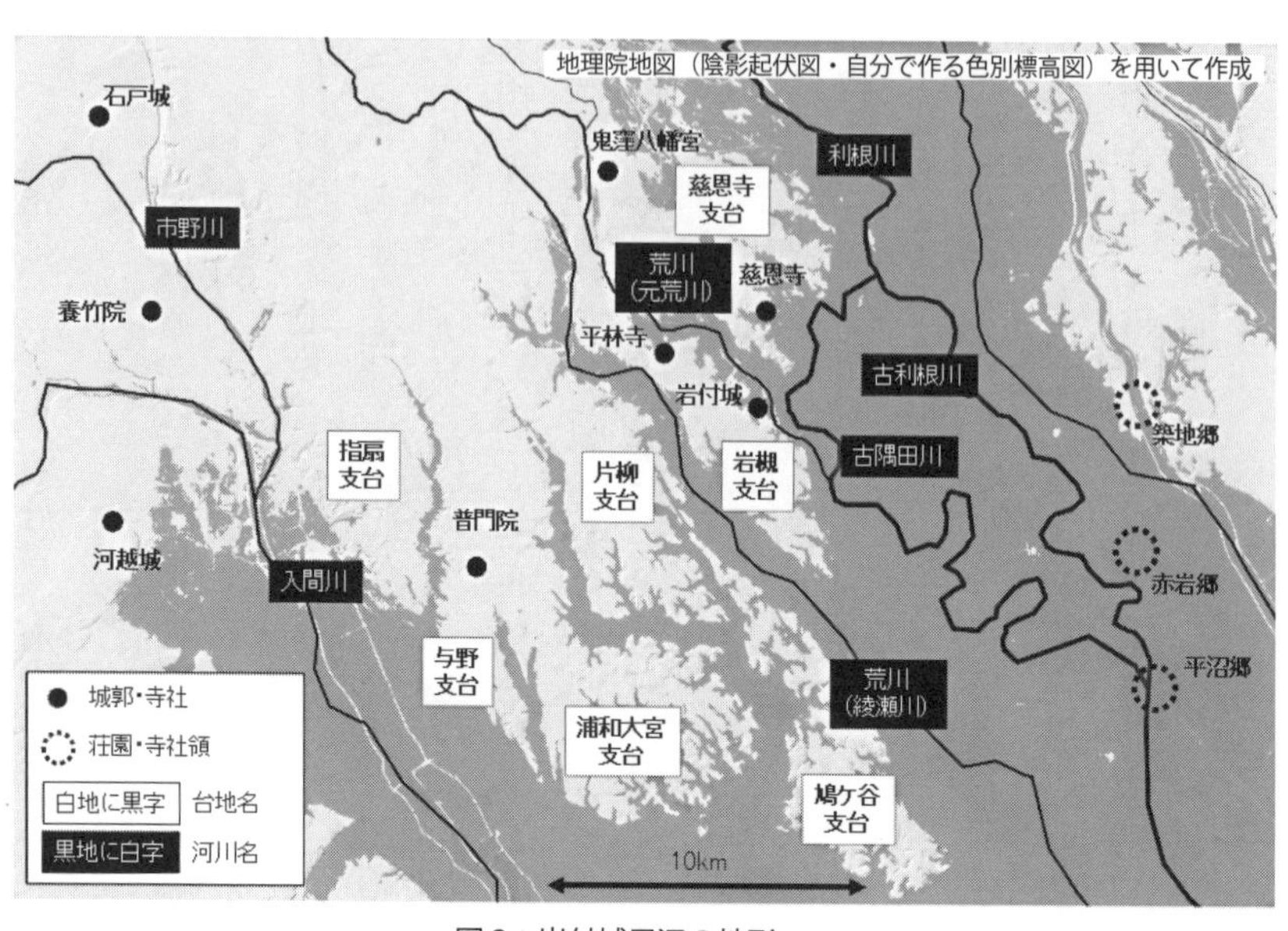

図2：岩付城周辺の地形

以上をまとめれば、岩付地域は、武蔵国・下総国の国境となる中世利根川（古隅田川）と、武蔵国内の足立郡と埼西郡の郡境となる中世荒川（綾瀬川流路）に挟まれた地であったことになる。武蔵国勢力が強大であれば対・下総国の前線となり、下総国勢力が強大となれば武蔵国の中で最初に切り取られる。岩付地域は、東西から争奪の対象とされる〝境目〟の土地だったと言えるであろう。

（二）戦国期関東の抗争史

次に、今日の定説としての戦国関東史の概略を確認する。岩付築城者に関する検討では、同城の築城伝承として最も早い享徳の乱（一四五四～一四八二）から、岩付太田氏による岩付城領有が確定する享禄四年（一五三一）まで約八〇年間を取り扱うことになる。この期間は、関東地方における〝戦国黎明期〟にあたるが、その情勢推移は非常に複雑である。
なお本書では、戦国黎明期の関東の情勢推移について、学術研究者による以下の通史書を参照した。

・黒田基樹（二〇〇四）『扇谷上杉氏と太田道灌』（岩田書院）
・則竹雄一（二〇一二）『古河公方と伊勢宗瑞（動乱の東国史6）』（吉川弘文館）
・山田邦明（二〇一四）『享徳の乱と太田道灌（敗者の日本史8）』（吉川弘文館）
・久保健一郎（二〇二〇）『享徳の乱と戦国時代（列島の戦国史1）』（吉川弘文館）

期間「1」：享徳の乱前期（一四五四～一四七六）

享徳の乱は、関東に戦国乱世をもたらした大乱として有名である。同乱は、室町幕府の統治機構において関東の最高位であり、室町将軍の親類でもあった鎌倉公方足利氏（後に古河に移座して古河公方）と、本来はその補佐役であった関東管領上杉氏（山内上杉氏と扇谷上杉氏）の間で、二十八年間にわたって繰り広げられた大乱であった。

そもそも鎌倉公方は室町将軍に対抗意識を持っており、両者の間には常に緊張状態が存在した。上杉氏は鎌倉公方の補佐役でありながら、京の室町将軍の代理人としての性格が強く、将軍の意を受けて鎌倉公方を掣肘する役割を負った。こうした幕府＝上杉陣営対鎌倉公方（後に古河公方）の対立構図が軍事衝突に至った乱が、享徳の乱であったと言える。

なお、上杉氏の内、代々管領職に就任したのは山内上杉氏（やまのうちうえすぎ）であり、扇谷上杉氏（おうぎがやつうえすぎ）はその補佐役を担った。江戸城を築いた太田道灌を輩出した太田氏は、扇谷上杉氏の家宰（主君の執事であり重臣らの筆頭）であった。扇谷上杉氏家宰の太田氏と言えば、江戸城を築いた文武両道の名将・太田道灌が有名であ

図3：東京国際フォーラム太田道灌像

るが、その父・道真もまた、「関東で並ぶ者のない智慧者（『鎌倉大草紙』）」と評された人物であった。享徳の乱の初期、扇谷上杉氏の家宰であったのは、道灌ではなく、父・道真であった。

期間「2」：享徳の乱後期（一四七七〜一四八二）

東の古河公方陣営と、西の上杉陣営に分かれての抗争であった享徳の乱であったが、後期には対立構図が変化する。山内上杉氏の家宰であった長尾氏の内部で家督継承に関する内紛が生じ、家督を継承できなかったことを不満とした長尾景春が、文明九年（一四七七）に反乱（長尾景春の乱）を起こしたのである。

同乱は、西関東を支配していた上杉陣営内における内乱であった。古河公方は、当初は上杉陣営を攻める好機として長尾景春と結んだが、文明十年（一四七八）には上杉陣営と和睦する。古河公方は、上杉陣営の長尾景春の乱鎮圧に協力することで、京の室町将軍との和睦を同陣営に要請する路線に出たとされる。長尾景春の乱鎮圧において最大の功労者は、扇谷上杉氏家宰の太田道灌であった。長尾景春とその与党を掃討した道灌は、主君である扇谷上杉氏やその上位権力者である山内上杉氏を凌駕する権勢を手にすることになったのであった。

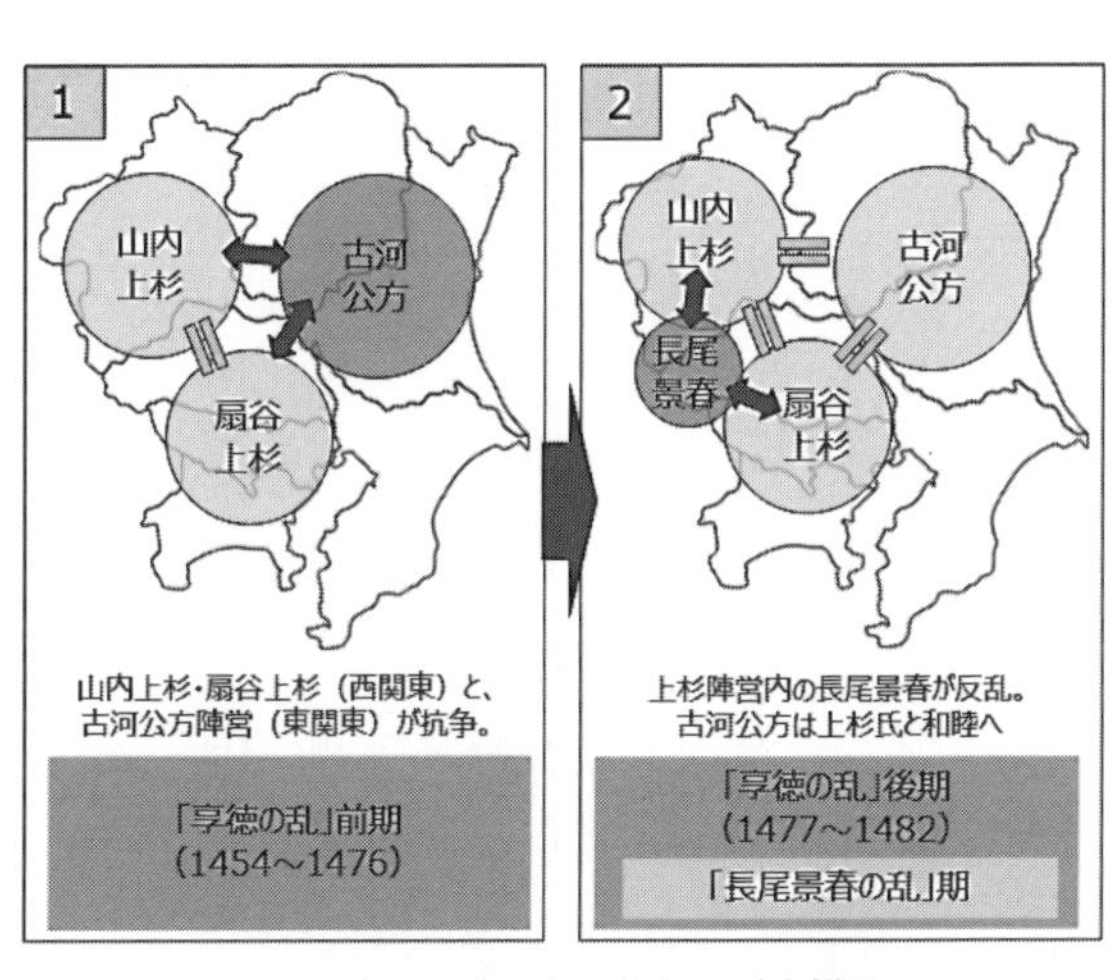

図４：享徳の乱前期と後期の対立構図

期間「3」：長享の乱前期（一四八七～一四九三）

上杉陣営最大の実権者となった太田道灌は、主君・扇谷上杉氏とその上位権力者である山内上杉氏から脅威と見なされ、文明十八年（一四八六）に扇谷上杉氏の当主・定正によって謀殺される。しかし、道灌の活躍によって勢力を拡大していた扇谷上杉氏を、山内上杉氏は引き続き敵視し、遂に両者の抗争（長享の乱（一四八七～一五〇五））が開始されるに至る。道灌後の太田氏は分裂し、道灌実子の太田資康は山内上杉氏方となり、道灌の養子と考えられる「太田六郎右衛門尉」は扇谷上杉氏陣営に残ったと見られる。

長享の乱は、扇谷上杉氏と山内上杉氏の抗争であったが、その前期と後期で古河公方の立場が異なる。古河公方は、同乱前期は扇谷上杉氏を支援してともに山内上杉氏と戦った。

期間「4」：長享の乱後期（一四九四～一五〇五）

明応三年（一四九四）、扇谷上杉氏の当主・定正は山内上杉氏に対する攻勢の最中頓死する。この前後から古河公方は山内上杉氏方となり、扇谷上杉氏を攻める立場を取る。扇谷上杉氏は、伊豆国を制した伊勢宗瑞（いわゆる北条早雲）とそれ以前から結び、山内上杉・古河公方陣営と抗争を展開した。

伊勢宗瑞と結んで山内上杉・古河公方と戦った扇谷上杉氏であったが、永正二年（一五〇五）に降服する。太田道灌の後釜として扇谷上杉氏の家宰となったと考えられる「太田六郎右衛門尉」が、永正二年に扇谷上杉氏によって誅殺されるという事件が発生する。同事件は、扇谷上杉氏の降服と何らかの関係があったものと考えられる。

期間「5」：伊勢宗瑞の武蔵国攻め（一五一〇）

長享の乱終結により、関東には「古河公方を頂点として、山内上杉氏がこれを補佐し、扇谷上杉氏が従う」という伝統的な秩序が復活する。しかし、永正六年（一五〇九）には、山内上杉氏の当主・顕定が、越後遠征で関東を留守にすると、翌永正七年（一五一〇）五月、伊勢宗瑞は、山内上杉氏に屈服した扇谷上杉氏と袂を別ち、扇谷上杉氏領国に攻め込む。その直後の永正七年（一五一〇）六月には、越後遠征中の山内上杉顕定は討死し、古河公方陣営では、父・政氏と子・高基の内紛が顕在化するに至る。

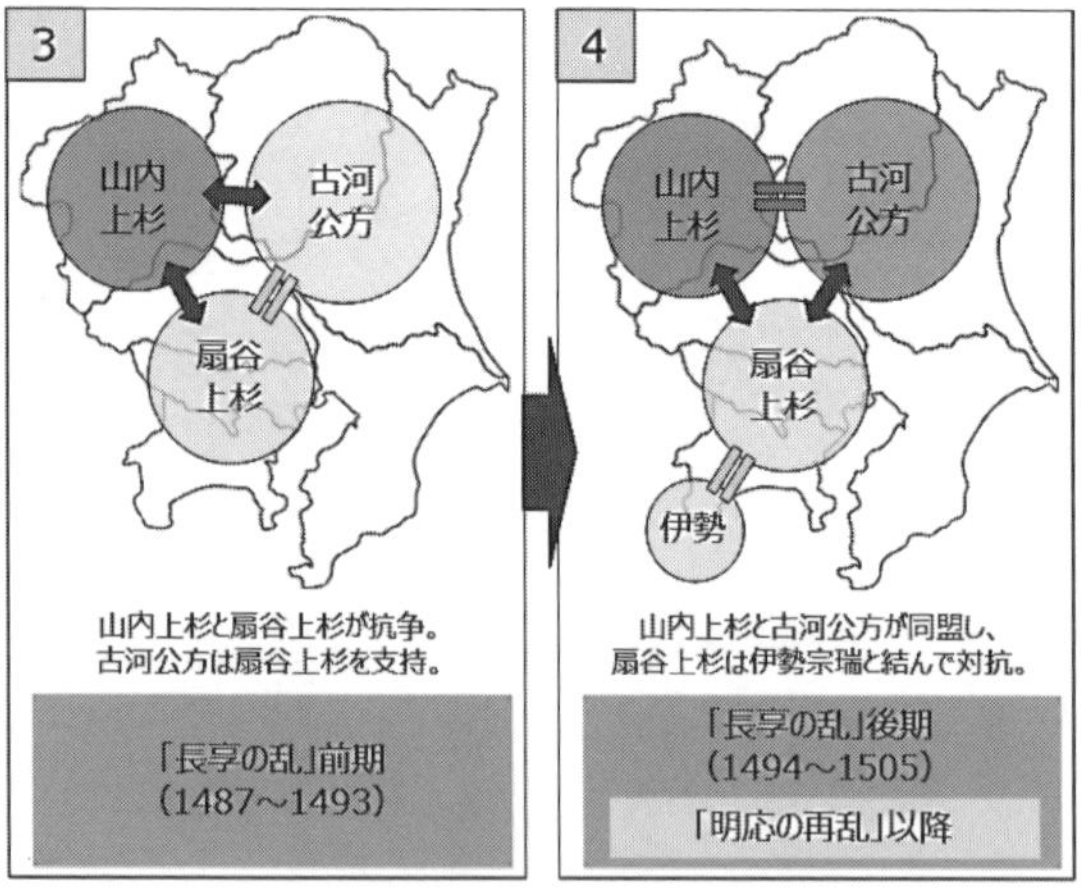

図５：長享の乱前期と後期の対立構図

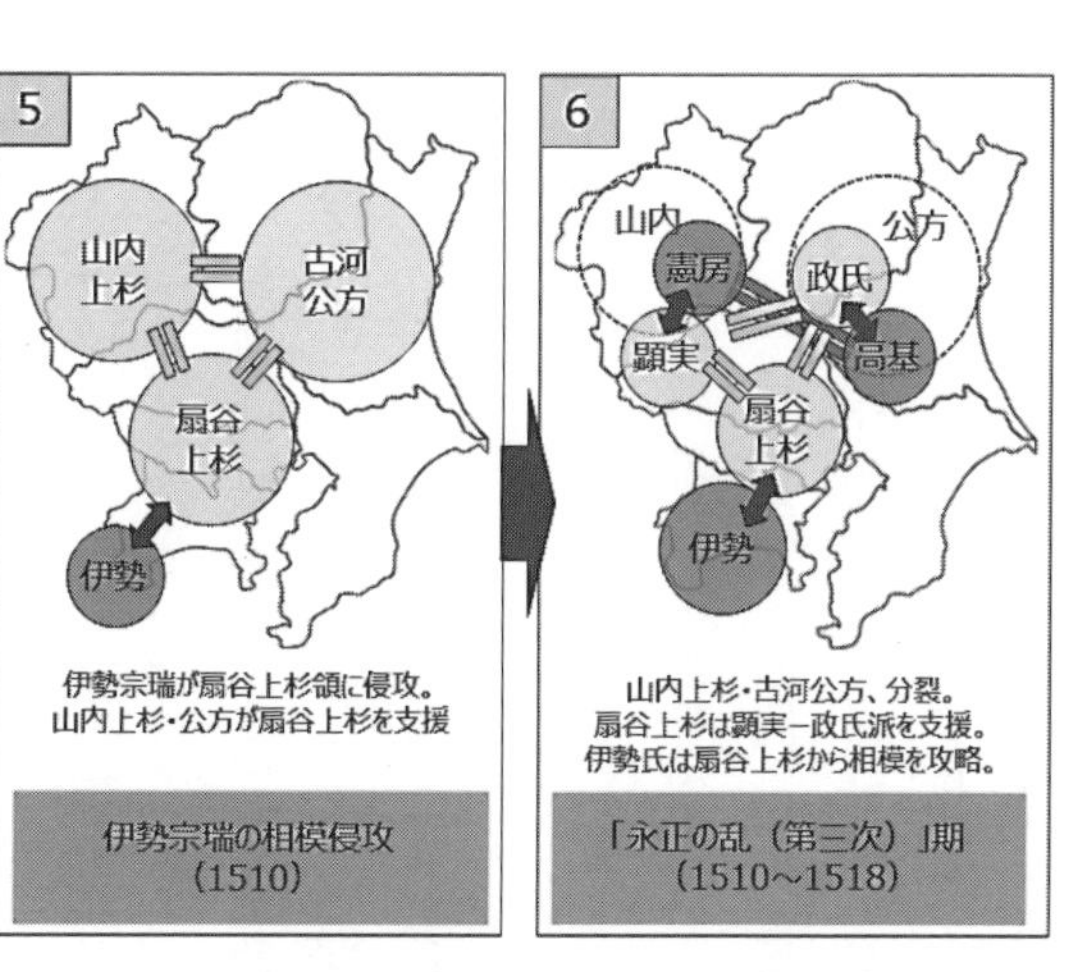

図６：伊勢宗瑞の武蔵国侵攻と第三次永正の乱

関東は再び大きな混乱期に入るが、伊勢宗瑞の侵攻に対しては、山内上杉顕定の養子・憲房が援軍を派遣して扇谷上杉氏を支援し、宗瑞は撃退されることになる。

期間「６」：第三次永正の乱（一五一〇〜一五一八）

古河公方・足利政氏とその子・高基の対立は激化する。山内上杉氏陣営でも、顕定の後継者の座をともに養子である顕実と憲房が奪い合う状況が発生し、両陣営の跡目争いは、「政氏―顕実」陣営と「高基―憲房」陣営の抗争という形に発展していく。これを第三次永正の乱と呼ぶ。足利政氏とその子高基の抗争は、永正三年（一五〇六）と永正六年（一五〇九）にも展開され、それぞれ、永正の乱の第一次・第二次抗争と呼ばれるが、比較的規模の小さな抗争に留まった。関東全体を巻き込む大乱となったのは、第三次の抗争であった。この第三次永正の乱において、扇谷上杉氏は、「政氏―顕実」陣営に与した。

同乱は、永正十一年（一五一四）頃に「高基―憲房」陣営の勝利が確定する。また、同乱の最中、伊勢宗瑞は扇谷上杉氏の被官・三浦氏を滅ぼし、扇谷上杉氏の本国である相模国を経略する。扇谷上杉氏は、自身が属する「政氏―顕実」陣営の敗北と、伊勢宗瑞による本国・相模の経略という二つの災厄に見舞われ、大きく勢力を減じることになる。

それでも扇谷上杉氏の足利政氏支持の姿勢は変わらず、永正十三年（一五一六）、同氏当主の朝良は、岩付城に政氏を迎えている。しかし永正十五年（一五一八）に朝良が没すると、支持者を失った足利政氏は、岩付を出て久喜の甘棠院に隠居し、その政治生命を終えることになる。第三次永正の乱は、ここに終結する。

期間「7」：小弓公方強勢期（一五一八〜一五二三）

古河公方の座は、父・政氏を排除した足利高基のものとなったが、関東における「公方」の座を巡る抗争は、新たな段階に移行する。足利政氏のもう一人の息子である義明（高基の弟）が、父の隠居後も兄・高基との抗争を辞めず、上総国の真里谷武田氏に迎えられて小弓（千葉市）に入り、「小弓公方」を名乗って古河公方陣営と対峙したのである。

扇谷上杉氏は、新たに生まれた小弓公方陣営に加わる。また、扇谷上杉氏から本国・相模を奪い、その仇敵となっていた伊勢氏（この時には宗瑞の息子・氏綱が当主）も、小弓公方陣営に属したと見られる。この期間、扇谷上杉氏と伊勢氏は、同じ陣営に属することで一応

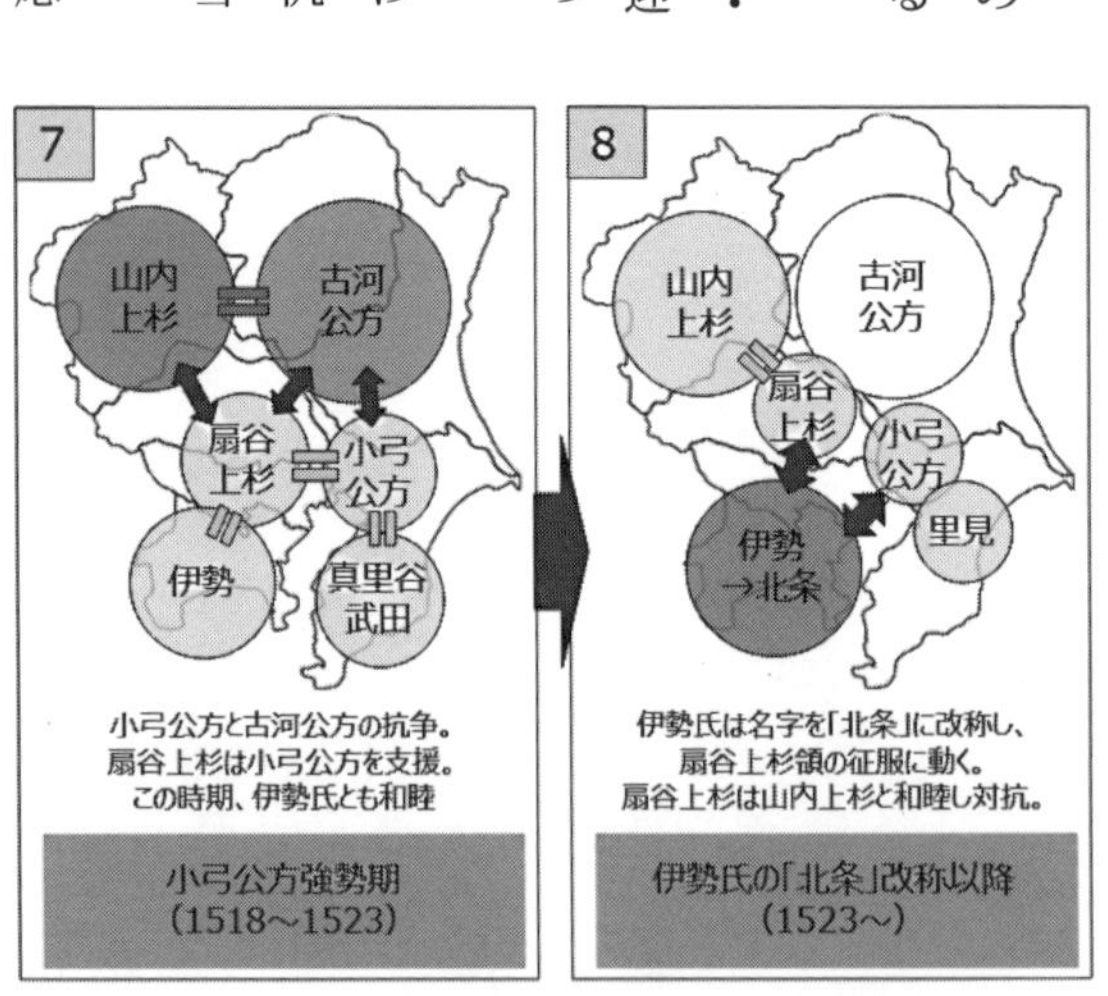

図７：小弓公方強勢期から伊勢氏の北条改称以降

の和睦が成立していたと考えられる。

期間「8」：伊勢氏の北条改称以降（一五二四〜）

大永四年（一五二四）に伊勢氏が名字を「北条」に改称する。「北条」は〝関東の副将軍〟の名字と認識されていたことを踏まえれば、関東管領すなわち〝関東の副将軍〟である上杉氏に対抗するための改称であったとも指摘される。北条氏と扇谷上杉氏の構想は、同年早々に再開されることになり、扇谷上杉氏を滅亡に追い込んでいく。

この中で、岩付城の巡る攻防も展開された。大永四年（一五二四）から享禄四年（一五三一）までの七年間に、合計四度の争奪戦が展開され、その都度岩付城の城主は、北条方→扇谷上杉方→北条方→扇谷上杉方と移り変わる。しかし繰り返された岩付城争奪戦も享禄四年（一五三一）で一応の終結を見ることになり、以降、太田氏による岩付城の領有が継続することになる。その後に続くのが、生涯をかけて北条氏との抗争に挑んだことで知られる太田資正（一五二二〜一五九一）の時代である。

（三）史料の取り扱い

序章の最後に、本書における諸史料の信頼性に関する見解をご提示したい。

一次史料と二次史料

日本史学では、当事者が直接その目的に沿って作成した史料を「一次史料」と呼ぶ。書状や命令書を中心とする古文書や、同時代の人間が自身の行動や見聞した話を書き留めた日記などの古記録が一次史料に分類される。これに対して、後になって編纂された歴史書や軍記物は「二次史料」と評価される。[1] そして、一次史料の方が信頼性が高いため、可能な限り一次史料を根拠とし、二次史料の使用は参考にとどめるべき、とされる。本書もこの考え方に従う。

一次史料としての書状、日記

一次史料のうち、当事者が出した書状については、説明は不要であろう。一方、日記については、どの史料がこれに当たるかは検討を要する。岩付築城者論で参照される史料の中で、これに当たるのは、例えば『香蔵院珎祐記録』であろう。鶴岡八幡外宮の僧・珎祐が残した記録である同史料には、政治権力者・太田氏と鶴岡八幡の間での交渉等が記されており、〝同時代の人間が自身の行動や見聞した話を書き留めた日記〟に準じるものと位置付けられる。

1 丸島和洋（二〇一六）『真田信繁の書状を読む』（星海社）

当事者による回顧

歴史的事件の当事者らによる回顧を記した史料は、〝当事者が直接その目的に沿って作成した史料〟ではないため二次史料に分類されるであろう。しかし、記憶違いや、自身の正当化のための作為が混入する可能性はあるものの、その記載の信頼性は、後世の人間が編纂した軍記物や系譜史料よりも高い。

岩付築城者論に登場する史料としては、享徳・長享の乱に参加した上野国の岩松氏に仕えた僧「松陰」の回顧録『松陰私語』や、享徳・長享の乱期に武人たちと交流し、その記録を記した漢詩人・万里集九の作品集『梅花無尽蔵』等がこれに該当する。また、岩付城の築城者「自耕斎」の事績を記した「自耕斎詩軸并序」も、ここに含めることができるであろう。後述の通り、玉隠は生前の自耕斎に詩と序文を捧げており、自耕斎による岩付城築城を同時代人として見聞していた可能性がある。

寺社による記録

寺社による記録は、後世に編纂されたものであっても、歴史的事件が起こる度に記された記録が元となったと考えられるため、軍記物よりも信頼度が高いとされるケースが多い。岩付築城者論で参照される史料では、下総国の本土寺の記録である『本土寺過去帳』、常陸国の円福寺の記録を編纂した『円福寺記録』等がこれに該当する。『北区史資料編古代中世2』では、軍記物『鎌倉大草紙』に長禄元年（一四五七）のこととして扇谷上杉氏家宰太田氏による岩付城築城が記載されていることを知った上で、『円福寺記録』における永正一三年（一五一六）条の記載を「扇谷上杉氏と岩付城との関係を示す初見史料」とする。軍記物よりも、寺社記録を信頼度の高い史料と位置付けたことを示す評価と言える。

信頼度が再評価された二次史料

史料の作成者や参照した情報源が不明の二次史料は、通常、信頼度が低いと評価される。しかし、こうした史料の記載内容の信頼性が再評価されることもある。岩付築城者論に関連する史料では、『年代記配合抄』と『石川忠総留書』がこれに当たる。

『年代記配合抄』は、成立年代・作者ともに不詳の年代記である。また『石川忠総留書』は江戸時代に徳川秀忠の家臣・石川忠総が筆記したと伝えられる情報源不明の後世編纂史料であり、ともに以前は信頼度の高い史料とはみなされていなかった。しかし黒田基樹氏の一九九三年の論文「太田永厳とその史料」（黒田基樹編著『論集戦国大名と国衆12岩付太田氏』（岩田書院）収録）（以降、黒田（一九九三））以降、評価が大きく変化した。

黒田（一九九三）は、太田氏の系譜史料には登場しないが一次史料によって実在が確認される「太田永厳」が両史料に現れることを指摘し、二次史料ながら、軍記物や系譜史料等以上に真実性が高い史料と位置付けた。本書もこの考え方に従いたい。

軍記物と系譜史料

以上のような史料に比べ、信頼度が一段下がるとされるのが、軍記物と、系図や家記等の系譜史料である。いずれも後世の人間が、情報源不明の情報を集成して、特定の意図（系譜史料であれば先祖の顕彰）に従って編纂された史料であり、誤伝や歪曲の可能性が排除しにくい。本書も、軍記物と系譜史料については、二次史料の中でも最も信頼度の低い史料として扱うこととしたい。

ただし、軍記物・系譜史料の中にも、信頼度に関して相対的な差異が存在する。例えば、太田氏系譜史料では、『太田家記』や『太田家譜』が有名であるが、ともに『太田資武状』を参照したことが明記されている。『太田資武状』は、いわば最古の太田氏系譜史料であり、それを書承したより後世の家記・家譜より重視されるべき史料と言える。本書でも、太田氏系譜史料の中では、『太田資武状』を最重視する立場を取ることにする。

軍記物も、研究者により信頼度の優劣が議論されている。本書としても先学による信頼度の議論を踏まえ、参照を行いたい。

金石史料

最後に金石史料について触れたい。金石史料は金属や石に記された史料である。本書では、岩付地域の支配者を推測する手がかりとして、梵鐘や鰐口に彫られた銘文を参照する。金石史料として刻まれた内容は、過去の事績の回顧・顕彰等が含まれるため一次史料とは位置付けがたい。しかし、「金石に刻まれた年次に当該の銘が彫られた」という点を保証する史料と位置付けることは可能であろう。本書では、この点を重視して、金石史料の活用を行うことにする。

資料集の略記

以上のような諸史料を参照するにあたり、筆者が活用した資料集とその略称を以下に示す。

資料集	略称
『岩槻市史 古代・中世史料編Ⅰ　古文書史料（上）』『〃（下）』	岩史＋文書番号
『岩槻市史 古代・中世資料編Ⅱ　岩付太田氏関連史料』	岩太＋頁数
『岩槻市史 通史編』	『岩通』＋頁数
『北区史 資料編 古代中世1』	北区①＋頁数
『北区史 資料編 古代中世2』	北区②＋頁数
『古河市史 資料編 古代中世』	古河＋頁数
『埼玉県史料叢書11』	叢書⑪＋文書番号
『埼玉県史料叢書12』	叢書⑫＋文書番号
『新編埼玉県史 通史編2』	埼通＋頁数
『新編埼玉県史 資料編5』	埼資⑤＋頁数
『新編埼玉県史 資料編6』	埼資⑥＋文書番号
『新編埼玉県史 資料編8』	埼資⑧＋頁数
『新編埼玉県史 資料編9』	埼資⑨＋頁数
『続群書類従 第十二輯下文筆部』	続群書⑫＋頁数
『続群書類従 第二十輯上合戦部』	続群書⑳＋頁数
『続群書類従 第二十一輯上合戦部』	続群書㉑＋頁数
『信濃史料第九巻』	信濃⑨＋頁数
『信濃史料第十巻』	信濃⑩＋頁数
『吉川市史 資料編 原始・古代・中世』	吉川＋文書番号

本書の読者は、岩付城が立地するさいたま市・埼玉県の中世史にご興味のある方々や、もしくは太田氏にご関心のある方々が大半であろう。旧岩槻市やさいたま市にお住まいの方々には、岩槻市史の資料集が参照しやすい。それ以外の埼玉県在住者の方々には新編埼玉県史の資料集が便利である。また埼玉県外在住で太田氏にご関心のある方々には、太田氏関係の史料を集成した資料集として名高い北区史（東京都）の資料編がアクセスしやすい資料集であろう。こうした状況に鑑み、本書では、より多くの読者に史料にアクセスしていただくため、各史料を収録する資料集として、岩槻市史・新編埼玉県史・北区史の資料集をすべて掲示することとした。表記がやや煩雑となるがご容赦頂ければ幸いである。

第一章　太田氏築城説はなぜ否定されたのか

本章では、「はじめに」で掲げた「先行研究における太田氏築城説への否定論に反論」の準備として、岩付城・太田氏築城説が、今日なぜ半ば否定された状態にあるのかを確認していきたい。

初めに、なぜかつては太田氏築城説が受け入れられていたかを紹介する。次いで一九九四年以降に登場した太田氏築城説に対する〝否定論〟を洗い出す。これによって軍記物等の後世編纂史料に依拠する太田氏築城説が、新出史料「自耕斎詩軸并序」や、一次史料ベースの近代的な史学アプローチによって徹底的に否定されたことが確認される。

（一）かつて太田氏築城説は定説であった

岩付城は太田氏によって築城された――。

かつて広くそう考えられたのは、多くの軍記物や太田氏の系譜史料が、岩付城の築城者を太田道真、あるいはその息子道灌と記してきたためである。中でも重視されたのが、軍記物『鎌倉大草紙』（埼資⑧四三・北区②二三〇）の以下の記述である。

「其年長禄元年四月上杉修理大夫持朝入道武州河越の城を取立らる、太田備中守入道ハ武州岩付の城を取立、同左衛門大夫ハ武州江戸の城を取立ける」。

上杉修理大夫持朝入道は扇谷上杉持朝、太田備中守入道は太田道灌の父・道真、そして同左衛門大夫は太田道灌を指す。つまり、『鎌倉大草紙』の記述は、長禄元年（一四五七）にこの三者が手分けして、武蔵国で河越城（川越城）・岩付城・江戸城の三城を築いた、と記していることになる。

「享徳の乱」という舞台設定

長禄元年（一四五七）は、関東に戦国時代をもたらしたとされる大乱、「享徳の乱」（一四五四～一四八三）の初期にあたる（図５：享徳の乱前期と後期の対立構図）。同乱は、室町幕府の統治機構において関東最高位であった鎌倉公方・足利成氏（後に古河に移座して古河公方と呼ばれる）と、本来はその補佐役であった関東管領の上杉氏が、利根川・荒川を境界として関東を東西に分けて激突した大乱であった。

上杉氏陣営は、関東管領を歴任した山内上杉氏と、それを補佐する扇谷上杉氏から構成され、両者は〝両上杉〟と呼ばれた。山内上杉氏は上野国と武蔵国北部を支配下に収め、扇谷上杉氏は相模国と武蔵国南部を領国とする政治権力であった。太田氏は、このうち扇谷上杉氏の家宰（執事である重臣の筆頭）として主君・持朝を支える立場にあった。なお長禄元年時点では、扇谷上杉氏の家宰職にあったのは江戸城の築城者として有名な太田道灌ではなく、その父・道真であった。

足立郡と埼西郡の制圧を誓う古河公方

享徳三年（一四五四）十二月、公方・足利成氏による関東管領・山内上杉憲忠の暗殺によって始まった享徳の乱は、当初は、足利成氏方優位の戦局が続く。大将を失って混乱する上杉氏陣営を相手に成氏は連戦連勝を重ね、鎌倉から下総国・古河まで進軍した。そして北関東・東関東に多かった親公方派の領主らの支援を受けて古河を本拠とし、西関東に支配域を展開する上杉陣営に更なる攻勢をかけようとしたのだった。

則竹雄一（二〇一二）『古河公方と伊勢宗瑞』（吉川弘文館）（以下、則竹（二〇一三））によれば、騎西城当時の情勢推移は、以下のとおりである。

①享徳四年（一四五五）六月、足利成氏、古河に拠点を築く（古河公方の成立）
②康正元年（一四五五）十二月、古河公方方が騎西城（埼玉県加須市）を攻略
③康正二年（一四五六）二月、古河公方は足立郡・埼西郡攻略の意思を示す願文を鷲宮神社に奉る
④康正二年（一四五六）九月、岡部原（埼玉県深谷市）で公方方と上杉方が合戦
⑤康正二年（一四五六）十月、人見原（埼玉県深谷市）で公方方と上杉方が合戦

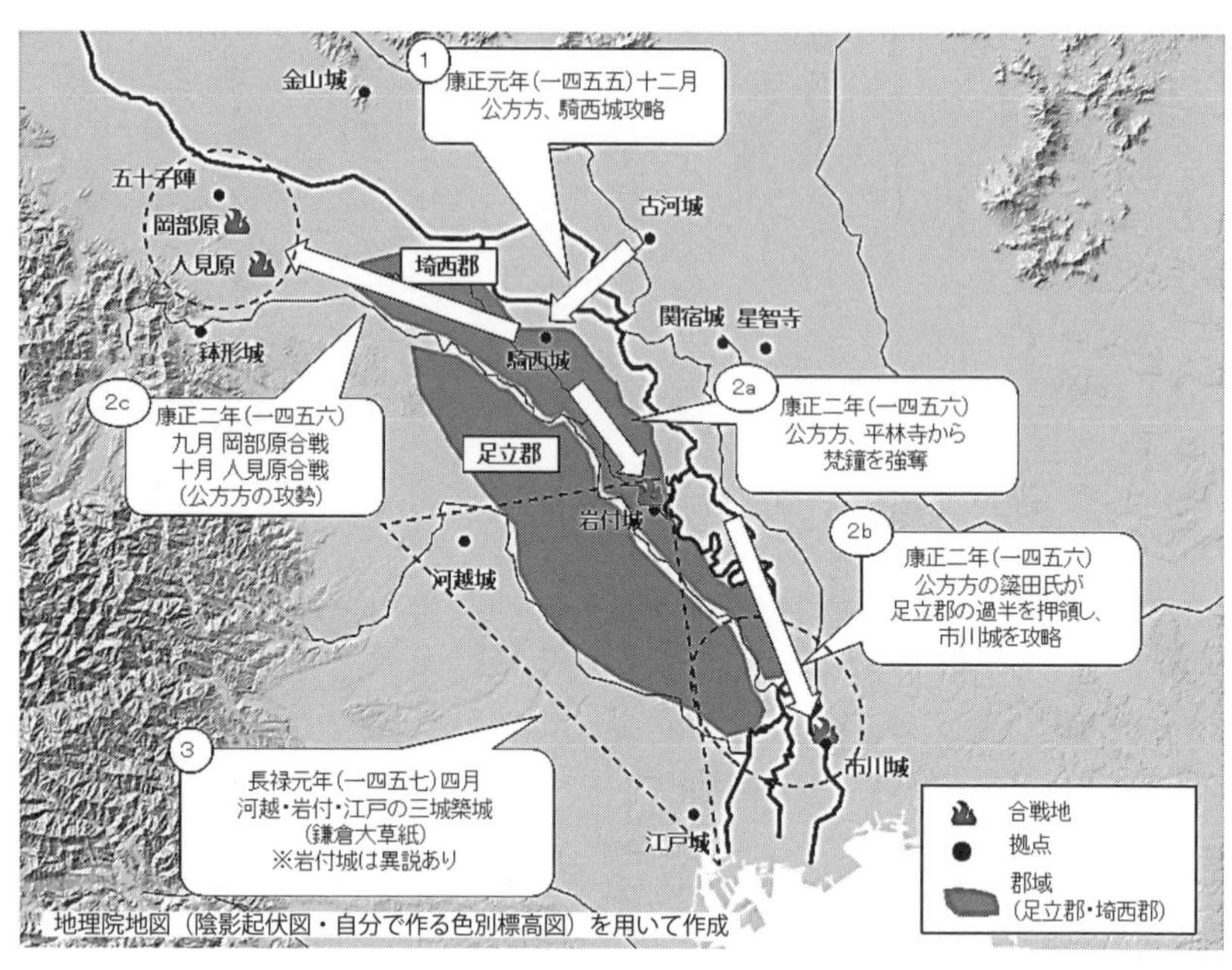

図8:享徳の乱初期、騎西城を起点とした古河公方方の攻勢

上記③に紹介した古河公方足利成氏が鷲宮大明神に捧げた願文(埼資⑤八七二・岩史二一四)は、興味深い。同願文には「特今度凶徒等悉令退治、方々属本意者、以足立郡幷崎西郡之段銭、為當社之修造可奉寄進、之立願状如件」とある。足利成氏は、凶徒(上杉陣営)を退治した暁には足立郡と崎西郡(埼西郡)の段銭で鷲宮神社を修造すると願い出ているのであり、上杉陣営が支配する両郡を攻略せんとする意思を明確に示している。

また、同時期、岩付地域への進軍が行われたとする指摘もある。本来は康正二年(一四五六)にあたる「享徳五年」の銘が改めて加えられた旧平林寺(さいたま市岩槻区)の梵鐘(埼資⑨九一)が下総国上幸嶋郡の星智寺に奉納されており、これが改元後も「享徳」を使い

続けた古河公方勢による平林寺周辺への攻勢の証拠と考えられるとの議論である。（この議論については本章（四）で紹介する）

更に『鎌倉大草紙』は、康正二年（一四五六）正月の事として、公方方の重臣・簗田河内守が「関宿より打ち出、武州足立郡を過半押領し、市川の城を取」と記載する。利根川流路に沿って南下し、市川城（市川市）や周辺の足立郡南部を制圧したのであろう。

騎西城は、古河から見て利根川の対岸に立つ城であった。古河公方・足利成氏は、まさに同城を橋頭保として、埼西郡・足立郡方面に攻勢を掛けていたことがわかる。

公方の攻勢を迎え撃つ河越・岩付・江戸の三城

先に紹介した『鎌倉大草紙』の長禄元年（一四五七）の河越・岩付・江戸三城築城記述は、こうした古河公方陣営の攻勢に対する扇谷上杉氏側の迎撃策として登場する。

地形的に見てこの三城は、足立郡・埼西郡への攻勢を受け止める位置に築かれている。特に岩付城は、当時の荒川本流（現在の元荒川）の西岸に立つ城であり、この大河を挟んで対岸の古河公方の勢力圏と対峙する。しかも当時、関東最大の河川であった利根川（古隅田川）は、岩付付近で荒川と合流し、江戸湾に注ぐ川筋を通っていた。古隅田川の対岸は下総国であり、古河公方の支配地であった。古河公方が攻略を狙った埼西郡南部と足立郡が荒川・利根川の西側に広がる土地であったことを考えれば、岩付城はまさに両郡を防衛する前線基地の役割を果たすことになる。『鎌倉大草紙』の三城築城記述は、当時の政治情勢と地勢に整合するのだ。

『鎌倉大草紙』の信頼性

『鎌倉大草紙』は後世に編纂された二次史料であるが、その信頼度に対する研究者からの評価は高い。小国浩寿氏は、二〇一三年の著作『鎌倉府と室町幕府』（吉川弘文館、以下小国（二〇一三））において、『鎌倉大草紙』を「編纂物ゆえ第一級史料としては扱えないものの、その内容の信頼度は東国史研究者においても決して低くなく、他の軍記物とは一線を画した感があり、そこには、編纂者の精力的な関連文献・史料の探索、そしてそれらの吟味・引用等の労があったはずである」と評価する。こうした『鎌倉大草紙』への認識も、太田氏による長禄元年の岩付築城説の支持材料となったことであろう。

扇谷上杉氏と岩付の縁を記す諸軍記

また、太田氏が仕えた扇谷上杉氏が岩付地域を軍事拠点としたことが多くの軍記物に見えることも、太田氏による長禄元年の岩付築城と符合するとみられた。

例えば『岩槻市史通史編』は、『鎌倉大草紙』が、長禄元年の十七年前にあたる永享十二年（一四四〇）に扇谷上杉氏が岩付から軍勢を派遣したことを記載する。同記載は、『鎌倉大草紙』が参照したと考えられる先行軍記『永享記』（続群書⑳一七〇）にも見られる他、より後世に編纂された『北条記』（続群書㉑三八六）にも引き継がれている。

また、筆者が調べたところでは、『永享記』より古い成立とされる『鎌倉持氏記』[2]にも、扇谷上杉持朝が岩付在陣に戦況報告を受けたとする記載（持氏ハ岩付ニテ粗聞之雖）が見られる。小国

---

[2] 筆者は国立国会図書館デジタルコレクション『鎌倉持氏記付結城戦場全』を参照。

（二〇一三）は、『鎌倉持氏記』について、「『永享記』に先行し、しかも、永享の乱を扱う実録的な系列の軍記中にあっても、その源流に位置する可能性が高くなり、現在では、『永享記』が『鎌倉持氏記』を書承したものであることはほぼ確定されている」と指摘する。

これらの軍記を編纂した中世人にとって、扇谷上杉氏が岩付を軍事拠点としたことは自明として受け入れられていたのであろう。

太田氏系譜史料との整合

太田氏による岩付築城は、当の太田氏の系譜史料にも散見される。

以下、『岩槻市史 古代・中世資料編Ⅱ岩付太田氏関連史料』（岩太と略記）や『北区史 資料編 古代中世2』（北区②と略記）に収録された主な太田氏系譜史料を取り上げる。

①太田資武状（岩太七七・北区②二一〇）：江戸幕府譜代大名となった太田資宗（江戸太田系）の求めに応じ、太田資武（岩付太田系）が家系に関して返答した書状群。寛永期（一六二四〜一六四四）に成立した最古の太田氏系譜史料。江戸太田系の系譜史料『太田家記』には「太田安房守資武よりの状ニ云」との記載が頻出。また岩付太田系の系譜史料『太田家譜』は、冒頭に「安房守資武以伝来之実録記之」とある。本状が後世の系譜史料に与えた影響の大きさが窺われる。

②藩翰譜（岩太一九七）：新井白石が、徳川綱豊の命を受けて編纂した諸大名家の由来と事績を集録し、系図をつけた資料。元禄十五年（一七〇二）に成立。江戸太田氏の太田備中守資宗の

系譜を記述しながら、岩付太田氏を「太田の嫡流」と述べる。

③太田家記（岩太二〇五・北区②三〇三）：江戸太田系の幕府譜代大名・太田氏によって編纂された家記。正徳四年（一七一四）に成立。道真から重正に至る六代を扱う。太田資武状に基づく記載を多く含む。後半に系図「源姓太田氏」を収録する。内閣文庫所蔵版と国立国会図書館所蔵版が存在。本書は内閣文庫所蔵版を参照した。

④太田家記所収「源姓太田氏」（岩太二三四・北区②三二三）：太田家記付属の系図。本来は別の史料とされる。岩付太田氏に関する系譜情報も収録。記載の下限は寛政重修諸家譜所収「清和源氏頼光流太田」と同様であり、その元となった系図とされる。内閣文庫所蔵版と国立国会図書館所蔵版が存在。本書は内閣文庫所蔵版を参照した。

⑤太田家譜略説（岩太三四〇）：内題が「御先祖様有増書」とあること、また『太田家記』と内容がほぼ同じであることから、同家記成立後に作成された概要書と考えられる。

⑥太田家譜（岩太三八七）：江戸幕府譜代大名・土井氏の家臣潮田氏が継承する岩付太田氏の家譜。表題の下に「安房守資武以伝来之実録記之」とあることから、太田資武による岩付太田系の系譜情報に以降の系譜を追加した史料とみられる。最も時代の下る記載は文政年間（一八一八〜一八三一）のものであり、最終的な成立は十九世紀前半と考えられる。

⑦太田潮田系図（岩太四三六・北区②三二七）：江戸幕府譜代大名・土井氏の家臣潮田氏が継承する岩付太田氏の系図。『太田家譜』と同様、太田資武による岩付太田系の系譜情報に以降の系譜を追加した史料とみられる。『太田家譜』と共通する内容が多い一方、太田資頼の兄に「備中守」を名乗った人物がいたことを記す等、他の系譜史料には見られない記載も存在する。最も時代の下る記載は明治四年（一八七一）のものであり、近世まで書き足された史料である。

⑧太田系図（岩太四二五）：江戸幕府譜代大名・土井氏の家臣潮田氏が継承する江戸太田氏の系図。

⑨寛政重修諸家譜所収「清和源氏頼光流太田」（岩太二四八）：寛政年間（一七八九〜一八〇一）に江戸幕府が編修した系譜書。諸大名に家譜の提出を命じ、大学頭林述斎が編纂。

⑩系図纂要所収「源朝臣姓太田」（岩太二九〇）：江戸時代末期の系譜集成。『大日本野史』の著者・飯田忠彦の作とされる。

⑪浅羽本系図八所収「太田氏系図」（北区②三二六）：浅羽成儀が徳川光圀に仕えて纏めた諸家の系図集。太田氏系図として岩付太田氏系図を載せる。他系図と内容が大きく異なり、太田資武とは別系統で伝承された系譜情報と見られる。

以上、十一の太田氏系譜史料における岩付築城の扱いは以下の通りであった。

・太田道真による築城とするもの：二史料（⑨・⑩）
・太田道灌による築城とするもの：五史料（③・④・⑤・⑥・⑧）
・その他の太田氏とするもの：一史料（⑪）
・岩付築城に関して記載のないもの：三史料（①・②・⑦）

表1：太田氏系譜史料における岩付築城記述

	系譜史料名	岩付築城に関する記載	岩付築城者	備考
①	太田資武状	無し	—	
②	藩翰譜	無し	—	
③	太田家記	「道灌公長禄元年丁丑千代田斎田宝田之三氏の家臣をして江戸川越岩付三ケ所之城塁を築給」と記す。	道灌	「江戸川越の御城の趣ハ粗相知候得共岩付御城の事ハ不知候重て可考也」との後世の付記あり。
④	太田家記所収「源姓太田氏」	太田資長（道灌）の事績として「長禄元年丁丑四月使千代田斎田宝田三氏氏家臣築城塁於江戸川越山岩築矣」と記す。	道灌	
⑤	太田家譜略説	「道灌公長禄元年丁丑千代田斉田宝田之三氏家臣として江戸川越岩付三ケ所の城塁を築きたまふ」と記す。	道灌	
⑥	太田家譜	道灌伝に「江戸・河越・岩槻等城ヲ築」と記す。	道灌	道灌後継者「資家」以降の当主を「武州岩槻城主」と記す。
⑦	太田潮田系図	無し。	—	道灌後継者「資家」以降の当主を「武州岩槻城主」と記す。
⑧	太田系図	太田持資（道灌）の事績として「長禄元丁丑年使千代田斎田宝田三氏之家臣築城塁於江戸川越山岩付」と記す。	道灌	

⑨	寛政重修諸家譜所収「清和源氏頼光流太田」	太田資清（道真）の事績に「長禄元年四月上杉道朝が命をうけて、（中略）また同国岩槻の城を築く」と記す。	道真	
⑩	系図纂要所収「源朝臣姓太田」	太田資清（道真）の事績に「長禄元年四月交上杉道朝命（中略）又築岩槻城」と記す。	道真	
⑪	浅羽本系図八所収「太田氏系図」	道灌の後継者「源五郎入道道俊」の事績に「初築岩築城」と記す。	道俊	道俊は浅羽本系図と『異本小田原記』にのみ記載される道灌後継者

多くの太田氏系譜史料が、岩付築城者を太田氏（道真・道灌・道俊のいずれか）としていることが確認され、太田氏による長禄元年の岩付築城説の支持材料となったことが窺われる。

興味深いのは、『鎌倉大草紙』とは異なり、太田氏系譜史料における岩付築城記載の多くが、それを太田道真の事績ではなく、その嫡男・道灌の事績としている点である。これらの記載が今日に続く、〝太田道灌による岩付築城〟伝承の根拠となったことは間違いないであろう。しかし、『太田家記』は道灌による岩付築城については「江戸川越の御城の趣ハ粗相知候得共岩付御城の事ハ不知候」（江戸・川越のお城のことはおおよそ知っているが岩付城のことは知らない）との後世の付記を掲載しており、道灌による岩付築城が必ずしも確信的に伝承されたわけではないことも示唆される。一九八五年に刊行された『岩槻市史通史編』が、太田氏による岩付築城説を紹介する際に、『鎌倉大草紙』を根拠した太田道真による岩付築城説を最初に提示しているのも、『鎌倉大草紙』の信頼度を重視したためであろう。

岩付太田氏の存在

戦国期に存在した「岩付城を本拠とする岩付太田氏」の存在も、太田氏築城説を支持する材料と見なされた。

太田道灌の死後、太田氏は江戸太田氏と岩付太田氏の二系統に分化していったことが知られる。江戸太田氏が先祖である太田道灌の築いた江戸城に拠ったのと同様、「岩付太田氏」が岩付城に拠ったのも同城が太田道真や道灌が築城した城であったため、と考えられたのだ。

岩付城主としての岩付太田氏の系譜は、『太田資武状』や『太田家譜』、そして『太田潮田系図』や岩付太田氏の菩提寺である養竹院の位牌（岩太六二七）の記載を総合して、

・初代「資家（すけいえ）」…太田道灌の甥であり養子。岩付城主であり、岩付太田氏始祖となった、

・二代「資頼（すけより）」…資家の息子。父から岩付城を継承、

・三代「資正（すけまさ）」…資頼の次男。当初は兄が岩付城主となるも病死したため同城を継承。

と理解された。

こうした理解は、『岩槻市史通史編』に掲載された「資武状から見た太田氏略図」に見ることができる。

道真 → 道灌 → 資康 → 資高（江戸太田氏）
道灌 → 資忠（討死）→ 資家 → 資頼 → 資正 → 資武（岩付太田氏）
某 → 資忠・資家・叔悦

図9：「資武状から見た太田氏略図」

旧来の太田氏による岩付築城説の概要は以上である。同説は信頼度の高い軍記物に記載によって裏付けされた説であり、当時の政治情勢や地形とも符合した。また複数の太田氏系譜史料にも記載されており、後の岩付太田氏の存在とも整合的に理解することが可能であった。これだけの条件が揃っていたことを踏まえれば、太田氏築城説が永きに渡り定説としての扱いを受けてきたのも当然だったと言えよう。ただし、一つ問題があった。同説には一次史料による裏付けはなかったのだ。

（二）成田氏・渋江氏説の登場と太田氏説の退場

太田氏築城説は、一九九〇年代以降、定説の座を譲ることになる。より蓋然性の高い説として、成田氏による築城説や渋江氏による築城説が提起され、学術界において支持されたためである。以下、その経緯を概説する。

黒田基樹氏説：成田氏築城説の登場

太田氏築城説に初めて批判を加えたのは、黒田基樹氏（現・駿河台大学教授）であった。一九九四年、黒田氏は、論文「扇谷上杉氏と渋江氏─岩付城との関係を中心に─」（黒田基樹編『戦国期東国の大名と国衆』（岩田書院）収録）（以下、黒田（一九九四）とする）を発表し、太田氏築城説を様々な側面から検証し、その不成立を論じた。そして新出史料「自耕斎詩軸并序」（以下、「詩軸」）に登場する岩付城の築城者「正等」を成田氏に比定し、成田氏築城説を提起したのである。

黒田氏の議論は、近代的な史料批判による初めての岩付築城者論であった。岩付築城を多面的に論じた黒田氏の検討は、その説得力において軍記物『鎌倉大草紙』や系図等の二次史料に依拠するのみの旧来の太田氏築城説を圧倒した。黒田氏の議論の詳細は、本章（三）節にて後述することとし、ここでは黒田氏の議論の広がりや、その後の論争の展開を概観したい。

成田氏築城説の通説化

黒田氏は、著作・論文を通じて成田氏築城説を〝史実〟として積極的に発信していった。

・二〇〇四年刊の『扇谷上杉氏と太田道灌』（岩田書院）（以下、黒田（二〇〇四））は、岩付築城を「享徳の乱も末期の、文明十年（一四七八）以降のことであり、築城者も扇谷上杉氏や太田氏ではなく、古河公方足利政氏に従っていた武蔵忍城（行田市）の成田下総守（法名正等）であった」と記述する（一七五頁）。

・二〇〇九年刊の『図説太田道灌』（戎光祥出版）（以下、黒田（二〇〇九））は、岩付築城について「同城は文明年間の後半に古河公方足利成氏方の成田氏によって築城されたことがわかっている」とする（五〇頁）。

・二〇一二年刊の『論集 戦国大名と国衆7武蔵成田氏』（岩田書院）では、「総論 戦国期成田氏の系譜と動向」（以下、黒田（二〇一二①））において、歴代成田氏当主の一人として「成田正等」の項を立て、その事績として岩付築城を記述する（一二頁）。

・二〇一二年間の『シリーズ・中世関東武士の研究第五巻 扇谷上杉氏』では、冒頭の「扇谷上杉氏の政治的位置」（以下、黒田（二〇一二②））において、『鎌倉大草紙』の河越・岩付・江戸の同時築城記載を紹介した上で、「このうち岩付城の構築は扇谷家によるものではなく、誤りである」とした（三六頁）。

・二〇一三年刊の『論集 戦国大名と国衆12岩付太田氏』（岩田書院）（以下、黒田（二〇一三））では、「総論 岩付太田氏の系譜と動向」において、岩付城の築城者を「古河公方足利氏に従っていた武蔵忍城（行田市）を本拠とする成田左衛門尉（法名正等）であった」と記述する（八頁）。

黒田氏による積極的な発信に加え、二〇一三年には、他の研究者が成田氏築城説を受け入れた通史書を発刊した。先に紹介した則竹（二〇一三）が「岩付城は文明年間に埼西郡成田郷（熊谷市）を本拠とする成田自耕斎によって築城されたことが明らかにされている。長禄元年の太田氏による築城は無かったのである」（三七頁）と記述し、黒田氏の成田氏築城説を全面的に採用したのである。成田氏築城説が学術界において浸透したことが窺われよう。

成田氏築城説の変容

ただし、成田氏築城説が二十数年の歴史の中で変容を遂げたことも紹介しておきたい。

黒田（一九九四）は、成田氏の系図は実際とは一代ずつずれており、「詩軸」に登場する岩付築城者「正等」は、系図では子の「成田顕泰」と誤伝されたと整理した。その上で、系図上の「成田顕泰」が文明十六年（一四八四）に没したと記載されていることを受け、「正等」の没年も同様であり、岩付築城は文明年間のことであったと論じた。しかし、黒田（二〇一二①）では、系図上の「顕泰」と正等の官途名が一致しないことから、「正等」は成田氏系図上には見いだせない人物であるとの修正が行われた。系図から漏れた「詩軸」の「正等」は系図上の「顕泰」の子であると再比定され、岩付城の築城時期は、文明年間より下がり、岩付地域が抗争地となった明応三年（一四九四）

から六年（一四九七）とされた。岩付城の築城時期は、黒田（二〇一三）において更に修正された。黒田氏は、新出史料（推定明応三年十一月十七日付の足利政氏書状、後述）によって岩付城の一次史料上の初見が明応三年と判明したことを受け、同城の築城時期は延徳二年（一四九〇）から明応三年であると、改めて論じたのであった。

なお、則竹（二〇一三）は、黒田（二〇一二①）による見直しを反映しておらず、黒田（一九九四）時点の成田氏築城説を採用している。学術界に浸透した黒田氏の成田氏築城説であるが、たびたび見直しが行われた点には注意が必要である。

小宮勝男氏説：太田氏築城説からの反論

成田氏築城説への反論が登場したのは、その提起から十八年目にあたる二〇一二年であった。岩槻の郷土史家 小宮勝男氏が二〇一二年刊行の自著『岩槻城は誰が築いたか』（さきたま出版会）（以下、小宮（二〇一二））において、「詩軸」を根拠として太田氏築城説の再立論を行ったのである。

小宮（二〇一二）の議論は、黒田氏が成田氏築城説の根拠とした新出史料「自耕斎詩軸并序」を、太田氏築城の支持材料とした点が画期的であった。小宮氏は、岩付築城者「正等」に関する記載が、太田道真の人物像に合致するとして、正等＝太田道真説を提起したのだった。小宮氏の議論の詳細は、本章（三）節にて後述することにしたい。

青木文彦氏説：論争の総括と渋江氏築城説の提起

二〇一五年、それまで太田氏築城説と成田氏築城説の二説のみが提起される状況だった岩付築城者に関する論争に、第三の説が登場する。さいたま市教育委員会文化財保護課に務める青木文彦氏が提起した渋江氏築城説である。

さいたま市史の専門家である青木氏は、二〇一五年に、埼玉県立嵐山史跡の博物館主催の平成二六年度シンポジウム『戦国時代は関東から始まった』において、「戦国時代の岩付とその周辺」と題した講演を行い、第三の岩付築城者論とも言うべき、渋江氏築城説を提起したのだ。以降、同シンポジウム講演資料を、青木（二〇一五）と呼ぶ。

青木（二〇一五）の議論は、岩付築城者論の総決算とも言えるものであった。

青木氏は、通説化を果たしつつあった黒田氏の成田氏築城説に学術研究者として初めて批判を加えた。後述の通り成田氏築城説は、「自耕斎詩軸并序」に現れる岩付築城者の息子「岩付左衛門丞顕泰」を「成田顕泰」に比定する。これについて青木氏は、「黒田説は[3]、岩付顕泰＝成田顕泰を自明のこととし、その論証はなされていない」と批判したのである。ただし、青木氏は「岩付顕泰を成田氏とすることに対する史料上の反証を挙げることはできない」とも述べており、成田氏築城説を否定するには至っていない。

むしろ、青木氏が厳しく批判したのは、小宮（二〇一二）が提起した正等＝太田道真説であった。詳細は次節に後述するが、青木氏は、正等＝太田道真説に成立の余地が無いことを、多くの論拠を挙げて徹底的に論じたのである。その上で、諸史料や岩付城跡の考古学調査結果とも整合する説として新たに提起されたのが、渋江氏築城説であった。

3　実際、黒田（一九九四）は、「文中の『岩付左衛門丞顕泰』はすなわち成田顕泰であり」と述べるが、この人物比定に関する論証は示していない。

青木（二〇一五）の議論は、埼玉県の学術者に大きな影響を与えた。それを示すのが、『埼玉県史料叢書1』の訂正紙である。

『埼玉県史料叢書11』の訂正紙

『埼玉県史料叢書11』は、二〇一一年に発刊された埼玉県教育委員会編纂の史料集であり、編纂には黒田氏も関与し、岩付城成田氏築城説に基づく解説が記載されていた（二六〇頁）。この史料集に、青木（二〇一五）による岩付築城者論の影響を受けたと考えられる訂正紙[4]が貼られたのである。

以下に、訂正紙の全文を引用する：

「本書二六〇頁の解説（四 室町時代（四）長享の乱の展開と武蔵）は、忍城（行田市本丸）を本拠とした成田左衛門尉正等が岩付城（さいたま市岩槻区）を構築したという学説に基づいています。岩付城の築城については、従来から太田道真・道灌父子とするのが通説で、昭和六十三年に刊行された『新編埼玉県史 通史編2 中世』に基づいて書かれています。その後、新たな史料が発見され、成田氏によって築城されたとする説が提起されたところですが、最近では、新たに渋江氏（岩付城が存する崎西郡渋江郷を名字とする国人級の領主）とする説も出されています。このように、岩付城の築城者については、研究者によって諸説が並立している状況にあります。」

この訂正紙は、『埼玉県史料叢書11』が刊行時点では岩付城成田氏築城説を定説として採用したものの、その後有力な異説が登場したことを受け、成田氏築城説を定説とする記載を見直したこと

[4] 筆者はこの訂正紙をさいたま市中央図書館の『埼玉県史料叢書12』に貼られた状態で確認した。しかし、文中に現れる参照頁数から『埼玉県史料叢書11』に対する訂正紙であることは明らかであるため、この表現を採用する。

を表明している。その異説が渋江氏築城説であることは「最近では、新たに渋江氏（岩付城が存する崎西郡渋江郷を名字とする国人級の領主）とする説も出されています」との一文から明らかである。青木（二〇一五）による成田氏築城説への批判と渋江氏築城説の提起は、埼玉県教育委員会を動かした。成田氏築城説の通説化にストップをかけさせたのである。

太田氏築城説の今

しかしこの訂正紙は、太田氏築城者を支持する見解が、もはや学術界に存在しないことも明らかにした。同紙は太田氏築城説にも言及しているが、それは成田氏築城説以前の通説としての扱いに過ぎない。太田氏築城説の復活を意図した小宮（二〇一二）の議論を厳しく批判した青木（二〇一五）が、同紙に影響を与えたことを踏まえれば、太田氏築城説は、その成立性が疑われた状況が続いていると見るべきであろう。いや、太田氏築城説が青木氏からの批判に反論を行っていない以上、もはや成立の余地のない旧説と見なされている、と言うべきかもしれない。

なお、黒田氏による〝史実〟としての成田氏築城説の発信はその後も継続し、二〇一九年の『太田道灌と長尾景春』（戎光祥出版）（以下、黒田（二〇一九）とする）でも「岩付城については（中略）古河公方足利方の成田正等による築城であったことがわかっている」と記述がなされている。

岩付築城者論は、成田氏築城説と渋江氏築城説の二説は、成立の余地のある学説との扱いがなされているが、太田氏築城説についてはその限りではない。それが、太田氏築城説の今である。

（三）太田氏築城説に対する全否定論を洗い出す

次に、黒田氏や青木氏によって太田氏築城説に突きつけられた矛盾等、各種の否定論を紹介する。各否定論については、次章以降での参照のため、否定論を四つに番号付けしていくことにしたい。

・A：太田氏による長禄元年の岩付築城に対する疑義
・B：「詩軸」の岩付築城者「正等」にあたる太田氏を見出せないとする議論
・C：「詩軸」の依頼者「岩付左衛門丞顕泰」にあたる太田氏を見出せないとする議論
・D：「岩付城を先祖から継承した岩付太田氏」という理解への疑義

（A）太田氏による長禄元年岩付築城への疑義

（A-①）『鎌倉大草紙』の記載は、『松陰私語』と一致しない

太田氏による長禄元年の岩付築城に対する疑義として、黒田（一九九四）は様々な指摘を行ったが、最も重視されたのが、より信頼性の高い史料である『松陰私語』（埼資⑧二三三・北区②七四）の記述との齟齬であった。

太田氏築城説が依拠する『鎌倉大草紙』では、岩付城は、河越城・江戸城と同時に築城されたとされる。しかし『松陰私語』には、「江戸・河越両城堅固也、彼城者道真・道灌父子・上田・三戸・萩野谷関東巧者之面々、数年尽秘曲相構」（江戸・河越の両城は堅固だが、それは彼の城を築いたのが、

太田道真・道灌父子や上田氏・三戸氏・萩野谷氏等の関東の築城巧者であり、彼らが数年かけて技量を尽くして構築したためだ）とあり、河越城と江戸城は太田道真・道灌父子らによって築かれた城とされているものの、岩付城への言及はない。黒田（一九九四）は、この点を指摘したのだった。

また黒田（二〇〇九）では、江戸・河越の築城経緯についても、『鎌倉大草紙』の記述は、『松陰私語』と一致しないと論じた。〝河越城は扇谷上杉持朝が、江戸城は太田道灌がそれぞれ築城した〟とする『鎌倉大草紙』と、〝太田道真・道灌父子や上田氏・三戸氏・萩野谷氏らが江戸・河越の両城を数年かけて構築した〟とする『松陰私語』は、互いに整合が取れず、正しいのは信頼度に優る『松陰私語』であると論じたのである。

『松陰私語』が、軍記物である『鎌倉大草紙』に比べ、信頼性の高い史料であることは、序章にて紹介した通りである。

以上の議論を、本書では「太田氏による長禄元年の岩付築城に対する疑義を指摘する議論」に分類されると考え、否定論Ａ‐①と番号付けする。

表２：鎌倉大草紙と松陰私語の齟齬

	鎌倉大草紙	松陰私語
記載	上杉修理大夫持朝入道。武州河越の城を取立らる。太田備中守入道は武州岩付の城を取立。同左衛門大夫は武州江戸の城を取立ける	江戸・河越両城堅固也、彼城者道真・道灌父子・上田・三戸・萩野谷関東巧者之面々、数年秘曲相構
登場する城	河越城・岩付城・江戸城	江戸城・河越城（岩付城は登場せず）
築城担当	河越城は扇谷上杉持朝が、岩付城は太田道真が、江戸城は太田道灌が、それぞれ役割分担して築城。	両城とも、太田道真・道灌父子や上田氏・三戸氏・萩野谷氏らが築城

（A‐②）岩付城は『太田道灌状』に現れない

また黒田（一九九四）は、〝太田氏による長禄元年の岩付築城〟があったのであれば、岩付城の名が享徳の乱期の基本的な史料に一切登場しないのは不自然と指摘する。例えば、享徳の乱後期に展開された「長尾景春の乱」（一四七七～一四八〇）の顛末を詳述した『太田道灌状』（埼資⑤六三五・岩太四〇・北区②一一四）には、上杉陣営の拠点・要害が多数登場するにも関わらず、そこに岩付城の名前は登場しない。黒田氏はこの点を指摘し、〝太田氏による長禄元年の岩付築城〟そのものが無かった可能性を示唆した。『太田道灌状』は、長尾景春の乱期の情勢を記す重要な史料[5]であり、軍記物よりも信頼度の高い史料として取り扱われている。

（A‐③）扇谷上杉氏や太田氏の岩付関与は永正期以降

さらに黒田氏は、太田氏やその主である扇谷上杉氏の岩付地域への関与が、長禄元年（『鎌倉大草紙』による築城年）から見て数十年後までしか遡れないとの指摘も行った。氏が、扇谷上杉氏や太田氏の岩付地域への関与を示す、信頼できる初見としたのは、以下の二史料であった：

・『円福寺記録』（②北区一三七）の永正十三年（一五一六）の記述「政氏退去小山、十二月二十五日、被立於円福寺、上杉治部少輔持定入道建芳為先駆、同廿七日、移座于武州岩月」

[5] 黒田（二〇〇九）は「当時の文書としては異例の長文であるために、複数の書状をつなぎ合わせたという可能性も否定できず、そのため偽書という評価が下された時期もあった。しかし、享徳の乱・長尾景春の乱と続くこの時代の情勢を辿るには本状をおいてほかに見あたらず、研究史上、重要な史料となっている」と述べる。

・『年代記配合抄』（北区②一四四）の大永二年（一五二二）条（黒田氏は正しくは大永四年とする）における記述「道可氏綱ヲ頼岩付ヲ責落、渋井右衛門太輔討死」

一点目の史料が書かれた時代は、長禄元年（一四五七）の六十年後の「永正の乱」期である。山内上杉・扇谷上杉の両上杉氏が力を合わせて古河公方と戦った「享徳の乱」期は遠の昔に去り、それどころか両上杉氏同士が抗争を展開した「長享の乱」も終結し、今や古河公方が父政氏派と息子高基派に別れて戦う時代である（図6：伊勢宗瑞の相模侵攻と第三次永正の乱の期間「6」）。『円福寺記録』は、扇谷上杉氏の当主・朝良（持定とするのは誤記と考えられる）が、足利政氏を岩月（岩付）に招き入れたことを記している。岩付地域が扇谷上杉氏の支配領域であったことがうかがわれる記載であり、黒田氏は、これを扇谷上杉氏と岩付地域の関わりを示す初見と位置付けた。

二点目の史料記載の時代は、更に時代が下がる。「永正の乱」も終結し、関東の伝統的な三勢力である古河公方・山内上杉氏・扇谷上杉氏が共存期に入ったものの、そこに新興勢力である小田原の後北条氏が、大規模な武蔵国攻めを仕掛ける（図7：小弓公方強勢期から伊勢氏の北条改称以降の期間「8」）。二点目の史料が取り扱うのは、この後北条氏の武蔵国攻めの際の出来事である。記載に登場する「道可」とは、岩付太田氏の二代目当主・太田資頼である。同記載は、この人物が扇谷上杉氏の宿老でありながら、敵方北条氏の調略に乗って転向し岩付城を攻め、城主である「渋井右衛門太輔」を討ったことを示す。黒田氏は、太田氏と岩付地域の関係性は、この太田資頼による岩付城強奪までしか遡れないと指摘したのである。

『円福寺記録』及び『年代記配合抄』が軍記物・系譜史料より信頼度の高い史料と位置付けられ

ることは、序章で紹介した通りである。

扇谷上杉氏・太田氏の岩付関与は、享徳の乱期の遥か後代までしか遡れないという、以上の議論を、本書では、否定論A‐③と番号付けする。

（A‐④）岩付の上杉氏拠点は享徳の乱初期に掃討された

青木（二〇一五）は、黒田氏とは異なる切り口から、〝太田氏による長禄元年の岩付築城〟を否定した。その主張は、（ア）扇谷上杉氏は、永享期（一四二九～一四四一）には岩付地域に軍事拠点を展開していたが、（イ）康正二年（一四五六）以前に掃討されたと考えられる、というものであった。

この主張の根拠とされたのが、「享徳五年」（康正二年、一四五六）の銘を刻まれた旧平林寺梵鐘銘（埼資⑨九一）であった。同梵鐘の銘を以下に示す。

本梵鐘には、嘉慶元年（一三八七）と享徳五年（康正二年、一四五六）の二つの銘が刻まれている。第一区と第二区が嘉慶元年の銘であり、この梵鐘が岩付地域の大寺・平林寺に納められたことを示している。第三区と第四区が享徳五年の銘であり、こちらは同梵鐘が七十年後に総国上幸嶋郡の星智寺に奉納されたことを示している。

青木（二〇一五）は、飯山実氏の一九八一年の論文「梵鐘流転の一事例について」（『埼玉史談』第二十八巻第二号）（以下、飯山（一九八一））に基づき、この二つの銘の存在により、同梵鐘が、（ア）嘉慶元年（一三八七）に岩付地域の大寺に納められたものの、（イ）享徳五年（康正二年、一四五六）頃に奪われ、遠く下総国上幸嶋郡の星智寺に奉納されたことがわかると指摘した（平林寺と星智寺の位置関係は図2：岩付城周辺の地形と河川をご参照されたい）。当時、下総国は古河公方の勢力下にあった。また元号が「康

（第一区）
大日本国武蔵国州崎西縣渋江郷
金重村金凰山平林禅寺遍募
衆檀縁命工鋳大鐘所集殊勲
上報四恩下資三有法界群生
（中略）

（第二区）
嘉慶元年丁卯十一月十三日
開山石室叟善玖謹書
當代住持　禅璨
幹縁比丘　道選
大檀那沙弥蘊澤
大工沙弥　道善

（第三区）
大檀那藤原中務丞政行
慶雲禅寺住持比丘至光
小谷野三良左衛門尉季公
奉行　青木右近将藍朝貫
染屋山城守修理助義次
逆井尾張守沙弥常宗

（第四区）
下州上幸島郡穴太辺
星智寺椎鐘
開山権津師隆遍
住持阿闍梨隆翁
家吉
享徳五年丙子七月十五日

正」に変わったにも関わらず「享徳」を使い続けたことは、古河公方陣営に特徴的な振舞いである。青木氏は、同梵鐘は古河公方陣営によって岩付の平林寺から奪われたのであり、すなわち平林寺がある岩付地域は、古河公方方の敵である上杉氏側の勢力下にあったと考えられると論じた。その上で、平林寺ほどの大寺から梵鐘が奪われている以上、「岩付地域に形成されていた扇谷上杉氏の拠点は、享徳の乱初期の古河公方方の攻撃によって撃破・掃討されたと考えられる」と主張したのである。

筆者自身、飯山（一九八二）の内容を確認したところ、飯山氏は、第三区に現れる「逆井尾張守沙弥常宗」について、同氏系図に「享徳三年甲戌上幸嶋飯沼辺ニ出張此時中田榎本半田二ヶ所小山之出張、其後古河公方命依テ相州江打越三鉾之助力住吉之城ヲ攻落、帰陣之刻武州崎西懸渋江郷江討入金宝山之鐘ヲ奪取帰陣、下総国上幸島穴太辺星智寺江奉納、（中略）于時享徳五丙子七月十六日」との記載があることを突きとめている。逆井常宗が、古河公方の命を受けて岩付地域（渋江郷）

を攻め、金凰山平林寺（系図では金宝寺）から梵鐘を奪取したことは、梵鐘銘と系図記載の一致から事実と考えてよいであろう。

また青木（二〇一五）は、本章（一）にて紹介した軍記物『永享記』における、扇谷上杉氏が永享十二年（一四四〇）岩付から後詰の軍勢を派遣したとの記載を改めて取り上げ、岩付地域が享徳の乱以前には扇谷上杉氏の軍事拠点として機能していた可能性を指摘する。

この議論が興味深いのは、結論としては太田氏築城説が岩付築城年とする長禄元年（一四五七）に、岩付地域は太田氏による築城が叶う状況にはなかったとしながらも、享徳の乱以前に扇谷上杉氏による岩付地域の軍事拠点化を認める見解を示している点である。

扇谷上杉氏の岩付地域への関与領有は大永十三年（一五一六）までしか遡れないとする黒田氏の指摘（A-③）に対して、青木氏の指摘は反証の役割を果たしている。ただし、最終的に岩付地域から扇谷上杉氏勢力が排除されたとする点では、「太田氏による長禄元年岩付築城への疑義」に分類される議論である点は変わらない。本書では、否定論A-④と番号付けする。

（A-⑤）考古学調査も太田氏築城を支持しない

青木（二〇一五）は、考古学調査も、「扇谷上杉氏方太田氏による長禄元年の岩付築城」という従来説に対して、支持的とは言えないことを示した。青木氏によって紹介されたのは、（ア）御茶屋曲輪跡の発掘調査において、十五世紀後半頃と考えられる中世最古面から、田中信氏によって「山内上杉氏のかわらけ」[6]と分類された土器が出土する[7]こと、（イ）岩付城三の丸第七地点の発掘調査において、十五世紀末から十六世紀初頭にかけて廃止されたと考えられる堀跡から、田中信氏によって「扇谷上杉氏のかわらけ」[8]と分類された土器が大量に出土し、そこには河越地域からの搬入物が見られること、である。

青木氏は、これらの考古学調査結果を踏まえ、岩付城は当初、山内上杉氏の影響下にあり、その後扇谷上杉氏の影響が強まった可能性を提示した。

岩付城最古層から発掘された「かわらけ」が「山内上杉氏のかわらけ」であったことは、扇谷上杉氏の家宰である太田氏（道真あるいは道灌）が岩付城を築城したとの主張と整合しない。本書では、否定論A-⑤と番号付けする。

「A：太田氏による長禄元年の岩付築城に対する疑義」に分類される否定論は、以上である。

---

6 田中信（二〇〇五）「山内上杉氏の土器（かわらけ）とは」（『戦国の城』（高志書院）収録）

7 さいたま市教育委員会（二〇〇八）『岩槻城跡（三の丸跡第7地点）発掘調査』、さいたま市埋蔵文化財長打報告書第3集

8 田中信（二〇一〇）「葛西城と扇谷上杉氏のかわらけ」（『葛西城と古河公方足利義氏』（雄山閣）収録）

（B）「正等」にあたる太田氏の不在

次に（B）の否定論の整理に入るが、その前に、この否定論を生み出す大本となった新出史料「詩軸」について概説を行いたい。

「自耕斎詩軸并序」の登場

「詩軸」は、黒田（一九九四）が太田氏築城説の否定と成田氏築城説の提起の根拠としたことで有名になった史料である。鎌倉・建長寺の一六四世住持を務め、室町時代後期の関東で最も有名な詩僧であった玉隠英璵によって明応六年（一四九七）に作成されたことが明らかなこの漢詩文には、岩付城の築城譚が記されており、岩付築城者論の根本史料として扱われるに至った。そして、この根本史料との不整合もまた、太田氏築城者説の否定材料とされたのだった。

「詩軸」を収録するのは、東京大学史料編纂所が所蔵する玉隠英璵の作品集『文明明應年間関東禅林詩文等抄録』[9]である。この作品集は、その存在自体は古くから知られていたが、「自耕斎詩軸并序」という漢詩文が掲載され、そこに岩付築城の経緯が記されていることは、永らく気づかれずにいた。岩付築城に関する記載があるとして同史料に脚光を当てたのは、長塚孝氏の一九九〇年の論文「古河公方足利氏と禅宗寺院―旧利根川下流域を中心に―」（『葦のみち』第二号）（以下、長塚（一九九〇））であった。信濃毎日新聞社・長野県教育委員会などが編纂した『信濃史料』の第十巻（以下、信濃⑩）おいて翻刻されていたものを、長塚氏が改めて発見したのである。

9 筆者は東京大学史料編纂所データベースの原本写真及び『信濃⑨』『信濃⑩』による翻刻も併せて参照

「自耕斎」は斎号（本名とは別に名乗った名称）であり、「詩軸」は詩の書かれた掛け軸である。「并序」とあるのは、この掛け軸の詩に序文が付記されていることを示している。すなわち「詩軸」は、自耕斎を名乗った自分に関する漢詩とそれを解説する序文を伴う漢詩文であったことになる。掛け軸は依頼主に納められたが、詩文の写しは、作者である玉隠のもとでも保管され、それが『文明明應年間関東禅林詩文等抄録』に納められたのであろう。

ここで「詩軸」に記された岩付築城の記載の紹介に入りたいところであるが、その前に、玉隠の置かれた立場や、この人物が紡いだ詩文が、当時どのような位置づけにあったものかを整理しておきたい。

鎌倉五山と玉隠の立場

玉隠が、鎌倉建長寺の住持（禅宗寺院の長）を務めた高僧であったことは、先にも述べたとおりである。室町幕府は、禅宗寺院を官寺として保護し、格式の順に、「五山」、「十刹」、「諸山」とした。この禅宗官寺制度は、足利政権の全国統治を支えた重要な要素であったことが指摘されている。[10]

この禅宗官寺制度の中で、別格とされた京都南禅寺に次ぎ、最も格式の高いとされたのが「五山」である。足利政権が政庁を置いた京都と鎌倉の五つの禅院が「五山」に設定され、それぞれ「京都五山」、「鎌倉五山」と呼ばれた。建長寺は、足利義満の時代に、この「鎌倉五山」[11]の第一位とされた禅院であった。すなわち、玉隠が務めた建長寺の住持とは、足利政権の全国統治を支える禅宗官寺制度の関東における最高位であったことになる。

10　斎藤夏来（二〇一八）『五山僧がつなぐ列島史』（名古屋大学出版会）
11　鎌倉五山の第二位が円覚寺であり、第三位は寿福寺、第四位は浄智寺、第五位が浄妙寺とされた。

五山文学と玉隠の詩文

五山僧らは、大量の漢詩文を作成したことで知られている。宗教的な説示である「法語」や「疏」のみならず、「詩」や「文」も含まれるその作品群を「五山文学」と呼ぶ。五山文学は、足利義満の時代に絶海中津（一三三六〜一四〇五）や義堂周信（一三二五〜一三八八）等の漢詩の名手が登場し、最盛期を迎えた。玉隠の時代はそれから約百年後にあたり、最盛期は過ぎていたものの、未だ五山僧が、多くの漢詩文を紡ぎ出す時代であった。

玉隠の作品は、『文明明應年間関東禅林詩文等抄録』や『玉隠和尚語録』[12]（東京大学史料編纂所）、あるいは同時代の漢詩人・万里集九の作品集『梅花無尽蔵』（続群書⑫七八九・埼資⑧七六四・北区②一〇四）に引用される形で残されているが、作品数は多く、政治権力者に捧げられたものも多い。

玉隠が作品を捧げた権力者としては、

・長尾景春の乱を鎮圧し、南関東の事実上の支配者となった太田道灌[13]
・道灌の主君である扇谷上杉定正[14]
・定正の後継者である扇谷上杉朝良[15]
・関東管領である山内上杉顕定[16]
・関東の政治権力の最高位であった古河公方・足利政氏[17]
・一時鎌倉を制圧した安房国に実力者・里見義豊[18]

などが挙げられる。

また玉隠が作品を捧げた相手は、こうした大権力者のみではなく、それに仕えるより下位の武人[19]がいたことも確認される。しかし、関東を代表する権力者ら法語や詩文を求めたことからは、当時の関東における玉隠に対する評価の高さや、名声をうかがい知ることができるであろう。

「詩軸」は、このような人物によって書かれたのである。

「詩軸」の岩付築城記述

「詩軸」における岩付城の築城に関する記述の紹介に入りたい。その内容は次の通りである（書き下し文は信濃⑩に拠った）。

「武州崎西郡有村、曰岩付、又曰中扇、附者傳也、岩付左衛門丞顕泰公父金吾、法諱正等、挟武略之名翼、有門閫之輝、築一城、通南北衢、白羽扇指揮三軍守其中、曰中扇亦宜也」（武州埼西郡に村あり、岩付といひ、又中扇といふ、附は傳なり、岩付左衛門丞顕泰公の父、金吾、法諱は正等、武略の名

12　筆者は、東京大学史料編纂所データベースの謄写本及び『信濃⑨』『信濃⑩』による翻刻も併せて参照。

13　『梅花無尽蔵』に収録された「静勝軒銘詩並序」に、玉隠の漢詩が掲載される。

14　『玉隠和尚語録』は、扇谷上杉定正（贋釣斎）に捧げられた漢詩が収録される。

15　『文明明應年間関東禅林詩文等抄録』には、扇谷上杉朝良が喪主となって開催された扇谷上杉定正の三回忌及び扇谷上杉持朝の三十三回忌における玉隠の法語が収録される（信濃⑩八五）。

16　『玉隠和尚語録』には、山内上杉顕定が喪主となり開催された、顕定の亡母の七回忌での玉隠の法語が収録される（信濃⑩二一二）。

17　玉隠が隠居後の古河公方・足利政氏に捧げた画像賛（古河五五〇）が甘棠院に伝わる。

18　『玉隠和尚語録』には、里見義豊（源義豊）に捧げられた「高厳之号」が収録される。

19　『玉隠和尚語録』には、駿河の佐野忠成という人物に法名・道号を与えた「養賢之号」が収録される。佐野忠成は鎌倉府の町に居住した人物と記され、太田道灌や両上杉氏、古河公方等のような広大な地域を支配した権力者ではないことがうかがわれる。

翼を挟み、門閫の輝あり。一城を築いて、南北衝を通ず。白羽扇三軍を指揮して、その中を守る。中扇といふもまた宜なるかな）

ここには、斎号「自耕斎」と法名「正等」を名乗った人物が、岩付に城を築いたことが記されている。黒田（一九九四）は、この記述に基づき、

・「岩付左衛門丞顕泰」の父「正等」が武州埼西郡の村「岩付」に築いた「一城」こそ、岩付城であり、

・「岩付左衛門丞顕泰」は同名を名乗った同時代人、すなわち成田顕泰であり、

・その父であり岩付城築城者「正等」は、成田顕泰の前代の成田氏当主である、

と論じた。すなわち〝成田氏築城説〟の提起である。

成田氏は、戦国期に武蔵国で活躍した国衆（地域領主）であり、羽柴秀吉の北条征伐の際には、石田三成の水攻めに耐え抜いた逸話が有名である。もともとは成田郷（熊谷市）の領主であったが享徳の乱前後から勢力を増し、忍城（行田市）を攻略し、武蔵国有数の国衆に成長した一族である。この成田氏の当主に「成田顕泰」という人物が存在することは『龍淵寺年代記』（埼資⑧四七六）等から確認される。黒田（一九九四）は「詩軸」に登場する「岩付左衛門丞顕泰」を、この「成田顕泰」だと指摘したのである。

「詩軸」と太田氏築城説の不整合

黒田氏は明示的に論じていないが、氏が正等および岩付左衛門丞顕泰が太田氏に比定される可能性を検討していないことは、太田氏築城説に対して以下の批判を加えたことを意味する。

・太田氏築城説は、「詩軸」に現れる岩付築城者「正等」にあたる人物を提示できない。
・太田氏築城説は、「詩軸」に現れる岩付築城者「正等」の子「岩付左衛門丞顕泰」にあたる人物を提示できない。

「正等」や「顕泰」を名乗った太田氏の存在は確認されていない。そもそも太田氏は実名において「資」の字を、法名において「道」の字を通字として用いることが知られており、「正等」や「顕泰」は、およそ太田氏らしくない名前である。黒田氏はこれらを踏まえて、正等および岩付左衛門丞顕泰が太田氏に比定される可能性は想定し難いとして、排除したのであろう。

本書では、前者の「『詩軸』の岩付築城者『正等』にあたる太田氏を見出せないとする議論」を「B」、後者の「『詩軸』の依頼者『岩付左衛門丞顕泰』ある太田氏を見出せないとする議論」を「C」に分類する。本節では、「B」の内容を確認していきたい。

正等＝太田道真説を巡る論争

「詩軸」に現れる岩付築城者「正等」にあたる人物が太田氏に見出されないとする黒田（一九九四）の見解に対しては反論が存在する。先に紹介した小宮（二〇一二）の正等＝太田道真説である。小宮氏は、「詩軸」に現れる「正等」こそ、『鎌倉大草紙』で岩付築城者とされた太田道真であると論じた。しかしこの小宮氏の議論は、後に青木（二〇一五）によって厳しく批判されることになる。太田氏築城説の成立性を検討する上で重要な議論であるため、ここで小宮氏の立論と青木氏による批判を整理したい。

正等＝道真の論拠①　隠居時期

「詩軸」は、正等の岩付築城に関する記載に続けて、「収取功名退者天之道也、一家機軸、百畝郷田、付之於苗裔顕泰也」（功名を収取して退くは天の道なり。一家の機軸は百畝の郷田なり、これを苗裔顕泰に付す）と記す。ここからは武将として活躍し功名を遂げた正等が、ほどよい頃に隠居し、顕泰に「一家機軸」である「百畝郷田」を譲渡したことが読み取れる。小宮氏は、この記載が、早期に息子道灌に家督を譲り、越生に隠居した太田道真の生涯と一致するとして、正等＝太田道真説を支持することを示唆した。

以下は本書による確認である。黒田（二〇一九）によれば、『本土寺過去帳』（北区②三四八）に見える道真の没年は長享二年（一四八八）であり、これに『太田家記』が記す享年（七十八歳）を適用すれば、生年は応永十八年（一四一一）となる。隠居の時期は、『香蔵院珎祐記録』（埼資⑧一六二・北区②六四）によれば寛正二年（一四六一）であり、この時の道真の年齢は五十歳であったことになる。道真がその後二十八年間も生きたことを考えれば、確かに程よい頃に隠居した形と言える。

正等＝道真の論拠②　道真の軒号「自得」が「詩軸」に現れる

小宮氏は、「詩軸」が正等の隠居後の生活を記す「自得逍遙、東郊有作、不過設供帳、以為国林游禾之挙」（自得逍遙して、東郊に作あれども、供帳を設けて、以て国林游禾の挙となすに過ぎず）に着目し、ここに「自得逍遙」とあるのは、「自得」を主語と解釈すべきであり、正等が、「自得軒」を名乗った太田道真であることを示唆する、と論じた。

正等＝道真の論拠③　白羽扇は道真を示唆

「詩軸」は、現役の武将時代の正等の活躍を「白羽扇指揮三軍守其中」（白羽扇三軍を指揮し、その中を守る）と表現する。小宮氏は、白羽扇は諸葛孔明の比喩であり、正等が「当時の武州周辺の諸葛孔明を自負するほどのビッグネームの武将」であったことが示唆されるとして、正等＝太田道真説の支持材料とした。

小宮氏はまた、太田道真の子道灌も生前に白羽扇を愛用していたことが確認されると述べる。「詩軸」の作者・玉隠とも親交があり、太田道灌を敬慕して多くの詩文を供したことで知られる漢詩人・万里集九（一四二八～？）は「一夢縦逢亦有由 風声墓樹漸驚秋 平生白羽慕諸葛 余習未忘呼扇求」（続群書⑫八四二）という漢詩を残している。小宮氏はこの漢詩に着目し、集九が夢で出会った人物は太田道灌であり、〝普段から諸葛を慕い、扇を求めた〟という表現から、道灌が生前に諸葛亮に憧れて白羽扇を用いたことがわかると論じたのだ。

筆者が確認したところでは、万里集九が道灌と白羽扇の関わりを記した詩文は他にも存在する。『梅花無尽蔵』に収録された道灌への弔辞ともいうべき「武州江戸城祭太田春苑道灌禅定門文」（続群書⑫一〇二二）には、「揮羽扇戦」という記述が現れる。市木武雄氏の『梅花無尽蔵註釈4』は、この「羽扇」を、「羽でつくった、うちわ。諸葛孔明が用いたもの」と解説する。『梅花無尽蔵』には「羽扇」を道灌以外の武人に使った事例は見られない。〝道灌と言えば諸葛亮の羽扇〟というイメージが、少なくとも万里集九の中で確立していたことがうかがわれる。

正等＝道真説④　太田道灌に類似する正等の文化活動

「詩軸」には、正等の行為として「絵以求詩、有聴松住持龍華翁詩、懶菴亦其員而、詩序賛之」（絵して以て詩を求む、懶菴もまたその員にして、詩序これを賛す）との記述が登場する。

小宮（二〇一二）は、この記述から、（ア）生前の正等が、己の絵を題材として玉隠（懶菴は玉隠の別名）や龍華翁らの複数の五山僧に漢詩を求めて詩画軸を作らせたこと、（イ）玉隠がその詩画軸に序文を書いたこと、等がわかると指摘する。

そして、複数の五山僧が漢詩を寄せ、その内誰かが長文の序文を書く形式の漢詩作品は、太田道灌が作らせた「静勝軒銘詩并序」（北区②九八）に類似するとして、このことは正等が「道灌と同レベルの権力と文人性を兼ね揃えた武将であった」ことを示すと論じた。

この指摘は非常に重要であるため、補足を行いたい。

「静勝軒銘詩并序」は、万里集九が詩序を書き、玉隠や竺雲顕騰（建長寺一六二世）ら三人の詩僧が詩を寄せる構成の漢詩作品である。まさに〝複数の詩僧が漢詩を寄せ、その内誰かが長文の序文を書く形式の漢詩作品〟に該当する。太田道灌は、こうした漢詩作品を好んだらしく、他にも「寄題江戸城静勝軒詩序」（岩太三三）という詩序を書かせたことが知られる。こちらは京都五山の高僧らが執筆を担当し、蕭庵龍統が詩序を、村庵霊彦ら四人の詩僧が詩を寄せる構成を取っている。

また、『梅花無尽蔵』は、太田道灌が千葉氏征伐の遠征の前に、鎌倉五山の僧侶らを集めて詩歌の宴を催したことを記す。「福鹿両山諸老并年少有詩歌之宴。道灌静勝公唱朗詠中之句爲題」（続群書⑫八二七）との記載がそれである。「福」は「建長寺」、「鹿」は円覚寺の略であり、太田道灌が鎌倉五山第一位と第二位の寺院から多くの僧侶を集めて〝詩歌の宴〟を開催したことがわかる。

五山僧を集めて詩歌の会を開く。複数の五山僧の漢詩を集成させた作品をつくる。こうした文化事業は、太田道灌に特徴的な行為である。特に注目されるのは、〝複数の詩僧が漢詩を寄せその内誰かが長文の序文を書く形式の漢詩作品〟である。こうした作品を武家権力者が作らせた人物は、この時代には道灌しか見当たらない。先に紹介した通り、道灌の主家・扇谷上杉氏やその上位者であった山内上杉氏も玉隠に法語や漢詩を依頼している。しかし、〝複数の詩僧が漢詩を寄せその内誰かが長文の序文を書く形式の漢詩作品〟は、そこには見られないのだ。

一方、「詩軸」に描かれた正等の〝求詩〟は、こうした道灌の振る舞いとよく似ている。小宮（二〇一二）は、「正等（自耕斎）は、道灌と同レベルの権力と文人性とを兼ね揃えた武将であったと考えられます」、「自耕斎が道灌の父親（太田道真）であるならば十分可能であったと理解できる」と論じるが、こうした議論には一定の妥当性が認められるであろう。

正等＝太田道真説⑤　道号＋法名が意味のある言葉となる

小宮（二〇一二）は、通常、道号と法諱（法名）は並べて書くと接合部に意味のある言葉が形成される、との考え方を示す。そして、太田道真の道号「道真」と、「詩軸」の岩付築城者の法名「正等」も並べれば接合部に「真正」という意味のある言葉が形成されると指摘し、「正等」という法名が太田道真のものとして相応しいと主張する。ただし、「道真」を道号とする小宮氏の認識は誤りであることは、後に青木文彦氏によって指摘されることになる。

正等＝太田道真説⑥　曹洞宗の名僧・月江正文への帰依

「詩軸」には、正等について「平生参洞下明識月江老、聞新豊之唱」（平生洞下の明識月江老に参じて、新豊の唱を聞く）とする記載が登場する。これは、正等が曹洞宗の名僧月江正文に帰依していたことを示すものである。小宮（二〇一二）は、太田氏が月江正文やその弟子泰叟妙康や布州東播と縁があったことを示し、正等が太田道真とする考え方と整合的であるとした。

月江正文の弟子である泰叟妙康が、太田道真・道灌父子の支援を受けて龍穏寺（越生）を再建したことは、『龍穏寺縁起』（岩太一〇五）や『新編武蔵国風土記稿』（岩太八二六）に見える。小宮氏の指摘通り、太田氏と月江正文の法系の縁と見ることができるであろう。

青木（二〇一五）による批判

小宮氏による「詩軸」に現れる岩付築城者「正等」（自耕斎）を太田道真に比定する議論は、独特の説得力を有するものであった。しかし、これらの議論は、その後青木（二〇一五）によって厳しく批判されることになる。

青木（二〇一五）は小宮氏の議論に対して、「黒田氏がシャドーワークに留めた『自耕斎詩軸并序』全体の解釈を示した上で、そこに記される岩付城の築城を史料の内容全体から位置付け直そうと試みたことの意義は大きい」と一定の評価を与えている。しかしその一方で「岩付城築城者を太田道真に収斂させようとする強い指向性があり、十分な根拠を示さないまま論断されている場合も多い」と厳しく批判した。

以下の議論は、「岩付築城者『正等』に比定される太田氏はいない」とする否定論Bに対する反論としての正等＝太田道真説への再反論と位置付けられる。本書では、これを否定論B‐①、②、③…と枝番号を付けることで整理したい。

（B‐①）自得軒＝自耕斎は矛盾

青木氏は、小宮氏が「詩軸」における「自得逍遙」の自得を主語ととらえ、正等＝自得軒道真の示唆とする議論に対して、自得は自得には「自ら楽しむ」の意味があり、「自得逍遙」は隠居した正等の境地と捉えて何ら問題を生じないと論じる。また、「詩軸」が正等の斎号を自耕斎としていることを踏まえれば、軒号自得軒を名乗った太田道真が斎号自耕斎を名乗った人物であるとする想定は矛盾を生じるとした。この議論を否定論B‐①と番号付けする。

（B‐②）「道真」は道号ではない

青木氏は、小宮氏が太田道真の「道真」を道号とした認識に対して、「道真」は法名であると指摘した。道真＋正等から「真正」という連語を見出し、道真＝正等の支持材料とする小宮氏の議論について、青木氏は道真を道号と捉える認識そのものが事実誤認と批判したのである。

加えて青木氏は、「道真」が法名であり、太田道真が月江正文の没後も自得軒道真と号したことが「太田道真過書」（叢書⑪四八九）から分かることや、太田氏所縁の寺や子孫に伝えられた法名も「道真」しか存在しないこと等を挙げた上で、「太田道真が法諱や軒号を変えた事実はない」と結論づける。青木氏は、法名「道真」を名乗った太田道真が、法名「正等」を名乗った岩付築城者である可能性を否定したのである。この議論を否定論B‐②と番号付けする。

(B‐③) 太田道真は「故金吾」ではない

また青木氏は、「詩軸」において正等が「故金吾」とされている点に注目する。金吾とは、律令制における衛門府の官途名（京職の官職名）を中国風に表現したものであることから、正等の先途（最後の官職）が、左（あるいは右）衛門尉・大夫などであったことがわかるとした。そして、太田道真が隠居後に「備中入道」を名乗っていることから、その先途は受領名（地方官の官職名）の「備中守」であり、両者を同一人物とする解釈には矛盾が生じると論じた。この議論を否定論B‐③と番号付けする。

(B‐④) 正等は郷単位の小領主

さらに青木氏が取り上げたのは、「詩軸」において、隠居する正等から息子顕泰への所領の譲渡が「一家機軸、百畝郷田、付之於苗裔顕泰也」（一家の機軸は、百畝の郷田なり、これを苗裔顕泰に付す）と表現された点である。

面積としての百畝は、古代中国では三・六四ヘクタール[20]に相当する。青木（二〇一五）は、百畝という土地の狭さを受け、「詩軸」から読み取る正等の人物像は、「郷単位の所領を領有する、在地性の高い領主」であり、「少なくともそれは広域の軍事指揮権を掌握する階層や、各地に所領を領有する階層の所領規模とは言えまい」と指摘した。「広域の軍事指揮権を掌握する階層や、各地に所領を領有する階層」が、扇谷上杉氏の家宰として広域な軍事指揮権を掌握し各地に所領を領有した太田道真を指すことは言うまでもない。

青木氏はまた、「詩軸」における正等父子の事跡が岩付城築城のみであり、その記述も抽象的な

20 渡辺信一郎（二〇一九）『中華の成立』（岩波書店）

評言に留まっていることから、正等父子が鎌倉五山トップの玉隠に「強引ともいえる修辞の粋を尽くさねば、称揚できなかった」存在であったとも論じる。永享の乱や結城合戦、享徳の乱で大きな活躍を見せた太田道真が正等ならば、このような記述にはならなかったはずだとの主張である。本書では、この議論を否定論B-④と番号付けする。

なお、「詩軸」から読み取る正等の人物像が「郷単位の所領を領有する、在地性の高い領主」であることは、渋江氏築城説の重要な根拠と位置付けられている。

(C)「顕泰」にあたる太田氏の不在

続いて「C:『詩軸』の依頼者『岩付左衛門丞顕泰』にあたる太田氏を見出せないとする議論」に入りたい。黒田(一九九四)によって、非明示的に示されたこの議論については、小宮(二〇一二)が太田氏築城説の立場から反論を試みている。しかし、以下に紹介する通り、この反論は議論として成立していない。太田氏築城説は、今日に至るまで「岩付左衛門丞顕泰」にあたる太田氏を見出すことに成功していないのである。

顕泰=長尾氏出自の岩付氏

小宮(二〇一二)は、岩付左衛門丞顕泰を「長尾氏出自の岩付氏」であると論じた。その議論は、

・成田顕泰は長尾忠景の三男であった(「長林寺長尾系図」(『足利市史』))が、その後、太田道真の養子となり、岩付という名字を与えられ岩付顕泰となった。(小宮氏は「長尾氏出自の岩付

氏」と表現する）。

・ただし、顕泰は太田道灌から資産は受け継いだが、家督を継承した形跡はない。

・その後顕泰は改めて成田氏に養子入りし成田顕泰となる。

・しかし、「詩軸」が書かれた明応六年（一四九七）時点では、まだ成田氏養子入り前の岩付顕泰であり、従って「詩軸」に記された岩付城築城と成田氏は無関係である。

というものであった。

興味深いのは、小宮氏が「岩付左衛門丞顕泰」が後の「成田顕泰」であることを認めており、この点において、「『岩付左衛門丞顕泰』はすなわち成田顕泰であり」と論じた黒田（一九九四）に同意している点である。相違点は、「成田顕泰」には「岩付左衛門丞顕泰」であった時代があったとした点である。この仮説を提起することで、小宮氏はその父「正等」も成田氏であったとする黒田（一九九四）と異なる立場を取ったのである。

しかし、「成田顕泰」に太田道真の養子だった時代があったとの想定には、根拠が示されていない。小宮氏は「次男の三男坊は、しかるべきところへ養子に入ることになります」、「忠景の三男を道真の養子（猶子）にと、請い請われて決まったことと思います」と述べるが、その史料根拠を示していないのだ。

課題の多い「顕泰＝長尾氏出自の岩付氏」説

小宮氏の「顕泰＝長尾氏出自の岩付氏」説が、課題の多い説であることは言うまでもない。

『武州江戸城歌合』（北区②八五）には、道灌の弟と考えられる「資忠」や「資常」、「資俊」[21]が登場しており、太田道真には多くの実子が存在したことがわかる。改めて養子を迎える必要性は考え難い。顕泰が、太田道真の養子となり資産は継承したが、その後改めて成田氏の養子となったとの顛末にも不自然さが伴う。それにも関わらず、小宮氏は、「岩付左衛門丞顕泰」が「成田顕泰」となる前に太田道真の養子だった時代があったとする史料根拠を示せていない。そして管見の限り、太田道真が養子を迎えていたことを示す史料は存在しない。

成田顕泰に太田道真の養子時代は想定し難い

明応六年（一四九七）に書かれた「詩軸」における「岩付左衛門丞顕泰」が、後に「成田顕泰」になったとする小宮氏の想定と整合しない史料も存在する。『鑁阿寺文書』に納められた明応二年と推定される閏四月十一日付「新左衛門尉景泰」書状（叢書⑪六一六・岩史二二五）である。

黒田（二〇二一①）は、この「新左衛門尉景泰」が、足利長尾氏から成田氏に養子入りした後の成田顕泰である（山内上杉顕定の偏諱を受けて景泰から顕泰になったと推測）とする市村高男氏の議論を紹介し、成田顕泰が、明応二年時点で既に成田氏の家督を継承していたことを示唆する。家督継承の根拠とされたのは、景泰が既に成田氏当主の官途名である「左衛門尉」を名乗っていること、「当地之事者、相尋可致成敗候」との記載から、養子入り先で家督として振舞う様子が窺われること、の二点である。

この指摘が正しい場合、「詩軸」が書かれた明応六年（一四九七）には、顕泰は既に成田氏当主になっていたことになる。「詩軸」が書かれた時点では〝成田氏に養子入りする前の岩付顕泰〟が

21 資俊については、道灌の弟ではなく叔父などの近親であった可能性も指摘されている（北区②八七）。

岩付城にいた、とする小宮氏の想定は破綻することになる。

岩付左衛門丞顕泰の人物比定という難問

小宮氏の「顕泰＝長尾氏出自の岩付氏」説の蹉跌は、岩付左衛門丞顕泰の人物比定が、太田氏築城説にとって大きな難問であることを示している。正等を太田道真に比定した時、顕泰にあたる人物を太田氏に見出すことが難しいのだ。

「詩軸」は、正等が隠居に際して「一家機軸」とされる「百畝郷田」の土地を顕泰に譲渡した（一家機軸、百畝郷田、付之於苗裔顕泰也）と記している。青木（二〇一五）は、「『一家の機軸』と称される所領の譲与が家督の譲与と不可分であったことは、容易に推察される」と指摘しており、筆者もこれに賛同する。小宮氏は、顕泰が「家督を受け継いだ様子はありません」と述べるが、「一家機軸」は家督と解釈するに十分な表現である。少なくとも、家督を継いでいないと断定する根拠はない。

ここで問題となるのが、「一家機軸」が家督であった場合、顕泰は太田氏の誰になるのか、という点である。正等が太田道真ならば、家督継承者は太田道灌以外には考えられない。しかし、道灌が「岩付左衛門丞顕泰」であることはあり得ない。道灌は文明十八年（一四八六）に没しており、「詩軸」が書かれた明応六年（一四九七）には生きていないのだ。

「詩軸」における正等の人物像がどれほど太田道真のそれに類似していても、顕泰に当たる道真の後継者が「詩軸」作成時に生きていないのであれば、太田氏築城説は破綻することになる。小宮氏が「岩付左衛門丞顕泰」を「正等」の家督を継いだ正式な後継者と認めない立場を取ったのは、あるいはこの破綻を避けるためだったのかもしれない。

筆者は、小宮氏説のみならず、太田氏築城説を支持する者全てにとっての難問であると考える。「詩軸」が描く正等の事跡や人物像は、太田道真に通じるものが多い。しかし正等が道真ならば、この父から家督を継いだ顕泰は太田道灌とならざるを得ないが、文明十八年に殺された道灌が明応六年に存命し、「詩軸」の依頼者となることはあり得ない。太田氏築城説は成立し得ないのである。

この議論は、「太田氏築城説は岩付城築城者『正等』の子『岩付左衛門丞顕泰』にあたる人物を提示できない。」とする否定論Cの支持材料と言える。これを否定論Cの補論として扱い、否定論C´と番号付けしたい。

(D)「岩付城を先祖から継承した岩付太田氏」への疑義

最後に、「D：岩付城を先祖から継承した岩付太田氏への疑義」の整理を行う。

太田氏（岩付太田氏）による岩付城の領有が確認されるのは、後世編纂された軍記物や系譜史料を除けば、先に紹介した『年代記配合抄』の大永二年条（黒田（一九九四）は大永四年（一五二四）の誤りとする）に記載された太田資頼の岩付城攻略以降である。黒田氏や青木氏は、それ以前に〝太田氏ではない岩付城主〟が存在したことを指摘する。加えて黒田氏は、岩付太田氏が太田氏惣領の系譜には連なっておらず、傍系に過ぎないことも明らかにした。これらの議論により、〝先祖から受け継いだ岩付城を本拠とした岩付太田氏〟という従来の見方は否定され、太田氏築城説の蓋然性は大きく揺さぶられたのであった。

（D-①）明応三年の岩付城主は太田氏ではない

青木（二〇一五）は、岩付城の築城者を在地古豪の渋江氏であると論じ、同氏は山内上杉氏の被官であったと論じた。その際に、参照したのが「詩軸」が書かれた明応六年の三年前にあたる明応三年（一四九四）に出された古河公方・足利政氏による十一月一七日付書状（叢書⑪六一七）である。この書状は、父・成氏の跡を継いで古河公方となった足利政氏が、家臣の簗田氏に送った感状である。重要な書状であるため、全文を引用したい。

「去十三日、政能方江折紙到来候間、翌日必可進旗之処、顕定申旨候、因茲延引、然而十四日未刻伊勢新九郎退散由其聞達続、可属御心意之時節純熟候歟、目出候、宗瑞敗北、偏其方岩付江合力急速故候、戦功感悦候、仍凶徒高坂張陣之時不被差懸段、顕書中候間、先以理候、雖然顕定不庶義調儀更難成候、爰元可令推察候、惣別悠之様候、於吉事之上無曲子細出来事可有之候哉、被進勝陣候事も非関覚悟計候、委旨五郎可申遣候、謹言、

十一月十七日（花押）

簗田河内守殿」

注目されるのは「宗瑞敗北、偏其方岩付江合力急速故候、戦功感悦候」である。この「宗瑞」は伊勢宗瑞、すなわち後北条氏の初代・北条早雲である。この人物の時代には名字「北条」は名乗ってておらず、名字は「伊勢」であった。また、扇谷上杉氏から相模国を経略したことで知られる人物でもあるが、明応三年（一四九四）時点では、扇谷上杉氏の同盟相手であった。

当時は、長享の乱（一四八七〜一五〇五）の最中であった。山内上杉氏と扇谷上杉氏が〝両上杉〟

と称され、力を合わせて古河公方と戦った享徳の乱（一四五四～一四八三）は既に終結し、かつて味方だった〝両上杉〟同士が、今や互いを潰そうとする熾烈な抗争を展開する状況であった。足利政氏は、この長享の乱において、当初は扇谷上杉氏を支援したがその後、山内上杉氏に味方するようになる。明応三年（一四九四）には山内上杉氏を支援する軍事行動を起こし、扇谷上杉氏が劣勢に追い込まれていた（図5：長享の乱の前期と後期の対立構図における期間「4」に相当）。

岩付城勢力は扇谷上杉氏方の伊勢宗瑞と敵対

前掲の足利政氏書状は、明応三年（一四九四）十月十四日に、伊勢宗瑞が岩付を襲撃し、簗田氏が岩付勢力に「合力」してこれを撃退したものと解釈されている。

青木（二〇一五）は、（ア）古河公方陣営の簗田氏が「合力」した岩付城勢力は、三年後の明応六年（一四九七）の「詩軸」に登場する「岩付左衛門丞顕泰」に違いなく、（イ）「合力」との表現から、「岩付左衛門丞顕泰」は古河公方方ではなく、同盟相手の山内上杉氏方であったと考えられると論じた。

「合力」は、「基本的に独立勢力同士で用いられる」言葉である（久保健一郎（二〇一五）『戦国武将の兵粮事業』（吉川弘文館））。青木氏は、古河公方によって「合力」される存在であったことから、岩付城勢力は公方の同盟相手であった山内上杉氏と解釈したのである。

この足利政氏書状は、「詩軸」の書かれるわずか三年前の岩付城勢力が、少なくとも扇谷上杉氏方ではなかったことを立証するものと言える。伊勢宗瑞が扇谷上杉氏の敵に回るのは永正七年（一五一〇）であり、明応三年（一四九四）時点では同氏の同盟相手である。扇谷上杉氏の味方であった伊勢宗瑞に攻められ、扇谷上杉氏の敵対勢力であった古河公方方簗田氏に「合力」されたことは、この時の岩付城主が、扇谷上杉氏の敵方であったことを雄弁に物語るのである。

「詩軸」が書かれる僅か三年前の岩付城主が扇谷上杉氏方ではなかったことは、「詩軸」に登場する「岩付左衛門丞顕泰」が、扇谷上杉氏方ではなかった可能性を強く示唆する。しかもその根拠は、最も信頼度の高い一次史料としての書状である。「岩付左衛門丞顕泰」を扇谷上杉氏方の太田氏であると論じるためには、この点が説明できなければならない。足利政氏の書状は、太田氏築城説に大きな課題を突きつけたのだ。本書はこの議論を、否定論D-①としたい。

(D-②) 最古の岩付城主「渋江孫太郎」

黒田(一九九四)は、渋江氏が永正七年(一五一〇)時点で岩付城主であったことが一次史料から確認され、これが一次史料が示す最古の岩付城主であることを指摘した。

黒田氏が着目したのは、永正七年(一五一〇)の山内上杉憲房の書状(埼資⑥六六・岩史二三五・北区①二七三)である。この書状において、「渋江孫太郎」が成田下総守らと並ぶ武将として登場することが、渋江氏が岩付城主であった証拠とされたのである。山内上杉憲房書状における渋江孫太郎の登場部を引用する。

「(略)伊勢新九郎入道宗瑞、長尾六郎卜相談、相州江令出張、高麗寺幷住吉之古要害取立、令蜂起候、然間、建芳被官上田蔵人入道令与力、神奈河権現山於取地利、致慮外候間、建芳自身向彼地罷立候、然間、自当方モ勢遣、成田下総守・渋江孫太郎・藤田虎寿丸・長尾孫太郎為代官矢野安芸入道・大石源左衛門・同名三人、長尾但馬守為代官成田中務丞、其外武州南一揆之者共罷立候」

状況を確認する。かつて長享の乱（一四八七〜一五〇五）時点では扇谷上杉氏の同盟相手であった伊勢宗瑞が、永正七年（一五一〇）に突如相模国に侵攻し、扇谷上杉氏の被官である上田蔵人が呼応した権現山（神奈川県横浜市）に立てこもった。扇谷上杉朝良（建芳）はこれに対応すべく権現山に進軍し、そこに扇谷上杉氏の上位者たる山内上杉憲房が援軍を派遣したのである（図6：伊勢宗瑞の相模侵攻と第三次永正の乱の期間「5」に相当する）。

有力国衆としての「渋江孫太郎」

この時の援軍が、「成田下総守」・「渋江孫太郎」・「藤田虎寿丸」・「長尾孫太郎」の代官としての「矢野安芸入道」や「大石源左衛門」・「長尾但馬守」の代官としての「成田中務丞」・「武州南一揆之者」である。黒田（一九九四）は、渋江孫太郎が成田・藤田両氏のような有力国衆や、長尾・大石両氏のような山内上杉氏の重臣と同列で記されていることに着目し、この時の渋江氏がこれら有力者らに匹敵する存在であったと論じる。そして、先に紹介した『年代記配合抄』大永二年（一五二二）条に登場する岩付城主と考えられる「渋井右衛門太輔」の存在を併せて考えることで、渋江氏は永正七年（一五一〇）の山内上杉憲房書状の時点で岩付城主であったとした。すなわち、一次史料に登場する最古の岩付城主は渋江氏である、という驚きの結論を導き出したのである。

太田氏の岩付城領有が大永期までしか遡れない状況において、それより古い時代に渋江氏が岩付城主であったとする議論は、太田氏築城説の蓋然性を揺るがす。岩付城が太田氏によって築城・継承されたとする太田氏築城説の立場からは、〝太田氏以前の岩付城主「渋江孫太郎」〟は、説明が非常に難しいためである。本書はこの議論を、否定論D‐②としたい。

（D‐③）成田氏の岩付地域への影響力

黒田（一九九四）は、成田氏が永正期にも岩付地域に影響力を行使した形跡があることを根拠に、成田氏が太田氏以前の岩付城主であった可能性を補強した。

黒田氏が援用したのは、先に紹介した長塚孝（一九九〇）の議論である。長塚（一九九〇）は、永正期（一五〇四～一五二一）に足利政氏が息子・基頼に宛てた年次未詳書状に「慈恩寺之事、高基方へ以下下総守一筆遣候、返礼大概宜候」とあることに注目する。そして当時の関東で「下総守」を名乗った領主が成田氏のみであることから、同記載が、岩付地域の慈恩寺に関して成田氏が関与した可能性を示すものと論じた。

慈恩寺は岩付地域の大寺であり、岩付城との距離はわずか四キロメートル弱である（図2：岩付城周辺の地形と河川）。黒田（一九九四）はこの議論を受け、永正期には既に忍に帰還していた成田氏が、岩付地域の大寺である慈恩寺に対して影響力を有したのは、同氏がかつて岩付城主であったことの形跡であると示唆したのである。

岩付城が太田氏によって築城・継承されたとする太田氏築城説では、永正期に成田氏が岩付地域に影響力を有したことを説明することは難しい。本書では、この議論D‐③としたい。

図10：慈恩寺金堂

加えて黒田氏は、旧来の太田氏築城説において信じられてきた、道灌→資家→資頼→資正という太田氏惣領の系譜を否定した。この系譜が、実際には〝惣領〟の系譜ではなく、〝傍系〟の系譜であるとの整理を行ったのだ。

（D‐④）強奪者としての岩付太田氏

惣領の系譜：六郎右衛門尉→永厳

黒田氏は、道灌後の太田氏惣領は「六郎右衛門尉」という人物であり、その後「永厳」がその遺跡を継いだとする。そこには、太田氏系譜において道灌の後継者とされてきた岩付太田の祖・資家は登場しない。以下、黒田（二〇一三）に基づき、氏の主張を整理する。

・六郎右衛門尉：「六郎右衛門尉」は太田氏系譜史料には現れないが、推定明応五年（一四九六）の山内上杉顕定書状（埼資⑥一四・岩史九四五・北区①二四九）に登場することによってその実在が確かめられる。この人物が道灌謀殺後に太田氏惣領となったことは、『年代記配合抄』文明十八年（一四八六）条「七月廿六日道灌相州糟屋ニテ武州間井川合戦被誅、即時ニ馬橋城自落ス、太田六郎右衛門立遺跡」により確認される。

・永厳：「永厳」の存在は、「八代文書」（叢書⑫付二〇四）に登場する「太田入道永厳」によって確かめられる。黒田氏は、『石川忠総留書』（埼資⑧四九七・北区②一四二）の大永四年（一五二四）条に現れる扇谷上杉氏の宿老「太田備中入道永厳」がこの人物であるとする。また、『年代記配合抄』の永正二年（一五〇五）条「於武中野陣ニ太田六郎右衛門被誅、備中守立遺跡」において、六郎右衛門尉の後継者として登場する「備中守」も永厳と同一人物であると論じた。また黒田氏は、『太田潮田系図』に岩付太田氏の祖とされる太田資家の嫡男として登場する「備中守」が永厳であるとし、次男に太田資頼が記されていることの二点から、永厳と資頼は兄弟であった可能性があると指摘した。黒田（一九九四）が、永厳が大永四年に岩付城を巡る攻防戦において北条氏に寝返った資頼に討たれたと論じたことは、既に述べた通りである。

黒田氏が提唱した六郎右衛門尉→永厳という惣領の系譜は、今日多くの通史で採用されており、定説として扱われている。例えば、則竹雄一（二〇一二）や山田邦明（二〇一四）が同説を採用している。

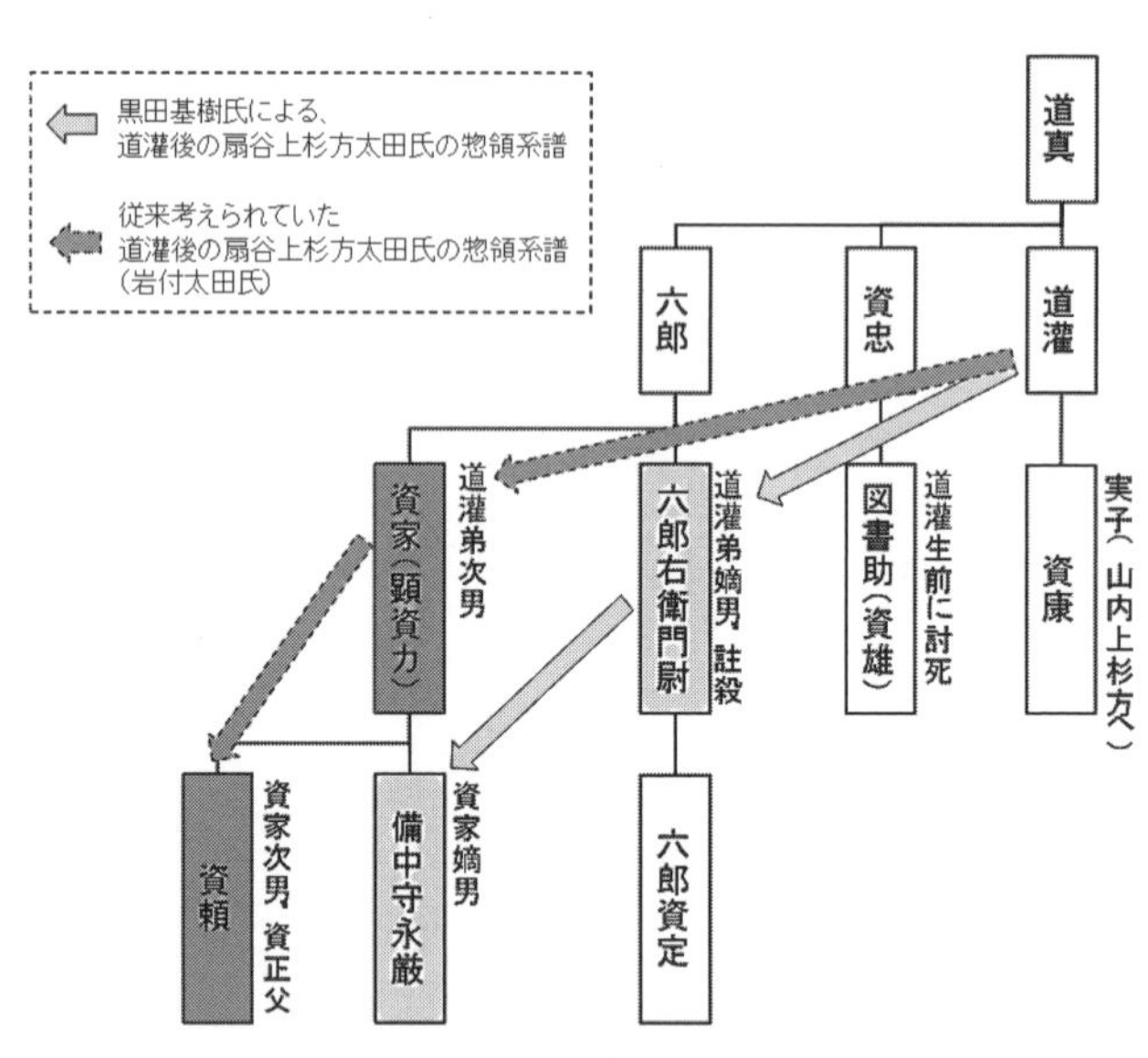

図 11：黒田氏による道灌後の太田氏系譜論

傍系、裏切り者の系譜：資家→資頼

また黒田氏は、従来は太田道灌の後継者（惣領）の系譜とされていた岩付太田氏の資家→資頼の系譜を次のように見直した。

・資家：「資家」の受領名は諸系図では「信濃守」と伝わる。しかし黒田（二〇一九）は、『年代記配合抄』が太田資頼の父を「美濃守」としていることを踏まえ、実際の受領名は「美濃守」であった可能性が高いとする。そして「松野文書」に現れる「美濃守顕資」（叢書⑫付三七）を資家に比定。その上で「美濃守顕資」が山内上杉氏方の武将であり、扇谷上杉氏方の要塞を攻めようとした人物であることを踏まえ、資家は一時扇谷上杉氏のもとを離れ、敵側に回った人物と位置付けた。

・資頼：資家の子「資頼」について、黒田（一九九四）は先に紹介した通り、大永四年に北条氏に寝返って岩付城を渋江氏から奪った人物とする。加えて、『本土寺過去帳』大永四年条の「岩付落城々主打死」を受け、資頼に討たれたのは、『太田潮田系図』が「早世武州岩槻城主」とする「備中守」＝太田永厳であるとした。

以上をまとめれば、

・岩付太田氏の始祖とされた「資家」は、主家・扇谷上杉氏も、太田氏惣領も裏切り、敵である山内上杉氏方に転向した人物として位置づけられ、

・岩付太田氏の二代目「資頼」は、主家・扇谷上杉氏を裏切って北条方に転向したのみならず、兄であり惣領である永厳を討った人物として位置づけられたことになる。

資家→資頼の系譜は、単に傍系であったのみならず、太田氏惣領から見れば、裏切り者や簒奪者

の立場にあった可能性が示されたのである。〝先祖から受け継いだ岩付城を本拠とした岩付太田氏〟という従来の理解は、根底から崩されたと言ってよいであろう。

黒田氏による太田氏系譜論の受容

ただし、黒田氏による「資家」・「資頼」論は、定説化しているとは言い難い。例えば、横浜市立歴史博物館の特別展『〝道灌以後〟の戦国争乱』（二〇一九年六月〜七月）の展示や図録では、六郎右衛門尉→永厳の惣領の系譜は採用されたものの、資家＝美濃守顕資説や資頼による惣領殺しは採用されていない。黒田氏も監修者の一人であったことを踏まえれば、氏の「資家」・「資頼」論が必ずしも学術者らに広く受容されたわけではないことが窺われる。

また、黒田氏の見解に対する反論も登場している。本書の執筆協力者である原口和子氏（中世太田領研究会）は、二〇一九年の論考「太田資正はどこからきたのか」（『太田資正と戦国武州大乱』（まつやま書房）、以下、原口（二〇一九））において、黒田氏が太田惣領と立証した永厳こそが系譜史料上の太田資家であるとの新説を展開し、[22]永厳の系統と資家の系統を対立的に捉える黒田氏説に批判を加えている。

しかし、黒田氏の「資家」・「資頼」論に疑義が残るとしても、道灌後の太田氏惣領の系譜が「六郎右衛門尉」→「永厳」であり、岩付太田氏が傍系であったとする氏の主張が、研究者に広く受け入れられた点は変わらない。ここに、「資頼」が主君・扇谷上杉氏を裏切って北条氏方に転向して渋江氏が在城した岩付城を攻略したことを併せれば、〝先祖から受け継いだ岩付城を本拠とした岩付太田氏〟という従来の理解は、やはり、否定されることになるのだ。本書はこの議論を、否定論Ｄ‐④としたい。

太田氏築城説への否定論、出揃う

筆者が、先行研究をレビューし抽出した岩付城太田氏築城説に対する否定論は、以上である。これだけ多くの批判が存在する以上、今日、太田氏築城説が否定された状態にあるのも無理もないであろう。以降本書は、これら否定論の全てに対して反論を行い、太田氏築城説の成立性が示せるかを検証する。

[22] 原口（二〇一九）は、黒田氏が「美濃守顕資」＝資家の根拠とする受領名「美濃守」の共通について、そもそも太田氏系譜史料は資家の受領名を「信濃守」と伝えており、美濃守とする史料が存在しないことを指摘する。その上で、『太田資武状』や太田家記所収「源姓太田氏」、『太田家譜』、『太田潮田系図』等の多くの太田氏系譜史料が、太田資家を「養竹院殿義芳永賢」と記す点に着目し、以下の理由から、養竹院殿義芳永賢（資家）＝永厳という新説を提起した。

（ア）資家の院号「養竹院」には上杉家（竹と雀の紋）を養うとの意味があり（太田潮田系図・太田家譜）、資家が上杉家を支える立場にあったことを示す。

（イ）「養竹院」は埼玉県川島町に現存する寺院であり、院号「養竹院」を名乗った人物が実在した可能性は非常に高い。

（ウ）上杉家を支えたと公言できる大人物が一次史料や『年代記配合抄』等に一切登場しないのは不自然である。

（エ）法名「永賢」は、一次史料や『年代記配合抄』に登場する太田氏惣領「永厳」と同音である。

（オ）「養竹院殿義芳永賢」（没年は大永二年（太田潮田系図・太田家譜））と「永厳」（永正二年に惣領となり（年代記配合抄）、大永四年まで活動の記録がある（石川忠総留書））は、ほぼ同時代を生きた人物である。

資家と永厳を別人とする黒田氏説では、太田氏惣領である永厳と同時期に、「養竹院」という惣領然とした院号を名乗った別人物がいたことになる。しかも、前者は一次史料には登場するものの系譜史料には一切登場せず、後者は系譜史料には登場するものの一次史料には登場しない、という奇妙な状況が生じたことになる。原口氏説は、両者を同一人物とみなし、一次史料には「永厳」と正しく残り、系譜史料には「永賢」と漢字を誤って伝えられたとすることで、この奇妙な状況を生じさせない。

ただし、反論に入る前に、その準備として読んでいただきたい史料がある。それは、岩付築城者論の根本史料、「自耕斎詩軸并序」である。

左に、否定論をまとめたものを表にした。本文とあわせて参照していただきたい。

A　「太田氏による長禄元年（一四五七）の岩付築城」に対する疑義

- **A-①**　『鎌倉大草紙』の「太田氏による長禄元年の岩付築城」記載は、より信頼度の高い『松陰私語』の記述と一致しない。
- **A-②**　「太田氏による長禄元年の岩付築城」が事実であれば、その後の争乱を記録した『太田道灌状』等に岩付城が登場しないのは不自然。
- **A-③**　扇谷上杉氏や太田氏の岩付地域への関与は、長禄元年の数十年後までしか遡れない。
- **A-④**　岩付地域の扇谷上杉氏の軍事拠点は、長禄元年以前に掃討されたと考えられる。
- **A-⑤**　岩付城の最古層から発掘された土器は「山内上杉氏のかわらけ」であり、扇谷上杉氏家宰の太田氏による築城説を支持しない。

B　「詩軸」の岩付築城者「正等」にあたる太田氏を見出せないとする議論

（太田道真を「正等」に比定する考え方に対する批判を、以下に列挙）

- **B-①**　太田道真は軒号「自得軒」を名乗った人物であり、斎号「自耕斎」を名乗った岩付築城者「正等」に比定することはできない。
- **B-②**　太田道真は法名「道真」を名乗った人物であり、法名「正等」を名乗った岩付築城者「正等」に比定することはできない。
- **B-③**　太田道真の最後の官職は「備中守」であり、「故金吾」とされる岩付築城者「正等」に比定することはできない。
- **B-④**　「詩軸」の記載は、岩付築城者「正等」が郷単位の所領を領有する在地性の高い領主であったことを示唆する。扇谷上杉氏の家宰として広域の軍事指揮権を掌握した太田道真とはみなせない。

C　「詩軸」の依頼者「岩付左衛門丞顕泰」にあたる太田氏を見出せないとする議論

- **C′**　「正等」を太田道真に比定する場合、その家督を継いだ「顕泰」は太田道灌であったことになるが、道灌は「詩軸」が作成された明応六年のはるかに以前に謀殺されており、矛盾が生じる。

D　「岩付城を先祖から継承した岩付太田氏」という理解への疑義

- **D-①**　「詩軸」作成の三年前の明応三年の岩付城主は、扇谷上杉氏の敵方であったことが一次史料より判明。「詩軸」作成時の岩付城主を扇谷上杉氏家宰の太田氏とみなすことは難しい。
- **D-②**　一次史料により確認される最古の岩付城主は渋江氏であることが判明。扇谷上杉氏家宰の太田氏が築城・継承した岩付城という伝統的な見解では説明できない。
- **D-③**　永正期（一五〇四～一五二一）に、岩付地域での寺領を巡る紛争に成田氏の仲裁が期待されたことが一次史料より判明。太田氏が築城・継承した岩付城という伝統的な見解では説明できない。
- **D-④**　信頼できる史料で確認される太田氏と岩付城の関りは、太田資頼による渋江氏からの同城強奪。太田氏が築城・継承した岩付城という伝統的な見解では説明できない。

第二章　「自耕斎詩軸并序」を読む

岩付城の築城者は誰なのか、本当にそれは太田氏だと言えるのか。「詩軸」は、この謎に立ち向かうための最大の手がかりである。本章では、岩付築城者論の根本史料である「詩軸」（自耕斎詩軸并序）を取り上げ、その全文を、一字一字取り上げて精読していきたい。

（一）では、こうした精読の必要性を筆者に痛感させた小宮勝男氏の「詩軸」解釈を紹介したい。

（二）では、「詩軸」の白文を、現代漢字を用いて示す。

（三）では、この漢詩文の全文を《白文》、《書き下し文》、《語釈案》、《通釈案》、《考察》の順で読み解いていく。

（四）では、他の権力者称揚の詩文には見られない、「詩軸」の奇妙な特徴について筆者の考察を披露したい。

（一）「附者傅也」が明かした「詩軸」の技巧

筆者に「詩軸」精読の必要性を痛感させたのは、小宮氏による「詩軸」解釈であった。「詩軸」を深く読み込んだ小宮氏は、この漢詩文には玉隠が込めた仕掛けが潜んでいることを明らかにしたのだ。中でも筆者に衝撃を与えたのは「詩軸」の前半四分の一程のところで現れる「附者傅也」に対する解釈である。

「附者傅也」は、「詩軸」の岩付築城に関する記載に登場する一節である。岩付という土地を紹介する記述「武州崎西郡有村、曰岩付、又曰中扇」（武州埼西郡に村あり、岩付といひ、又中扇といふ）の後に「附者傅也」（附は傅なり）が続く。

これについて、小宮氏は、

・「附者傅也」に従って岩付（附）の「附」を同音の「傅」にすると岩傅となり、古代中国の殷王朝高宗の時代の名宰相「傅説」が見出された「傅岩」に通じる地名となる、

・「詩軸」の後段には、「父子豈不傅岩賢佐之再世乎」（父子あに傅岩賢佐の再世ならずや）との一節があり、正等・顕泰父子が傅説（傅岩翁）に比されていることは明らかである、

と指摘し、「附者傅也」がこの比喩の布石として挿入されたとの解釈を披露したのだった。

この解釈は、後に小宮氏説を厳しく批判した青木（二〇一五）も全面的に賛同し、「岩付が傅説が殷の高宗に見出だされた傅巌（ふがん）と音が通じ、また傅説は工事に従事し、正等も岩付に城を築いたことから、土地・行為共に両者相通ずる」と評している。

筆者が確認したところでも、「父子豈不傅岩賢佐之再世乎」の直前に現れる「用為相云、若済巨

川、用汝作舟楫、若歳大旱、用汝作霖雨」は、中国の古典『国語』の「楚語上」[23]に収録された傅説[24]に関する記述とほぼ一致する。小宮氏の「附者傅也」は、妥当なものとみてよいであろう。

一方、黒田（一九九四）は、「詩軸」の当該記載を「附者伝也」と引用している。これは原文の「傅」を「傳」（伝の旧字）と誤読したものであろう。「附者傅也」が「父子豈不傅岩賢佐之再世乎」の布石と解釈されていれば起こらない誤植である。『信濃史料』もこの字を「傳」と翻刻しており、その参照元である東京大学史料編纂所所蔵の手稿（図12：附者傅也）を見ても、当該部に記されている文字が「傳」ではなく、「傅」であることは明らかである。

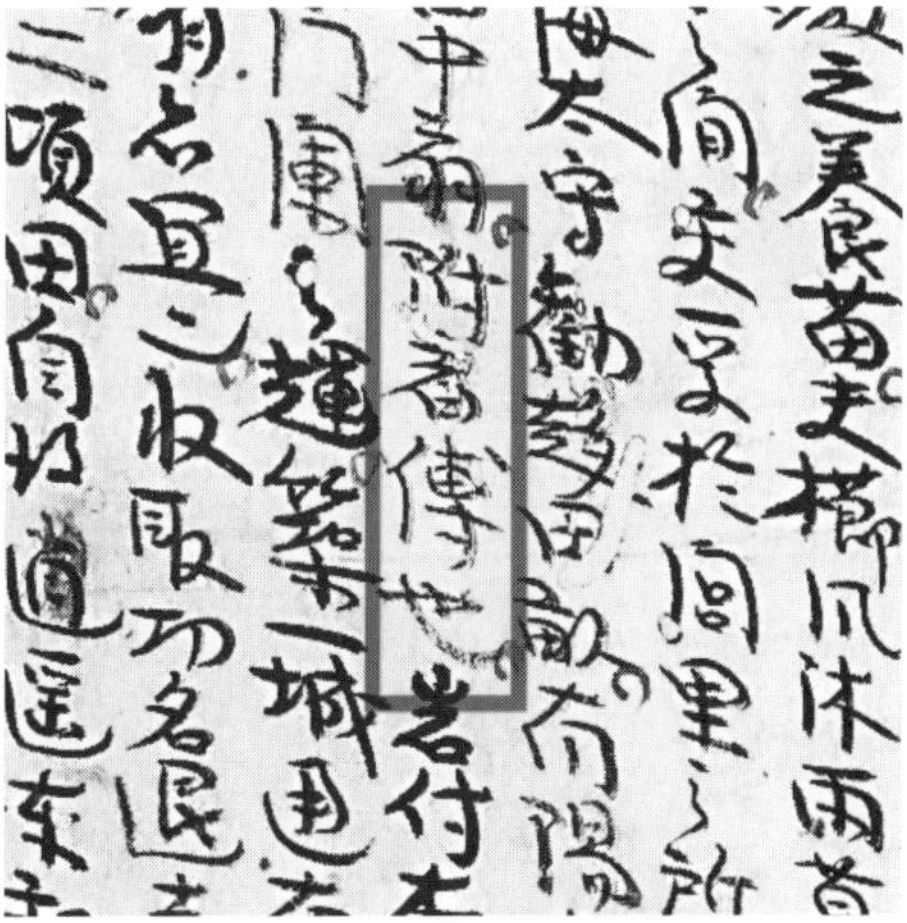

図12：附者傅也
（『文明明応年間関東禅林詩文等抄録（自耕斎詩軸并序部分）』東京大学史料編纂所所蔵に加筆）

この「附者伝也」に関する小宮氏の考察は、「詩軸」が技巧を凝らした漢詩文であること明らかにした。小宮氏は、「玉隠英璵の文章は緻密で、中国の故事がびっしりと詰められていますから、読み解く方は一字一句も気が抜けない」と述べるが、これには頷かざるを得ない。

23 大野峻（一九七八）『新釈漢文大系67国語下』（明治書院）

24 昔殷武丁（中略）如是而又使以象夢求四方之賢、得傅説以来、升以為公、而使朝夕規諫、曰若金、用女作礪、若津水、用女作舟、若天旱、用女作霖雨。啓乃心、沃朕心。若薬不瞑眩、厥疾不瘳。若跣不視地、厥足用傷

また、学術研究者らも、「詩軸」を必ずしも十分に精査し、その技巧を読み解けていないことも示唆された。小宮（二〇一二）は、「黒田氏は『序』に自論の根幹を頼り、『序』の史料価値の評価故に周囲から信任を受けているにしては、肝心の『序』の内容についての説明は十分ではない」（本書註：『序』は「自耕斎詩軸并序」のこと）と批判を展開するが、この指摘には一定の説得力が認められることになろう。

しかし、「詩軸」の技巧の読み解きに先鞭をつけた小宮氏も、「詩軸」全文の一言一句を取り上げた解釈までは、著書に提示していない。

岩付城の築城経緯を語る詩文が、技巧に満ちたものであるにも関わらず、先行する研究者らによって十分に精査されたとは言えない。ならば、自分でやるしかない。小宮氏の「附者傅也」の解釈に深く感銘を受けた筆者は、「詩軸」の全文解釈に取り組むことを決意したのである。

（二）「自耕斎詩軸并序」の白文

では、「詩軸」の全文を白文で示したい。

「詩軸」には異字体や旧字体、今日は用いられていない字形の漢字が多く用いられており、活字で再現できないものも多い。本書では、同漢詩文を翻刻し掲載した『信濃史料』の書き下し文にて採用された現代漢字を白文にも適用することにしたい。

疇昔、耕田之絵、置之左右、念農之歌、置之坐側、是無往而不在農也、真宗製珍農夫吟、置念農歌、紹興年中、上曰、朕聞、民間令牛皆耕田、其労可閔、令画以耕田之象、庶不忘稼穡之艱難也、民未知養苗、則教之養苗、夫櫛風沐雨、莫労乎農、沾体塗足、莫賤乎農、周之君臣、従事於襏襫之間、交孚於閭里之所、則為農安得不相勉哉、豳詩七月之情、温乎可想也、渤海太守、勧趁田畝、南陽太守、出入阡陌、則州郡勧農也、武州崎西郡有村、曰岩付、又曰中扇、附者傅也、岩付左衛門丞顕泰公父故金吾、法諱正等、挟武略之名翼、有門闌之輝、築一城、通南北衝、寔国之喉襟也、白羽扇指揮三軍守其中、曰中扇亦宜也、収取功名退者天之道也、一家機軸、百畝郷田、付之於苗裔顕泰也、一区宅、二頃田、自得逍遙、東郊有作、不過設供帳、以為国林游禾之挙、朝耕暮耕、早稲晩稲、垂々捧八月露、加之、黄蕪青花在野者、荊公詩云、花気時度谷、耕鋤聊效顰矣、正等游息斎、自顔曰自耕、而絵以求詩、有聴松住持龍華翁詩、懶菴亦其員而、詩序贅之、岩付自耕、考絵事、則高宗夢得傅説、物色以求于天下、説築傅岩之野惟肖、用為相云、若済巨川、用汝作舟楫、若歳大旱、用汝作霖雨、父子豈不傅岩賢佐之再世乎、大舜自耕稼於歴山、以至為帝也、耕易言、自難言、詩云、雨我公田、遂及我私、由此観之、先公而後私、周亦用助也、如正等、手不秉犁鋤、而謂自耕何哉、教中云、見如来性、如秋収冬蔵、更無所作為、又曰、施以求福、如種須刈也、竊聞、士君子、莫不有忠孝之心、故願祝吾君之寿、及営其親福祉者、皆依仏僧、蓋仏僧者、真世之福世田也、平生参洞下明識月江老、聞新豊之唱、有所得乎、洒々楽々、胸無町畔、本分閑田地、養以自受用他受用、不堕青苗凞寧途轍、川党洛党之羽翼、亦斂衽矣、四方雲従、躬耕隴畝臥龍、亦外物、非自耕底田、廬傍若有龍蟠之逸士、為予指迷、

粒々養成躬可知犂鋤不是効顰為旱天霖雨傅岩野一片心田得我私

時明応丁巳一夏強半懶菴野釈英璵序

(三)「自耕斎詩軸并序」の全文読解

続いて、「詩軸」全体の読み解きに入りたい。筆者は、太田氏築城説を支持する者であるが、ここでは中立の立場を取り、極力客観的な解釈を披露することを心掛ける。

漢文解釈の通例に倣い、《白文》、《書き下し文》、《語釈案》、《通釈案》、《考察》の順で、解釈を行うが、語釈と通釈に「案」を付すのは、これが漢文の専門家ではない筆者による試案であるためである。また、白文の後に示す書き下し文は『信濃史料』によるものをそのまま引用させていただいた。

冒頭

《白文》	《書き下し文》
疇昔、耕田之絵、置之左右、念農之歌、置之坐側、是無往而不在農	疇昔、耕田の絵、これを左右に置き、念農の歌、これを坐側に置く。これ往くとして農ならざることなきなり。

《語釈案》

○「疇昔」は、過去のある日。○「耕田」は、耕作を行う田地。○「念」は、思う。

《通釈案》

過去のある日、耕田の絵を左右に置き、農業を思う歌を座席側に置く。農業に関わるものが無いということが無かった。

《考察》

冒頭に登場するこの人物は、名前を明かされない。しかし農業との関わりが示唆されているため、詩序の主題である「自耕斎」（正等）であろうとの推測がなされることになる。「耕田之絵」は、後段で登場する玉隠や龍華翁ら五山僧らに絵を示して求詩（而絵以求詩、有聴松住持龍華翁詩、懶菴亦其員而）際の「絵」であろう。

中国為政者らの農業故事

冒頭に続く、中国の為政者らの農業に関わる故事の記載部を、三分割する。

宋の真宋

《白文》

真宗製珍農夫吟、置念農歌、紹興年中、上曰、朕聞、民間令牛皆耕田、其労可閔、令画以耕田之象、庶不忘稼穡之艱難也、民未知養苗、則教之養苗、

《書き下し文》

真宗は珍農夫吟を製して、念農歌を置く。紹興年中、上曰たまわく、朕聞く、民間牛をして皆田を耕さしむ。その労閔るべし。画くに耕田の象を以てし、庶はくは稼穡の艱難を忘れざらしめん。民未だ苗を養ふを知らざれば、則ちこれに苗を養ふを教ふ。

《語釈案》

○「真宗」は、宋（北宋）の第三代皇帝。遊牧民族の契丹と和議（澶淵の盟）を結んだことで知られる。占城稲を導入して二期作を推奨し、農業生産力を伸ばした。その成果は後世「蘇湖熟すれば天下足る」と評された。在位期間は、九九七年から一〇二二年。○「珍」は、ここでは「珍しい」

ではなく「尊い」あるいは「貴重な」等の意味であろう。○「吟」は歌。○「紹興年中」は、紹興年間。ただし、紹興年間は、一一三一年から一一六二年であり、真宗の在位期間（九九七年から一〇二二年）の約百年後である。紹興年間の皇帝は、南宋初代の高宗である。真宗の記述に時代の異なる「紹興年中」が登場するのは、玉隠の誤りか。○「閲」は、見て確かめること。○「象」は、目に見える姿。○「庶」は、こい願うこと。○「稼穡」は、穀物の植えつけと、取り入れ。○「艱難」は、困難に出会い苦しみ悩むこと。

《通釈案》

真宗は、尊い農夫の歌を作り、農業を思う歌を置いた。紹興年間に皇帝は言った。朕は、民が牛を用いて田を耕していることを聞いた。その苦労を見て確かめるべきであろう。田を耕す様子を絵に描かせ、穀物の植えつけと取り入れの苦しみを忘れないようにした。（真宗は）民が未だに苗を養う農法を知らなかったので、これを教えた。

《考察》

真宗が、農夫の歌を作り、農業を思う歌を置いたこと（製珍農夫吟、置念農歌）、田を耕す様子を絵に描かせ穀物の植えつけと取り入れの苦しみを忘れないようにしたこと（令画以耕田之象、庶不忘稼穡之艱難也）は、冒頭に登場する人物（自耕斎）が耕田の絵を左右に置き（耕田之絵、置之左右）、農業を思う歌を座席側に置いたこと（念農之歌、置之坐側）と対応する。本詩序において自耕斎（正等）が中国・宋の伝説的な皇帝である真宗に比されていることは明らかである。

周の君臣

《白文》
夫櫛風沐雨、莫労乎農、沾体塗足、莫賤乎農、周之君臣、従事於襏襫之間、交孚於閭里之所、則為農安得不相勉哉、豳詩七月之情、温乎可想也、

《書き下し文》
それ風に櫛り雨に沐す、農より労するはなし。体を沾し足に塗す、農より賤しきはなし。周の君臣、事に襏襫の間に従ひ、孚を閭里の所に交ふるときんば、農たるもの安ぞ相勉めざるを得んや。豳詩七月の情、温乎として想ふべし。

《語釈案》
○「櫛」は、くしけずること。○「沐」は、髪を洗うこと。○「莫A乎B」は、BよりもAなものは無い、という比較級表現。○「沾」は、うるおすこと。○「塗」は、泥にまみれること。○「襏襫」は、簑のこと。○「孚」は、真心。○「閭里」は、村里。○「豳」は、古代周王朝の故地。○「豳詩」は、儒教の聖典の一つである『詩経』の「豳風」に納められた詩群を指す。「七月」は「豳風」の冒頭に置かれた詩であり、収穫の秋（七月は秋にあたる）の気配の中での収穫の歓びや子孫繁栄の祈念を詠う内容。儒教では古来、理想の農業社会を描いたものとされた。○「温乎」は、なごやかなさま。

《通釈案》
（農作業では）風で髪をくしけずり、雨で髪を洗うことになる。農業より苦労するものはない。（農作業では）体を濡らし、足を泥にまみれさせることになる。農業より賎しいものはない。周の君主や臣下達は、簑を着て農作業をし、村里で真心を交わしあった。農業のために互いに励まし合わないことがあろうか。（古代周王朝の人々が農業を行った）豳で書かれた七月の詩の心持ちは、なごやかだと思うべきであろう。

《考察》

宋の真宗の逸話に続くのは、儒教において理想とされた周王朝の主君と臣下が、自ら農業に身を投じた逸話である。後段において、周王朝が殷王朝の土地政策「助」を用いた（周亦用助也）との記載が登場し、自耕斎（正等）から顕泰への家督継承が周王朝における土地政策に比されて述べられる。周王朝の逸話が前半に登場するのは、その伏線と見ることもできる。農業の辛さを述べた後で『詩経』「豳風」の詩「七月」に言及されるのは、その辛苦の代わりに大きな収穫の歓びがあることを忘れてはいけないと訴えるためであろうか。

渤海太守と南陽太守

《白文》	《書き下し文》
渤海太守、勧趍田畒、南陽太守、出入阡陌、則州郡勧農也	渤海の太守、田畒に勧趍し、南陽の太守、阡陌に出入するときんば、則ち州郡農を勧むるなり。

《語釈案》

○「渤海太守」は、前漢の渤海太守「龔遂」か。『十八史略』によれば、龔遂は朝廷の水衡都尉（河川の水路灌漑や宮中の御苑管理を担当する官）であったが、渤海太守に任ぜられた人物である。当時渤海は、飢饉によって農民が耕作を放棄し、盗賊が跋扈する地となっていた。渤海に赴いた龔遂は、農具を持つ者は良民、武器を持っている者は盗賊とみなすことで、盗賊らを帰農させたとされる。○「趍」は、「趨」であり、「馳せ向かう」「赴く」の意味。○「田畒」は、田と畑。○「南陽太守」は『漢書』に現れる南陽太守「召信臣」か。召信臣は自ら田畑に入り、灌漑を指導し農業生産力を高めたとされる。〇「出入阡陌」という表現そのものが、召信臣が自ら田畑に入ったことの記述として『漢書』に見える。〇「阡陌」は、南北に通ずる道と東西に通ずる道。あるいは、道路の交差している所。転じて、十字に交差する田畑の畦道。〇「州郡」は、州と郡。また、地方を指す。〇「勧農」は、為政者による農業の振興・奨励のための行為。灌漑整備や作物の奨励など。

《通釈案》

渤海の太守（龔遂）は、（離農していた）人々を田畑に勧めて走らせた。南陽の太守（召信臣）は、田畑の畦道に出入し（灌漑を指導し）た。州や郡等の地方は、農業振興策を行うものなのだ。

《考察》

渤海太守と南陽太守の逸話は、地方長官による農業振興策を紹介する内容。当初、皇帝に比された自耕斎（正等）であるが、名前（正等）が登場する前の最後の比喩として太守ら地方長官の逸話が登場するのは、この人物が実際には地方長官に近い存在であったことを示唆するか。

武将時代の自耕斎（正等）

《白文》

武州崎西郡有村、曰岩付、又曰中扇、附者傅也、岩付左衛門丞顕泰公父故金吾、法諱正等、挟武略之名翼、有門闌之輝、築一城、通南北衝、寔国之喉襟也、白羽扇指揮三軍守其中、曰中扇亦宜也、

《書き下し文》

武州崎西郡に村あり、岩付といひ、また中扇といふ。附は傅なり。岩付左衛門丞顕泰公の父故金吾、法諱正等、武略の名翼を挟み、門闌の輝あり。一城を築いて、南北衝を通ず。寔に国の喉襟なり。白羽扇三軍を指揮して、その中を守る。中扇といふもまた宜なるかな。

《語釈案》

○「附者傅也」は、附は傅であるという意味。後段において自耕斎父子の賞揚のため、古代中国殷の名宰相「傅説」が登場するが、傅説には「傅巌」という地で土木工事をしていた際に高宗に見出だされたとの逸話がある。岩付は「附者傅也」として「岩傅」と書き換えれば「傅巌」と似る。岩付で築城を指揮した自耕斎は、傅岩において土木工事を指揮した傅説に通じるとの比喩を展開するための修辞法と考えられる（小宮勝男氏説、本章（一）参照）。○「金吾」は、衛門府の唐名。隠居前の自耕斎（正等）が、左（あるいは右）衛門大夫や左（右）衛門尉等の官途名を名乗っていたことがわかる。○「左衛門丞」は、左衛門尉に同じ。○「法諱」は、法名のこと。○「武略」は、合戦のかけひき。軍事上の計略。○「闌」は、一番盛んな時、あるいは手すりや枠。「門闌」は、門の枠という意味で使用される例があるが、ここでは文脈上、一門が最も盛んな時、と解釈するのが妥当か。○「衝」は、要所。○「喉襟」は、要害の地。○「白羽扇」は、白い羽で作られた扇。諸葛孔明の比喩。武将時代の自耕斎が、諸葛孔明に例えられている。○「三軍」は、古代中国周王朝の兵制において、上軍・中軍・下軍それぞれ一万二千五百人、合計三万七千五百人の軍隊を指す。転じて、大軍の意味。○「白羽扇指揮三軍」は、『裴子語林』における諸葛亮の詩「諸葛武侯與司馬宣王在渭濱、將戰、宣王戎服莅事、使人視武侯、素輿、葛巾、持白羽扇、指麾三軍、皆隨其進止。宣王聞而歎曰、可謂名士」を受けたものと考えられる（原口和子氏説（第四章参照））。○「宜」は、あとに述べる事柄に対して得心するさまを表す。

《通釈案》

武州崎西郡に岩付という村がある。また、中扇とも言う。（岩付（附）の）附は傅である。岩付左衛門丞顕泰公の父である故金吾、法名は正等（と名乗ったこの人物）は、武略の名高き翼を挟み、（その時）一門には最盛期の輝きがあった。一城を築いて、南北の要所の通行を保った。（岩付は）まさに国の要害の地である。白羽扇は三軍を指揮して、その中を守った。（岩付が）中扇と呼ばれるのも、なるほどと納得できる。

《考察》

冒頭、名を伏せたまま登場した自耕斎（正等）が、武州岩付村の岩付左衛門丞顕泰の亡き父であったことが明かされる。ただし「正等」が詩序の題にある「自耕斎」であることはまだ明示されていない。読み手は、正等が自耕斎であろうと推定しながら、確証を得ないまま、この人物の武将時代の活躍を読むことになる。岩付の別名「中扇」が、正等の武将時代の活躍「白羽扇指揮三軍守其中」に由来することが示されている。「白羽扇指揮三軍守其中」について、原口和子氏は、扇状に展開された陣・城郭群において正等が中央を担当したことを示すとの見解を示している（第四章にて後述）。

自耕斎（正等）の隠居

《白文》	《書き下し文》
収取功名退者天之道也、一家機軸、百畝郷田、付之於苗裔顕泰也、一区宅、二頃田、自得逍遥、東郊有作、不過設供帳、以為国林游禾之挙、朝耕暮耕、早稲晩稲、垂々捧八月露、加之、黄蕪青花在野者、荊公詩云、花気時度谷、耕鋤聊效顰矣、	功名を収取して退くは天の道なり。一家の機軸は、百畝の郷田なり、これを苗裔顕泰に付す。一区の宅、二頃の田、自得逍遥して、東郊に作あれども、供帳を設けて、以て国林游禾の挙となすに過ぎず。朝耕暮耕、早稲晩稲、垂々として八月の露を捧ぐ。加之黄蕪青花野にある者、荊公の詩に云はく、花気時に谷を度り、耕鋤聊か顰に効ふと。

《語釈案》

○「功名」は、手柄を立てること。あるいは手柄。○「天之道」は、天の道理にかなった生き方。○「機軸」は、車輪などの心棒、あるいは物事の中心。○「畝」は、土地の面積の単位。○「百畝郷田」は、古代中国では三・六四ヘクタールの土地（渡辺信一郎（二〇一九）『中華の成立』（岩波書店））。『孟子』の「滕文公章句上」において、儒教が理想とした古代中国の周王朝の土地制度「井田法」において一家族に与えられる私田が「百畝」とされる。『自耕斎詩軸并序』には、『孟子』の「滕文公章句上」からの引用があり（第四章にて後述）、百畝郷田は同書からの引用である可能性がある。○「苗裔」は、末裔のこと。○「区」は、地域をいくつかに分けた一つの単位。○「頃」は、面積の単位。一頃が百畝にあたる。○「二頃」は食べていくのに十分な田畑の広さの象徴。『史記』蘇秦伝に基づく表現（入矢義高（一九九〇）『新日本古典文学大系 五山文学集』（岩波書店））。○「自得」は、自分の力で悟ること、あるいは自分自身で満足し安んじること。この「自得」を「自得軒道真（太田道真）」とする解釈（小宮勝男氏説）も存在する。○「逍遙」は、気ままに歩き回ること。○「郊」は、町外れ。○「東郊」は、東の町外れという意味。ただし、古代中国では、五行思想で東は春にあたり、都城の東の野で春の祭を行なったことから、「東郊」を「春の野」の意味にも用いる。○「作」は、耕作すること。○「供帳」は、幕等を宴の準備として張ること。○「国林游禾」は、何らかの成句であると考えられるが、出所や意味は不明。○「游」は、泳ぐこと。あるいはあちこち歩くこと。○「禾」は、穀物の総称。あるいは穀物の穂先の毛。○「挙」は、ふるまい。○「早稲」は、早く成熟する品種の稲。○「晩稲」は、遅く成熟する品種の稲。○「垂々」は、穏やかに、徐々に。○「加之」は、「しかのみならず」。それればかりでなく、という意味。○「蕪」は、かぶ。

○「荊公」は、宋代の宰相 王安石のこと。引用部は、漢詩「招約之職方並示正甫書記」の中の一節。○「耕鋤」は、農作業を行うこと。○「聊」は、いささか。あるいは、楽しむという意味。○「效顰」は、顰（ひそ）みに效（なら）う。本質をとらえず、形だけ真似をすること。絶世の美女であった西施が、病気で顔をしかめた姿（顰）がいっそう美しいとされたことを受け、醜女が真似（效）をして周囲から気味悪がられたとの故事に基づく。○「聊效顰」は、何かに取り組んでいることを、謙遜しつつ、その真似事をしていると語る際に使われる表現。

《通釈案》

（正等が）功名を成し遂げ、隠居したのは天の道理にかなった生き方である。一家の根幹は、（井田法において一家族に与えられた私田である）百畝（三・六四ヘクタール）の郷田である。（正等は）これを末裔である顕泰に与えた。一区を占める家、二頃の広さの田、満足した心持ちで、気ままに歩き回る。町の東の外れで耕作をしたが、宴のために幕を張り、国林游禾のふるまいをなしたに過ぎない。朝に耕し、夕暮れにも耕す。早稲を育て、晩稲も育てた。穏やかに八月の露を捧げた。そればかりではなく、黄色い蕪や青い花の野にいる者は、王安石の詩にあるように、時に花の香りが谷を渡ってくる（のを楽しむ）ことがある。（正等はこのように）農事の真似事をしているのである。

《考察》

正等（自耕斎）の家督譲渡と隠居後の生活が述べられている。正等が子である顕泰に譲渡した「百畝郷田」については、①正等父子の所領が郷単位であったことを示すとする説（青木文彦氏説）と、②周の土地制度「井田法」（八家族で土地を九つに分け、一つを公田として、残る八つを各家族が私田として領有する）と同様に、公への奉仕を前提に他の同輩と同じ面積の所領を顕泰が継承したとする説（筆者説、第四章にて詳述）が考えられる。ここでは筆者説に基づく通釈を示した。顕泰の所領「百畝郷田」が、隠居の正等の農地「二頃」（二百畝に相当）の半分であることは、顕泰時代の所領が正等の時代の半分程度になったことを示唆する可能性も考えられる。

本節では、隠居後の正等が、農業の真似事をしている（耕鋤聊顰效矣）ことが、王安石の漢詩の引用によって示唆されている。正等が詩序の題の「自耕斎」であることが強く示唆されるが、まだこの時点では明示されていない。

斎号「自耕斎」の登場

《白文》
正等游息斎、自顔曰自耕、而絵以求詩、有聴松住持龍華翁詩、懶菴亦其員而、詩序贅之、

《書き下し文》
正等游息の斎、自ら顔して自耕といふ。而して絵して以て詩を求む。聴松住持龍華翁の詩あり。懶菴もまたその員にして、詩序これを贅す。

《語釈案》

○「游息」は、ゆっくり静養すること。○「斎」は、書斎のこと。○「自顔」は、自ら号す。自ら名付けるという意味。○「聴松住持龍華翁」は、聴松の住持である龍華翁。『信濃史料』は竺雲顕騰（建長寺第一六二世住持）とする。小宮勝男氏は、京都の聴松院を開いた希世霊彦説を提起する。○「懶菴」は、玉隠英璵の別名。○「員」は、ある組織に加わっている人、メンバー。○「詩序」は、詩の序文。○「贅」は、余計なものを付け加えること。

《通釈案》

正等がゆっくり静養する書斎を、自ら名付けて自耕とした。そして、絵を示して詩を求めた。聴松住持の龍華翁の詩があった。懶菴（玉隠）も、詩を書いた者の一人であり、序文を書いたのであるが（龍華翁の詩の素晴らしさの前には）余計なものを付け加えただけであった。

《考察》

遂に斎号「自耕斎」が登場する。序文後半に入って初めて題の「自耕斎」が登場する構成は、称揚対象の権力者の名前や号を冒頭で示すことが通例であった五山文学では例外的である。

自耕斎と傅説（傅岩翁）

《白文》	《書き下し文》
岩付自耕、考絵事、則高宗夢得傅説、物色以求于天下、説築傅岩之野惟肖、用為相云、若済巨川、用汝作舟楫、若歳大旱、用汝作霖雨、父子豈不傅岩賢佐之再世乎、	岩付自耕、絵事を考ふれば、則ち高宗夢に傅説を得たり。物色して以て天に求む。説傅岩の野に築して惟れ肖たり。用て相となして云はく、若し巨川を済らば、汝を用て舟楫と作さん。若し歳大いに旱すれば、汝を用て霖雨と作さん。父子豈傅岩賢佐の再世ならずや。

《語釈案》

○「高宗」は、殷の王。「傅説」を宰相として取り立て、殷の中興を果たしたことで知られる。○「傅説」は、殷の高宗の時代の宰相。「傅巌（岩）」の地で土木工事を監督していた時に、高宗に見いだされたとの逸話がある。「傅岩翁」とも呼ばれる。○「築」は、建設工事、土木工事。○「惟肖」は、これ（惟）に似（肖）る。○「相」は、宰相のこと。○「若」は、もし。○「済」は、渡る。○「巨川」は、大きな川。○「舟楫」は、舟とその舵。○「旱」は、ひでり、干魃。○「霖雨」は、長雨。○「若済巨川、用汝作舟楫、若歳大旱、用汝作霖雨」は、ほぼ同じ表現が、『国語』楚語上では、高宗が傅説を宰相に任命して語った言葉として記載されている（本章（一）参照）。○「傅岩賢佐」は、傅説が高宗を賢く補佐した様。

《通釈案》

岩付自耕が絵の事を考えてみるに、（殷の）高宗が夢で傅説を見て、天下に傅説を求めたところ、説（傅説）が傅岩の野で土木工事をしていたところを見出だしたことと似ている。（高宗は傅説を）用いて宰相として言った。もし大きな川を渡るならば、汝を用いて（川を渡るための）舟と舵を作る。もしある歳に大きな干魃があれば、汝を用いて長雨を降らせる。（自耕斎）父子は、傅岩（傅説）が（高宗を）賢く補佐したことの再来である。

《考察》

自耕斎が五山僧らに求詩する際に示した「絵」が、傅説の故事を思わせるとする段。自耕斎（正等）が、「岩付自耕」と岩付を冠した呼称で呼ばれている点が注目される。傅説の貢献として紹介されるのは①巨大な川の渡河と、②干ばつ時に雨を降らせることの二点であるが、①については、大河荒川の渡河点であった岩付に城を築いて守った自耕斎（正等）の軍事的貢献の比喩と考えることができよう。②は、前半に登場した「南陽太守、出入阡陌」（南陽の太守は、田畑の畦道に出入し灌漑を指導した）を踏まえると、正等が岩付地域で灌漑などの農業振興策を行い、陣営の食糧危機を救ったことを示す可能性がある。

自耕の意味

斎号「自耕斎」における「自耕」の意味を説明する段について、三分割して解釈を施す。

大舜の逸話

《白文》	《書き下し文》
大舜自耕稼於歴山、以至為帝也、耕易言、自難言、詩云、雨我公田、遂及我私、由此観之、先公而後私、周亦用助也、	大舜自ら歴山に耕稼して、以て帝となるに至る。耕は言ひやすく、自は言ひ難し。詩に云はく、我が公田に雨らせ、遂に我が私に及ぶと。これによってこれを観れば、公を先にして私を後にす。周もまた助を用ふるなり。

《語釈案》

○「大舜」は、儒教で聖人とされた古代中国の帝。舜が歴山で自ら耕した逸話は『韓非子』等で紹介されている。『韓非子』での記載は、「歴山之農者侵畔、舜往耕焉、期年甽畝正」（歴山の農者、畔を侵す、舜の往きて耕すや、期年にして甽畝正す）。○「歴山」は、舜が耕作したとされる山。山東省や山西省等に複数の候補となる山が存在する。○「耕稼」は、耕作すること。○「詩」は儒教の聖典の一つ『詩経』のこと。古くは単に「詩」と呼ばれた。○「雨我公田、遂及我私」は、『詩経』の詩。公田に雨が降り、次いでその雨が私田にも降るという意味。公があってこそ、私があることが詠われている。『孟子』の「滕文公章句上」でも古代周王朝の農地政策を象徴する詩としてこの箇所が引用されている。○「由此観之」は、「これによってこれを観れば」。こういうわけであるから、という意味。○「周亦用助也」は『孟子』の「滕文公章句上」において、「雨我公田、遂及我私」を受けて述べられる考察。○「助」は、人々に皆で共有する公田と私有する私田を割り当てて耕作させた古代殷王朝の農地政策のことである。孟子は、「『雨我公田、遂及我私』は周代の詩であるがここに公田と私田が見える以上、周王朝もまた殷王朝の「助」政策を用いていることがわかる」と述べた（周亦用助也）。

《通釈案》

偉大なる舜は、歴山で自ら耕作し、遂には帝となるに至った。「耕す」は簡単に言えるが、「自ら」は簡単には言えない。『詩経』によれば、「公田に雨が降り、次いでその雨が私田にも降る」。こういうわけであるから、「公」が先にあってこその「私」なのである。古代の周王朝も人々に公田と私田を割り当てる「助」の政策を用いた。

《考察》

本節の公田に関する詩は、『孟子』の「滕文公章句上」の記載と一致する。人々に公田と私田を割り当てた周王朝の土地制度は、九百畝の土地を九つに分け、百畝を公田とし、残る八百畝を一家族あたり百畝の私田として八家族に振り分けるものであったことが、『孟子』の「滕文公章句上」に記されている（方里而井、井九百畝、其中爲公田、八家皆私百畝、同養公田、公事畢、然後敢治私事）。先にも述べた通り、これが正等から顕泰に譲渡された「百畝郷田」の典拠であろう。この点については、第四章（四）で詳述する。

正等は自ら農業をしない

《白文》

如正等、手不秉犂鋤、而謂自耕何哉、教中云、見如来性、如秋収冬蔵、更無所作為、又曰、施以求福、如種須刈也、

《書き下し文》

正等の如き、手に犂鋤を秉らずして自耕と謂ふは何ぞや。教中に云はく、如来の性を見るに、秋収め冬蔵む。更に作すところなきが如しと。また曰はく、施して以て福を求むるは、種うるに刈るを須ってするが如しと。

《語釈案》

○「犂鋤」は、牛馬に引かせて土を掘り起こす農具（犂）と、手と足で土を掘り起こすための幅の広い刃に柄をつけた農具（鋤）のこと。○「秉」は、手に持つ、握る。○「教中云」は、仏教の教えが言うことには。○「如来」は、悟りを開いた人、仏陀のこと。○「秋収冬蔵、更無所作為」は、秋に収穫して冬に収蔵すれば、他には何もする必要が無いということ。『涅槃経』の一節であり、『涅槃経』においてはこの経典の教えを学べば他には何もする必要が無いことを示す。○「須」は、もとめること。「如種須刈」は、種を蒔いて収穫を求めるように、という意味であろう。○「以施求福、如種須刈」は、悟りを求める仏教の修行においても、他者への施しが自身の悟りという福として帰ってくることを示す。

《通釈案》

正等のように、犁や鋤を手に取ることなく、自耕と言うのはどういうことか。仏教の教えによれば、悟りを開く人の特性は、秋に収穫し、冬に所蔵することで、他には何もする必要がない、というものである。他人に施しをして福を求めるのは、種を蒔いて収穫を求めるようなものである。

《考察》

これまで、隠居後に自ら農業の真似事を楽しんだことが示唆されてきた自耕斎（正等）であるが、ここに至って、この人物自身が農業を行っていたわけではないという驚くべき記述が展開される。玉隠は、「自耕斎」の「自耕」が、仏教の教えに関わるものであることを示す。本段にて「自耕斎」の意味が遂に明かされるわけであるが、それが冒頭から四百数十文字を経て、序文の四分の三を超えてから明かされたことは、注目されるであろう。題にある「号」の意味の説明がここまで後段に及んでからなされる詩序は稀であろう。

真世の福世田は仏僧

《白文》 竊聞、士君子、莫不有忠孝之心、故願祝吾君之寿、及営其親福祉者、皆依仏僧、蓋仏僧者、真世之福世田也、
《書き下し文》 竊かに聞く、士君子は、忠孝の心あらざるはなしと。故に願はくは吾が君の寿を祝ひて、その親の福祉を営むに及ぶ者、皆仏僧に依る。蓋し仏僧は、真世の福世田なり。

《語釈案》

○「竊」は、ひそかに。人知れず。○「士君子」は、学問と人格にすぐれた人。○「莫不有忠孝之心」は、忠（国家や主君にまごころをこめて仕えること）と孝（父母を大切にすること）の心が無いということはない、という意味。筆者が調べた範囲では、元代の浄明道（道教の一節）の思想家、劉玉による『浄明忠孝全書』に同じ表現が見られる。○「寿」は、長寿。「吾君之寿」は、我が主君の長寿という意味であろう。○「福祉」は、しあわせ。「其親福祉」は親のしあわせという意味であろう。○「蓋」は、考えてみるに。○「真世之福世田也」は、出所、意味ともに不明。仏教用語に「福田」があり、「福徳を生じる田畑」を意味する。具体的には、仏や僧などの「敬田」、師や父母などの「恩田」、貧者や病人などの「悲田」に分類される。「真世之福世田也」はこのうち「敬田」としての仏僧を指しているのではないか。

《通釈案》

（玉隠が）ひそかに聞くところによると、学問と道徳に優れた士君子は、忠と孝の心が無いということは無いのだそうだ。したがって、主君の長寿を願い、親のしあわせを営もうとする者は、皆、仏教の僧侶を頼りにする。考えてみるに、仏教の僧侶こそ、福徳を生み出す田畑である。

《考察》

ここに至って、「田」が仏教・仏僧の比喩であり、「自耕」が仏道修行の比喩であったことが明かされる。

月江正文と自耕斎

《白文》	《書き下し文》
平生参洞下明識月江老、聞新豊之唱、有所得乎、洒々楽々、胸無町畦、本分閑田地、養以自受用他受用、不堕青苗漑寧途轍、川党洛党之羽翼、亦斂袵矣、	平生洞下の明識月江老に参じて、新豊の唱を聞く。所得あるか。洒々楽々。胸に町畦なく、本分の閑田地、養ひて以て自受用他受用して青苗漑寧の途轍に堕せず。川党洛党の羽翼も、また袵を斂めん。

《語釈案》

○「平生」は、普段から。○「洞」は、曹洞宗のこと。○「月江老」は、曹洞宗の高僧、月江正文。○「新豊之唱」は、曹洞宗の開祖であり、中国唐代の僧侶であった洞山良价による『新豊吟』のことであろう。○「所得」は、悟りを得ること。○「洒々楽々」は、さっぱりとして物事にとらわれない様子。○「町畦」は、境界や区切りのこと。○「閑田地」は、のどかな耕田。続く「養」をあわせて考えれば、仏教修行で耕す心の比喩であろう。先に紹介した曹洞宗瑩山禅師の「自耕自作閑田地、幾度売来買去新 無限霊苗種熟脱、法堂上見挿鍬人」においても、「閑田地」が登場する。○「自受用」は、悟った当人がその楽しみを味わうこと。○「他受用」は、衆生に法の楽しみを与えること。○「青苗漑寧」は、漑寧年間に宋の名宰相 王安石が導入した青苗法のことであろう。青苗法は農民の自立支援策として政府が貸付を行う制度。○「途轍」は、わだち（轍）が通った跡。○「川党」は、王安石の改革（新法）に反対した旧法党の一人、蘇軾とその支持者のこと。「蜀党」とも呼ぶ。○「洛党」は、王安石の改革（新法）に反対した旧法党の一人、程頤とその支持者のこと。○「羽翼」は、支持者。○「斂袵」は、えりを整えること。

《通釈案》

（自耕斎は）普段から曹洞宗の名僧である月江老のもとに参じて、『新豊吟』を聞いて修行した。悟りはあったのか。さっぱりとして物事にとらわれない様子であった。（自耕斎の）胸には境界はなく、（仏教修行で）心の田畑を耕すと、自ら悟りの境地を味わうのみならず、衆生にも法の楽しみを与えていたのであり、（王安石による）漑寧年間の青苗法の二の轍を踏むことは無かった。（王安石の改革に反対した）川党や洛党の支持者らも（自耕斎の前では）えりを整えたことであろう。

《考察》

「自耕」が仏道修行の比喩であったことが、更に明確に語られる。心という田畑を耕すことは、「自受用」（自身の悟りの境地を楽しむ）のための行為であるが、「他受用」（仏教の悟りを衆生に伝える）にもつながる、という考え方が示されている。この考え方は、最後の漢詩にも引き継がれており、本詩序の思想的な主柱の役割を果たしている。

自耕斎（正等）が、自分の悟りの境地を楽しむ（自受用）のみならず、衆生にも法の楽しみを与える（他受用）存在であったことで、宋の名宰相・王安石より上と評価された点も注目される。前半において、農業の真似事を楽しむ王安石の詩を引用し、自耕斎（正等）も同じ境地にあったとする記載（荊公詩云、花気時度谷、耕鋤聊顰效矣）があったが、後半ではその王安石よりも正等が上であると評価を格上げしていることになる。中国の偉人を越える人物として自耕斎を称揚するにあたり、まずは同等と称え、次に上位に置くという技巧が使われているのではないか。

序文の締め

《白文》	《書き下し文》
四方雲従、躬耕隴畝臥龍、亦外物、非自耕底田、廬傍若有龍蟠之逸士、為予指迷、	四方より雲従して、躬ら隴畝の臥龍に耕すも、また外物なり。自耕底の田に非ず。廬傍に若し龍蟠の逸士あらば、予が為に指迷せよ。

《語釈案》

○「雲従」は、「雲従龍風従虎」（雲は龍に従い、風は虎に従う）の一部引用か。「雲従龍風従虎」は、似た者同士が互いに惹かれ合うこと。「雲従龍風従虎」は、玉隠と親交のあった同時代の詩人・万里集九の『梅花無尽蔵』にも見られる（続群書⑫九四九）。○「躬」は、自ら。○「隴畝」は、うねとあぜ。○「躬耕隴畝」は、自らうねとあぜを耕す、という意味。『三国志』蜀書諸葛亮伝の冒頭の有名な一節「亮躬耕隴畝」を受けたものであろう。○「臥龍」は、隠れており、まだ世に知られていない大人物。諸葛孔明の例えでもある。○「外物」は、他の物。○「底田」は、意味・出所不明。考察を参照されたい。○「廬」は、庵。○「龍蟠」は、龍がとぐろを巻いて潜むこと。○「逸士」は、隠者。世に出ていない優れた人物。○「龍蟠之逸士」は、龍がとぐろを巻くように潜む隠者。ただし、他の漢詩文には見られない表現。広く用いられる「龍蟠鳳逸士」（龍がとぐろを巻き、鳳凰が隠れているように、まだ世に出ていない優れた人）を踏まえ、龍の要素だけを残した玉隠の造語か。○「指迷」は、指し示すこと、導くこと。

《通釈案》

四方より、雲が龍に従う（ように人々が自耕斎のもとに集った）。（自耕斎は）自ら田畑を耕した臥龍（すなわち諸葛孔明）とも異なる他の物である。自耕（斎）は、底の田ではないのだ。もし、庵の傍に、龍がとぐろを巻いて隠れたような隠者がいたならば、私のために指し示して欲しい。

《考察》

「躬耕隴畝臥龍」が諸葛亮を踏まえた表現であることは明らかであるが、「亦外物」の解釈が難しい。ここでは、「自耕斎（正等）には、諸葛亮と似ている点もあるが異なる部分もある」と解釈した。

これに続く「非自耕底田」は、自耕は「底田」ではないとの意味であり、玉隠が「底田」という語に否定的な意味合いを持たせていることは明らかである。また、直前に自耕斎との相違が指摘された諸葛亮は、「底田」と見なされている。「底田」の意味・出所は不明であるが、筆者は、生産性の低さが指摘される中世の「湿田」を指す可能性を指摘したい。「湿田」は、天水に頼るため排水を自由に行うことができず、常時湛水されていた水田である。腰まで水没してしまうような湿田は「深田」とも呼ばれ、「底田」の語感にも通じる。中世の水田で生産性が高かったのは、水を抜くことのできた「乾田」であり、「湿田」は生産性が低かったことが原田信男氏や高島緑雄氏によって指摘されている[25]。自耕斎（正等）が隠居後に教育者としての役割を果たし、その人材輩出の功が水田の生産性に比されるならば、それは「湿田」「深田」ではなく、「乾田」であるべきであろう。翻って諸葛孔明は、後進の育成に成功を収められず、人材育成の生産性において「湿田」「深田」に比された、と解釈されることにある。

なお、先に紹介した通り、「詩軸」は自耕斎を宋の真宗に比し、この皇帝が民に「養苗」を教えたとする。水田稲作における養苗は、種もみを苗代で発芽させ、苗として育ててから田に移植する（田植え）ための農業技術であるが、これが行われたのは「湿田」ではなく、「乾田」であった[26]。「湿田」「深田」では無かったと称揚された自耕斎（正等）が、同時に「乾田」で行われる田植えのための「養苗」を指導した宋の真宗に比されたなら、平仄が合うことになろう。

[25] 原田信男氏の指摘については『新編埼玉県史通史編2』八七〇頁を参照。高島緑雄氏の指摘については、高島緑雄（一九九七）『関東中世水田の研究―絵図と地図にみる村落の歴史と景観』（日本経済評論社）を参照。

[26] 湿田では、種もみを水田に直播きする「摘田」と呼ばれる手法が用いられた。

ただし、「底田」に対する以上の解釈は仮説の域を出ない。今後の更なる検討を俟ちたい。

漢詩

《白文》
粒々養成躬可知犂鋤不是効顰為旱
天霖雨傅岩野一片心田得我私
時明応丁巳一夏強半懶菴野釈英璵序

《書き下し文》
粒々養成して躬ら知るべし、犂鋤はこれ効顰の為ならざることを。旱天の霖雨傅岩の野、一片の心田我が私を得たり。
時に明応丁巳一夏強半懶菴野の釈英璵序す

《語釈案》

○「粒々」は、穀物。○「躬」は、自ら。○「効顰」は、顰（ひそみ）に効（なら）う。本質をとらえずに表面をなぞって真似事をすること。同じ意味で「顰效」との表現が前出している。ただし、「效」が「効」に代わり、「顰」との前後関係が入れ代わっている。○「旱天」は、日照りのこと。○「霖雨」は、長雨。○「傅岩野」は、殷代の名宰相「傅説」が高宗に見出だされた地。先に紹介した通り、『自耕斎詩軸并序』では、「岩付」が「傅岩」に例えられている。○「得我私」は、先に紹介した詩「雨我公田、遂及我私」を受けた表現であろう。○「明応丁巳」は、明応六年。○「一夏」は、旧暦四月十六日から七月十六日までの夏の九十日間。○「強半」は、半ば過ぎ。「一夏強半」は、旧暦六月頃となる。○「釈」は、仏教僧が法名の上につける姓。○「序」は、序文を書くこと。

《通釈案》

穀物を養って育てることで、自ら知ることができる。犂鋤などの農具を使うのは、（農業の）真似事をするためではないということを。（自耕斎は）干魃のときにも傅岩の野の一片の心の田において長雨を降らせたことで（仏教の悟りを衆生に伝える他受用の行為を為したことで）、我が私田（自身の悟り）を得たのだ。

時に明応六年、一夏を半ば過ぎた頃。懶菴野の釈英璵が序文をしたためる。

《考察》

長い序文が終わり、詩序の本体ともいうべき漢詩が最後に登場する。漢詩では、これまでの序文の内容を受け、自耕斎（正等）が到達した境地が述べられる。

詩の解釈上、ポイントとなるのは最後の「得我私」であろう。序文で登場した『詩経』の詩「雨我公田、遂及我私」を踏まえれば、「私」は井田法における「私田」、あるいは私田での収穫を意味することになろう。また序文では、心という田畑を耕すことは、「自受用」（自身の悟りの境地を楽しむ）のための行為であるが、「他受用」（仏教の悟りを衆生に伝える）にもつながる、という考え方が示されていた。漢詩でも、傅岩野（岩付）に長雨を降らせた（旱天霖雨傅岩野）とされる自耕斎の行為は、「一片心田」というまさに心という田畑を耕す行為であり、「自受用」と「他受用」の双方に繋がることになる。従って「得我私」は、自耕斎が自分の悟りを得たという「自受用」の意味に捉えることができるであろう。

もっとも、「得我私」を文字通り、「私田」の意味に解釈することもできる。これについては、第八章で改めて検討したい。

(四) 謎解きの漢詩文

前節にて「詩軸」の全文解釈を行ったが、筆者の感想を一言でいえば、それは〝異様な漢詩文〟であった。

「詩軸」は、武家権力者を称えるための漢詩文でありながら、同時代に書かれた類例と趣を異にする。当時の五山文学は称揚の対象となる武家権力者が〝どこの誰かであるか〟を冒頭で明かすことが多い。例えば道灌を称えた「寄題江戸城静勝軒詩序」は「武州江戸城者、太田左金吾道灌源公所肇築也」から始まる。大石重定を称えた万里集九の「萬秀亭詩序」（続群書⑫九六九）の冒頭は「武州刺史之幕府、有爪牙之英臣、是曰大石定重」である。

玉隠自身が残した「賛」も同様である。『玉隠和尚語録』（東京大学史料編纂所）には、玉隠が法名や号を与えた武人に対する賛が多数掲載されるが、いずれも賛を捧げる人物がどこの誰であるかを明示する。いくつか例を挙げれば、「高厳之号」は「房州賢使君源義豊公」から始まり、「養賢之号」もその書き出しは「駿州人佐野忠成」である。他にも、「慶源之号」の冒頭は「佐伯五郎左衛門尉」であり、「瑞泉之号」も「岡本新右衛門尉」から始まる。「狼賢之号」も書き出しは「吉田左馬丞法諱曰昌安」である。

しかし「詩軸」の記述展開は、これらの詩文とは様相が異なる。称揚対象の「自耕斎」の正体は、冒頭で明示されない。それどころか読み手をミスリードするかのような記述が展開され、遂に最後まで真の名字は明かされない。異様な漢詩文と述べたのはそのためである。

玉隠がどのような謎かけを行い、どのようミスリードの罠を仕掛け読み手を幻惑したかを、一つ一つ確かめていきたい。

冒頭で名を明かされない自耕斎

「詩軸」冒頭では「耕田之絵」を左右に置き、「農之歌」を念じて座の傍に置いた人物が描き出されている。「是無往而不在農」という表現からは、この人物が農業に並々ならぬ関心を持っていたことが示され、「自耕」とも通じるため、〝この人物こそが自耕斎であろう〟との推測がなされることになる。しかし、読者はその確証を得ることができない。「詩軸」が、この人物が自耕斎であるかの説明をすることなく、中国の為政者らの農業に関わる逸話を記述し始めてしまうためだ。

通常、個人に対する称揚のための詩序であれば、称揚の対象が誰であるかは最初に示される。「詩軸」はその定石に乗ろうとしない。

「自耕斎」の正体を示唆する中国為政者の逸話

続く、中国の為政者らの逸話では、最初に登場する宋の真宗のそれが目を引く。その記載には、「置念農歌」や「令画以耕田之象」という表現が登場するが、これは、「耕田之絵」を左右に置き、「農之歌」を念じて座の傍に置いた冒頭の人物と符合する。玉隠は、読者が「おそらく自耕斎であろう」と推測する冒頭の人物と、よく似た習慣を持つ偉人として宋の真宗を登場させている。漢詩の才で知られたこの五山僧が、読者をして「自耕斎は真宗のように農業政策に力を入れた為政者だったのか」と推測させようとしているのは明らかであろう。続く、「周之君臣」や「渤海太守」、「南陽太守」の逸話も、農業政策に力を入れた為政者の姿を描いている。読者は、自耕斎＝農業政策に力を入れた為政者というイメージを強く抱いて読み進めることになる。

法名「正等」は明かされても斎号「自耕斎」は登場しない

自耕斎の正体が明かされないまま記述は進み、「武州崎西郡」の「岩付」の「岩付左衛門丞顕泰公」の父「正等」が登場する。しかし、この法名「正等」を名乗った岩付築城者と、斎号「自耕斎」を名乗った人物との関係性は明かされていない。正等＝自耕斎という関係性は推測できるものの、読者はその確証を得られない。

「正等」の事績に農業政策はない

続いて、自耕斎であると推測される「正等」の事績が語られる。興味深いのは、正等が岩付城を構築し三軍を指揮してその中央を守ったことや、それが岩付の別名「中扇」の由来となったことは説明されるが、正等が農業政策に力を入れた逸話が登場しない点である。正等の現役時代の事績はここに終わり、「詩軸」は「収取功名退者天之道也、一家機軸、百畝郷田、付之於苗裔顕泰也」と記し、正等が元気なうちに隠居したことを明かす。現役時代の正等の事績記述は早々に終わったことになり、宋の真宗や周の君臣、そして渤海太守・南陽太守のような農業政策に注力した為政者らの逸話は何だったのかと、読者は訝しむことになる。

隠居生活＝自耕のミスリード

続いて「詩軸」が展開するのは、隠居後の正等の生活である。「一区宅、二頃田、自得逍遙」から「荊公詩云、花気時度谷、耕鋤聊顰效矣」に至る記載が示すのは、正等が農業の真似事をしたことである。隠居後の正等は、「二頃田」を所有し、「逍遥」し、春の野（東郊）で農作業をした（有作）が、それは宴のために幕を張り、国林游禾のふるまいをなしたに過ぎなかった（不過設供帳以為国林游禾之挙）と、「詩軸」は記す。「早稲晩稲垂々捧八月露」という表現は、真似事とする農作業がそれなりに本格的なものであったことを示唆する。

読者は、現役時代の正等について農業政策が語られず、隠居後の農作業の真似事が描かれていることから、（ア）やはり正等が自耕斎であり、（イ）自耕とは隠居後の農作業を指し、（ウ）為政者が隠居後に民と同じ農業に汗を流す振る舞いが中国の為政者らと比されていたのであろう、と推測することになるだろう。しかし、これが大いなる誤解であり、「詩軸」が読者をミスリードしていたことは、後段で明かされることになる。

「自耕斎」の登場

その直後、斎号「自耕斎」がついに明示的に登場する。「正等游息斎、自顔曰自耕、而絵以求詩、有聴松住持龍華翁詩、懶菴亦其員而、詩序賛之」との記載から、正等が隠居後の書斎を自ら「自耕斎」と呼んだことや、正等が、斎号「自耕斎」に関わりのある絵を五山僧らに示し、それを題材に詩文を書かせたことが明らかとなる。

正等＝自耕斎の関係性は、ここに明示され、読者は予想が当たったことを確認する。「詩軸」の序文は六百数十字に及ぶが、この「正等正等游息斎」までに三百字以上が費やされている。序文の半ばを過ぎなければ、「自耕斎詩軸并序」というタイトルに示された「自耕斎」の正体は明かされなかったのである。

隠される真の名字

しかし正等＝自耕斎は遂に明かされたものの、実はこの人物の正体が明かされていない。自耕斎（正等）の息子が「岩付左衛門丞顕泰」であることは先に明記されており、しかも正等＝自耕斎が明かされた直後に登場する「岩付自耕、考絵事」におり、正等＝自耕斎の名字は「岩付」であることが示される。

ところがこの時代、「岩付」氏という領主は存在しない。そもそも、「岩付左衛門丞顕泰」を「成田」や「渋江」、あるいは「太田」という真の名字を別に有していた人物に比定する説が提起されるのは、「岩付」氏の存在が確認されないためである。青木（二〇一五）は、室町時代には家名が固定化され在所が変わっても名字が変わることはなかったことを、他ならぬ成田氏が成田郷（熊谷市）から忍（行田市）に本拠を移しても名字を「忍」としなかった事実を添えて指摘する。「岩付」は、「詩軸」の中でのみ使用した仮の〝名字のごとき〟ものに過ぎないことになる。

これは異様なことと言えよう。先に紹介した通り、五山文学では称賛対象となる権力者の名字は、冒頭で明示されることが多い。これは、武家権力者が名字を重視したことの現れであろう。ところが、正等＝自耕斎も、その息子・顕泰も、名字のごとく冠された地名「岩付」は登場するものの、真の名字は最後まで現れない。「岩付」との関わりを強調する意図があったとしても、真の名字を完全に伏す理由とはならない。これはどう説明されるべきなのか。

むろん、玉隠が隠居後の古河公方・足利政氏に捧げた画像賛（古河五五〇）のように、権力者に捧げられた漢詩文において氏（うじ）・名字が示されない事例は存在する。家督を譲り完全に仏道に入った人物は、俗世を離れた存在として氏・名字を付さない形で示すことが通例であったためであろう。『梅花無尽蔵』において、隠居後の出家者である太田道真が「道真自得軒」とされ名字「太田」が付されない（続群書⑫八二八）のも、これと同じであろう。一方、出家者でありながら現役の惣領であった道灌については、『梅花無尽蔵』も名字「太田」を付している。

こうした議論を踏まえ、改めて「詩軸」を読むと、現役の武家領主である顕泰に名字のごとく冠された「岩付」は隠居者である自耕斎にまで冠され、「岩付自耕」との記載まで登場する。「岩付」が名字同然に扱われ、それが隠居者にも適用されているのだ。隠居者への礼儀として姓・名字を付さない足利政氏への賛の事例を以て、「詩軸」に真の名字が現れないことを説明することはできない。

自耕斎は農作業を行わない

そして登場するのが、〝正等のように自ら農作業を行っていない者が「自耕」と名乗るのはどういうことか〟という、驚くべきカミングアウトである。

ここまで読者は、（ア）「自耕斎」が誰であるいかを冒頭で明かされないまま序文を読まされ、（イ）中国の為政者の逸話から、農業政策に注力した権力者かと思わされた後、（ウ）やっと登場した「正等」こそ「自耕斎」であろうと思うものの、正等が自耕斎であるかはすぐに明かされない。しかも正等の事績として農業政策が登場しないことに微かな違和感を覚えることになり、（エ）しかし、隠居後の正等が農業の真似事を行ったことを示唆する文言に出会い、〝正等こそやはり自耕斎で、現役時代の農業政策ゆえではなく、隠居後の農作業生活を以て自耕斎と名乗ったのだろう〟と推測し、（オ）そして遂に正等＝自耕斎と明かされ、この人物の名前も、その由来もわかったと得心する、という順路を辿り、玉隠に振り回され続けてきた。しかし、ようやく辿りついた自耕斎への理解（上記（エ））は、その直後にひっくり返されたである。

自耕は仏道修行

では、自耕斎の「自耕」とは何なのか。「詩軸」は、仏教の教えが農作業の比喩で語られることを読者に教える。そして自耕斎が曹洞宗の高僧・月江正文に帰依していていたことを明かす。「本分閑田地、養以自受用他受用」は、のどかな耕田（閑田地）を養うことで、自身の悟りのよろこびを味わい（自受用）と衆生への悟りのよろこびを分け与える（他受用）境地を示しており、ここにおいて自耕＝仏道修行という関係性は明確に示されることになる。

遂に定まる自耕斎の人物像

遂に斎号「自耕斎」の謎は解かれた。しかし、残る文字数はわずか五十文字である。玉隠は、この残り少ない文字数で自耕斎の人物像をミスリード無しで描き出しだしていく。

「詩軸」は、他受用、すなわち衆生に仏教の悟りのよろこびを教える行為を行った自耕斎は、農民を借金で苦しめた王安石と異なり、その反対勢力からも一目置かれたであろうと称える。隠居後の自耕斎は多くの人材を育てた功で諸葛亮より優れた人物と称揚される。最終的に確定した自耕斎の人物像は、隠居後に仏道修行（すなわち自耕）に励んで多くの人材を育成し、現役時代以上の活躍を果たした人物、となろう。

謎かけと幻惑の詩文

最後の最後に至って、自耕斎（正等）の人物像は遂に明かされた訳であるが、そこまでの紆余曲折は長かった。玉隠は、冒頭で自耕斎の正体を明かさず、自耕斎の人物像を示唆する中国の偉人を紹介するに留まる。正等という人物が登場するが、自耕斎との関わりは明示されない。やっと自耕斎＝正等と明かされるが、自耕斎の由来と思われた〝自耕〟は農業のことでは無かったと明かされ、仏道修行と人材育成こそが自耕斎の由来であり功績であったと明かされる。しかし、自耕斎＝正等の真の名字は伏せられたまま登場せず、この漢詩文は終わってしまう。

短い詩文ではない。序文だけで六百文字以上を用いる比較的長い詩文であるにも関わらず、その大半は読者を幻惑することに使われ、肝心の自耕斎＝正等の人物像は最終段階まで明かされず、その素性が示されないのは異様であり、奇怪ですらある。これまでの岩付築城者論は、「詩軸」の異様さ、奇怪さは十分に捉えられていなかったように思う。それを示すことができたのは、本書の重要な成果の一つだと言えるであろう。

玉隠の意図

「詩軸」のこの異様さは、何を意味するのか。筆者には、ここに玉隠のメッセージが込められているように思える。

素直に正体が明かされず、最後まで真の名字が隠される自耕斎（正等）の正体を、玉隠は知っている。そして読み手も知っている。だが、その人物の名（特に名字）を露わに語ることは避けなければならない。だから名を伏せて、しかしお互いは分かるように、書き手はその人物を称える。読み手もそれを察して読んでほしい、というメッセージを込めて。

筆者の思い込みかもしれない。しかし、太田氏築城説への否定論群への反論を進めていくと、謎かけと幻惑の詩文としての「詩軸」が、むしろ必然に思えてくる。本書が想定する岩付左衛門丞顕泰は、父である自耕斎（正等）を、まさに名字を伏して語らねばならなかった人物として浮上してくるのである。これについては、以降で紹介していくことにしたい。

第三章　太田氏の長禄元年岩付築城はあり得るか

本章より、岩付城太田氏築城説に寄せられた否定論への反論を展開していく。「はじめに」で示した「（ア）先行研究による全否定論への根拠ある反論」を行っていく訳であるが、その過程では「（イ）根本史料「自耕斎詩軸并序」との整合」や「（ウ）当時の地理的条件との整合」を考慮していく。

本章で反論を行うのは、「太田氏による長禄元年の岩付築城に対する疑義」に分類されたAの否定論群である。結論から先に述べれば、〝扇谷上杉氏や太田氏と岩付地域との関係性は、享徳の乱期には遡らない〟等の議論は、多くの史料によって直接的・間接的に否定されることが確認された。太田氏やその主である扇谷上杉氏の岩付地域の支配は、享徳の乱以前に遡る。『鎌倉大草紙』が記す、同乱初期の太田氏による岩付築城は〝あり得る〟のである。

なお、否定論A-①～⑤の検討の順番は、時系列を踏まえA-③・④から行うことにしたい。

（一）太田の岩付関与は享徳の乱初期に遡れるか

まず、扇谷上杉氏とその家宰の太田氏の岩付関与は、享徳の乱期に遡れないとする黒田基樹氏の指摘（A-③）について検討したい。

旧平林寺梵鐘銘が示す上杉氏と岩付の縁

これについては、青木文彦氏による旧平林寺梵鐘銘の議論が、反論となろう。旧平林寺梵鐘の「享徳五年」銘や同梵鐘の強奪に関する逆井氏の系図記述は、平林寺があった岩付地域が、古河公方陣営の敵対勢力つまり上杉氏陣営の勢力下にあったことを明確に示している。この梵鐘銘により、黒田氏の主張は排除される。加えて青木氏は、軍記物『永享記』の永享十二年（一四四〇）に岩付から後詰派遣記述も併せ、享徳の乱以前に、岩付地域は扇谷上杉氏によって軍事拠点化されていたと結論づける。同記述が『鎌倉大草紙』や『北条記』にもみえること、永享の乱に関する諸実録の源流とされる『鎌倉持氏記』にも永享十二年の時点で扇谷上杉氏が岩付に張陣していた記載があることは、第一章（一）にて先述した通りである。青木氏の議論は妥当なものと結論づけられよう。

下河辺荘まで及んでいた太田氏の影響力

扇谷上杉氏・太田氏の影響力が、享徳の乱以前から岩付地域へ及んでいたことを示唆する史料は他にも存在する。

それが、『金沢文庫文書』の「称名寺陣中見舞送状」（吉川二二一・岩史二一五・北区①一六三）である。新井浩文氏は、同状を、下河辺庄の寺領を古河公方に押領された鎌倉の称名寺が、寺領を取り戻すために、公方方と抗争中の上杉氏・太田氏に送った陣中見舞いと解釈する。[27]見舞送状には、「六貫七百六十文内　二貫文　御屋形　二貫文　太田殿　一貫文　源六殿（以下略）」とある。「御屋形」は扇谷上杉持朝、「太田殿」は太田道真に、「源六殿」は太田道灌に、それぞれ比定されている。称名寺は、扇谷上杉氏の当主とその家宰父子に、寺領奪還を託して見舞金を供したのである。注目すべきは、陣中見舞いが出された時期である。同陣中見舞状は「康正二年七月」に出されたものであるが、これは先の「旧平林寺梵鐘」の「享徳五年」と同年に当たる。

下河辺荘は、下総国葛飾郡にあった荘園であり、岩付地域から見て、古隅田川の対岸（東岸）に展開される広大な地域である。この荘園内に称名寺が所有していた寺領としては、「赤岩郷」・「築地郷」・「志摩郷」等が知られるが、[28]それぞれ今日の松伏町上赤岩・下赤岩、松伏町築比地、久喜市島川と推定される。この三つの郷の位置からは、称名寺の寺領が、下河辺荘の各地に点在していたことがわかる。〝西関東〟勢力であった扇谷上杉氏・太田氏がこれら地域に影響を及ぼすには、その西側の埼西郡に拠点が無ければ不可能であろう。岩付地域は、埼西郡の最東部に位置し、まさに下河辺荘と接する地域である。扇谷上杉氏・太田氏が下河辺荘の古河公方勢と戦える状況にあったのであれば、その隣接地である岩付地域まで同氏の支配が及んでいた可能性は高いと言える。

筆者が注目したいのは、称名寺が、扇谷上杉持朝のみならず、家宰である太田道真やその子源六（道灌）にまで陣中見舞いを出していることや、道真と道灌父子に贈られた見舞金の合計が三貫文となり

27　『吉川市史資料編原始・古代・中世』、三四九頁
28　『古河市史資料中世編』、五頁

主君持朝に贈られた「二貫文」より多い点である。このことは、下河辺荘で戦った扇谷上杉勢の主力が太田氏とその配下であったことを示唆する。想像を逞しくすれば、下河辺荘に隣接する扇谷上杉氏方の軍事拠点としての岩付地域が、太田氏の管掌下にあった可能性も想定されるであろう。

以上の議論は、享徳の乱初期まで岩付地域が扇谷上杉氏の支配下にあったとする青木文彦氏の議論と整合し、その支持材料と見なせるであろう。「称名寺陣中見舞送状」とその解釈、そして称名寺領の比定地についてはＮＰＯ法人越谷市郷土研究会の秦野秀明氏にご教授いただいたものであることを記しておきたい。

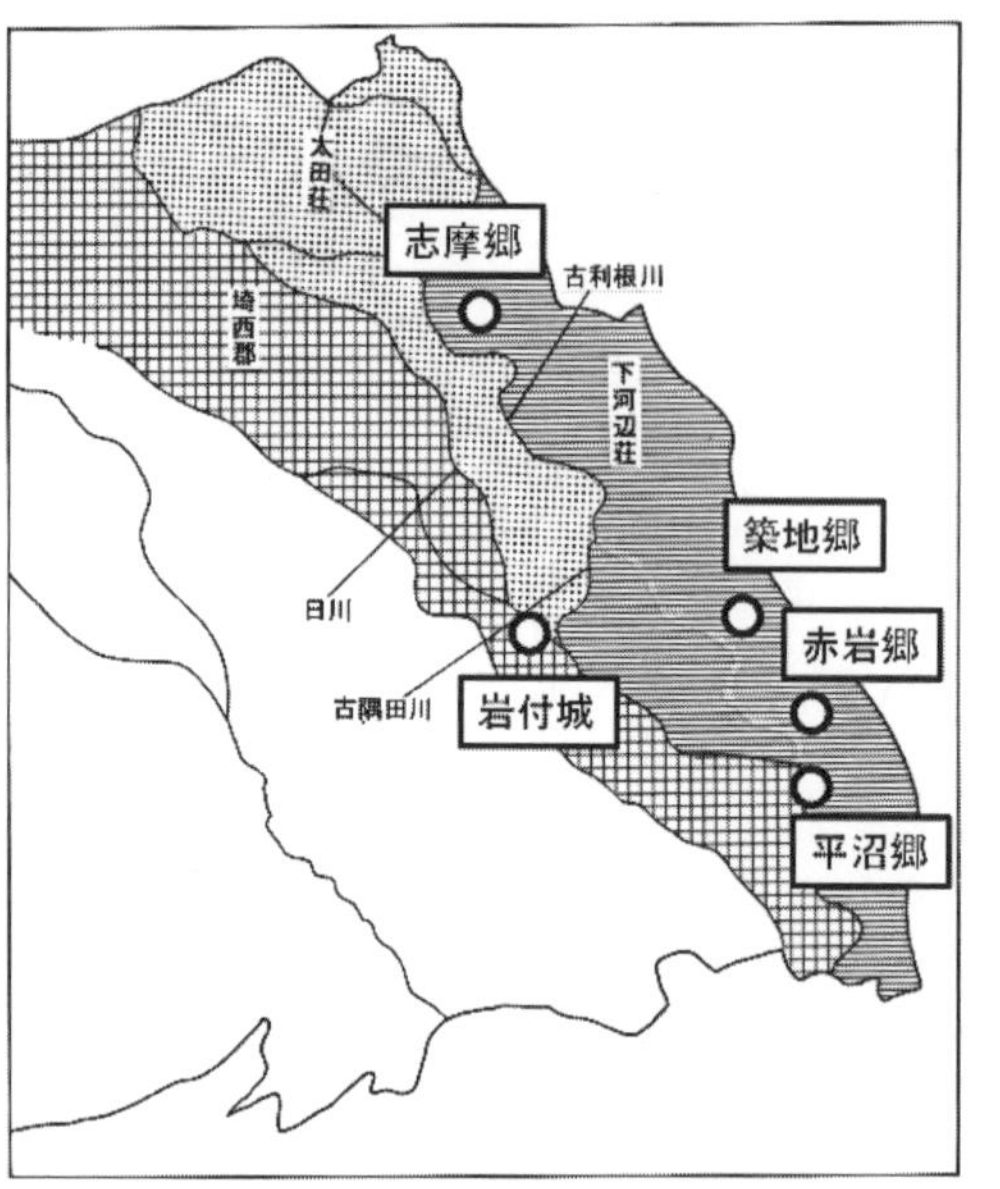

図 13：下河辺荘の称名寺領と岩付城
（『宮代町史 通史編』図 2-9 に加筆）

道灌の甥・叔悦禅師の生誕地

岩付地域と太田氏の縁を考える上で興味深いのは、道灌の甥[29]あるいは弟とされる「叔悦禅師」が、岩付生まれであったことを示唆する史料があることである。

岩付太田氏の菩提寺である養竹院（川島町）には、叔悦禅師の寿像画『叔悦禅師頂相』が伝えられている。そこには、建長寺の第一六九世住持であった暘谷乾瞳による賛が添えられているが、そこには、叔悦の生誕の地に関して「瀟水兼湘水合、是師生縁」との記

図14：叔悦禅師頂相
（川島町養竹院所蔵・埼玉県立歴史と民俗の博物館写真提供）

載がある（岩太六一）。

太田氏に関する近代的研究の黎明期を担った前島康彦氏は、一九六五年の論文[30]「養竹院開山叔悦和尚（上）」においてこの記載を取り上げ、「中国湖南省を流れる瀟・湘二河の合流点、即ち同省零陵県付近をわが関東平野のそれになぞらえて」いるとし、「瀟水という比較的小さい河と湘水という大河を荒川と利根川になぞらえている」と指摘する。そして室町時代においては、荒川と利根川の合流点は岩付であり、岩付こそが叔悦禅師の生誕の地であったと論じた。

序章で紹介した通り、徳川政権によって東遷される以前の中世の利根川は江戸湾に注ぎ、その川筋は春日部北部で二つに分流し、西側の流れ（古隅田川）は岩付で荒川（元荒川）に合流していたと考えられている。岩付は、まさに関東を代表する二大河川、利根川と荒川の合流点であった（図2：岩付城周辺の地形と河川）。

叔悦禅師が寂したのは、『叔悦禅師頂相』の修補裏書によれば天文四年（一五三五）であり、八七歳の時であった。単純計算すれば叔悦禅師の生年は文安五年（一四四八）となり、これは、『永享記』が扇谷上杉氏による岩付からの援軍派遣が行われたとする永享十二年（一四四〇）の八年後

29 最古の太田氏系譜史料である『太田資武状』は、叔悦を道灌の甥とする。『太田潮田系図』は道灌の弟とする。

30 前島康彦（一九六五）「養竹院開山叔悦和尚（上）」、『埼玉史談』第11巻第3号

にあたる。永享十二年時点で、岩付地域が扇谷上杉氏の支配下にあり、同地が太田氏の管掌下にあったならば、文安五年に道灌の甥である叔悦が岩付の地で生まれたとしてもおかしくはない。

もっとも、前島（一九六五）の議論は、「瀟水兼湘水合」という表現が、荒川と利根川の合流点を指すとする確実な証拠がないため、可能性の指摘に留まる。しかし、扇谷上杉氏が永享の乱期には岩付地域を支配していたとする青木氏の議論との符合の度合いは高く、同議論に対する支持的な材料とみることができるであろう。

なお前島氏によるこの五十五年前の議論の存在と内容は、中世太田領研究会の原口和子氏にご教示いただいたものである。

（二）岩付の扇谷上杉拠点は掃討されたか

旧平林寺梵鐘銘から岩付地域が享徳の乱以前には扇谷上杉氏の軍事拠点であったと論じた青木氏であるが、氏は同時に、平林寺ほどの大寺から梵鐘が奪われた以上、扇谷上杉氏の軍事拠点はこの時点で掃討されたとし、長禄元年の太田氏による岩付城はあり得ないと主張する（A-④）。これについては、どう反論できるであろうか。

古河公方勢の岩付制圧は一時的

注目すべきは、平林寺から梵鐘を奪った逆井氏らが、その後も岩付地域に滞在し続けた形跡がみられないことであろう。先にした逆井氏系図の記載は、逆井常宗の岩付攻めを、相模国への遠征の帰路での出来事と記し、その後猿島郡に帰陣したとする。逆井氏は岩付地域に残り、同地を統治した訳ではないのだ。古河公方配下による岩付攻撃が、その後の恒常的な岩付支配に繋がったことを示す史料は存在しない。

下河辺荘支配から考える岩付地域の帰属

岩付地域の帰属を考える上で注目されるのが、古隅田川を挟んで隣接する下河辺荘の状況である。実は、扇谷上杉氏・太田氏を頼って下河辺荘の寺領奪還を図ったと考えられ称名寺であるが、その後、赤岩郷等を取り戻した形跡は無い。先に紹介した康正二年（一四五六）の陣中見舞状以降、赤岩郷等の下河辺荘における寺領の年貢勘定状は、称名寺文書に見られなくなるのだ。ただし、享徳の乱期に古河公方方が赤岩郷等を支配したことを示す史料も見出されない。赤岩郷が再び史料に登場するのは、享徳の乱が終結した[31]文明十四年（一四八二）なのだ。このことは、称名寺による赤岩郷支配は古河公方方によって排除されたものの、公方方もまた同地を安定的支配できなかった可能性を示すのではないだろうか。

興味深いのは、同じ下河辺荘の中でも、上杉陣営の支配が続いた地域があることである。赤岩郷に隣接し、古利根川沿いのやや下流に位置する平沼郷（吉川市平沼周辺、図2参照）が、享徳の乱の前半期を通じて上杉方の支配地であったことが指摘されているのだ（長塚孝（一九九〇）・『北区史資料編古代中世1』）。根拠は、文明年間のものと推定される年次実生十月十三日付の佐枝大炊助宛

[31] 那須塩原市の引久保百観音堂の薬師如来坐像の台座部銘（吉川（二〇一九））にある「下総国下河辺荘赤岩郷岩高」。日付は「文明十余年壬寅十一月廿六日」である。

の太田道灌状（岩史一〇四七・北区①二三三）である。同状において道灌は、鎌倉・禅興寺の寺領であった平沼郷（吉川市平沼付近）に関して、「金子掃部助入道」が長く預かっている地であることを認めている。金子掃部助は、長尾景春の乱において景春与党として相模国小沢城に依ったことが『太田道灌状』に見える山内上杉氏被官である。ここの人物が、長尾景春の乱で蜂起する以前から長く平沼郷を支配していたのであれば、同地は、享徳の乱が古河公方陣営対上杉陣営の構図にあった時点で、上杉方の支配地であったことになる。

利根川東岸に広がる下河辺荘は、一般的には古河公方の支配領域であったと理解される。しかし、詳細に見ていけば上杉方の支配地も存在し、両陣営は、公方方の赤岩郷と上杉方の平沼郷で対峙する形成にあったと考えることができるのだ。

以上を踏まえて、筆者は問いたい。公方方優位の下河辺荘において、上杉方は何故、敵方に飛地のように存在した平沼郷を支配し続けることができたのか、と。

上杉陣営による古隅田川流域支配という仮説

筆者は、上杉陣営が、利根川流路のうち古隅田川流域を押さえていたことが、同陣営による平沼郷の支配を継続させたのではないか、と考える。第一章で紹介した通り、中世利根川は春日部付近で古隅田川（西）と古利根川（東）に分流し、現在の吉川市域で再び合流したと考えられている。中世利根川のこの複雑な流路において、赤岩郷は東に古利根川沿いに展開し、平沼郷は東の古利根川と西の古隅田川の合流点付近に位置している（図2参照）。赤岩郷が公方陣営に支配下にあったことは、同陣営が東の古利根川流域を押さえていた可能性を示唆する。一方、西の古隅田川が合流した地点の平沼郷が上杉陣営に支配下にあったことは、同河川流域が上杉陣営によって掌握されていたことを示唆するのではないか。

古隅田川流域が上杉方の勢力圏であれば、下流の平沼郷にもその支配が及んだことが説明できる。仮に古隅田川流域までもが古河公方支配下にあったならば、公方方の支配する両利根川の合流点に位置した平沼郷を、上杉方の金子掃部助はどうやって保つことができたのか。

この想定を是とする時、古隅田川上流の岩付地域の重要性が理解されるであろう。同地域が上杉方のものでなければ古隅田川流域の支配は困難である。しかし岩付地域が上杉方の支配下にあったならば、その影響力は古隅田川の下流域に広がり、平沼郷に及んだことも想定されることになる。すなわち、公方方優位の下河辺荘において、平沼郷が上杉方の地として残された事実そのものが、岩付地域の上杉方陣営への帰属を示唆するのである。

扇谷上杉氏の上総八幡攻めとの整合

古隅田川流域が上杉陣営に支配下にあったとの想定と符合するのが、康正二年（一四五六）に行われた扇谷上杉氏による上総八幡への遠征である。

康正二年と推定される十一月十四日付の古河公方・足利成氏の小山下野守宛書状（古河二二五・北区①一六四）は、「仍総州江上杉修理大夫以下凶軍等出張間」と述べており、「上杉修理大夫」すなわち扇谷上杉持朝が、「総州」に攻め込んだことが報じている。この扇谷上杉持朝の総州への「出張」は、古河公方側の千葉康胤を追討するためのものであり、持朝は下総・上総に侵攻し、十一月一日には上総八幡（市原市）で康胤を戦死させるに至る。[32]

ここで注目したいのが、上総八幡の位置である。同地は、扇谷上杉氏の拠点である江戸城から離れており、約五十キロメートルの進軍を必要とする遠地である（図1参照）。しかも、大河・利根川を渡河しなければならない。これだけの大遠征を扇谷上杉氏が行う時、果たして上流の古隅田川流域と古利根川流域は、そのどちらもが古河公方勢によって支配されていたと考えられるだろうか。

岩付地域が古河公方勢によって押さえられていたならば、彼らは古隅田川流域を下って南下できる。古利根川流域の赤岩郷も公方方であったことを考えれば、平沼郷の上杉方金子氏は、両河川を南下してくる公方勢に襲われる危険に晒されていたことになる。果たして金子氏はこれらを抑え込めたであろうか。また、利根川中流の二河川を公方方に押さえられた状況で、扇谷上杉氏は、退路を断たれる懸念なしに上総八幡まで攻め込めたであろうか。

扇谷上杉氏が利根川を越えて、遠く上総八幡まで攻め込めた事実自体が、上杉陣営が少なくとも利根川中流の二河川のうち、西側の古隅田川流域を掌握していたことを示唆する、と筆者は考える。

上杉陣営が岩付地域の支配を維持したからこそ、下流の平沼郷の支配も保たれた。そして、平沼郷の上杉方支配が一定の堅牢性を見せたからこそ、扇谷上杉氏の上総八幡攻めが可能となった。また古利根川側の上流に位置する赤岩郷は、上杉方の平沼郷の存在によって抗争の前線に立たされた形となり、享徳の乱の終結まで史料からその名が消えるような状況に陥ったのではないだろうか。

享徳の乱前期の下河辺荘の情勢や扇谷上杉氏の遠征は、上杉方による岩付地域掌握を想定することによって、説明が容易となるのだ。

32 黒田（二〇〇九）一九頁

上杉方の岩付支配を示唆する金石史料

周辺地域の金石史料もまた、享徳の乱前期において岩付地域が上杉方の支配下にあった可能性を示唆する。

まず紹介したいのは、岩付城から僅か十キロメートルほど北に位置する白岡市の白岡八幡神社（同神社と岩付城の位置関係は図2：岩付城周辺の地形と河川を参照されたい）に伝承される「享徳五年」銘を刻んだ鰐口（埼資⑨八六）である。銘の全文は、「武州崎西郡鬼窪八幡宮鰐口　享徳五年丙子八月十五日聖秀尊」である。「享徳五年」が、古河公方陣営によって使用された年号であることは先に紹介した通りである。享徳五年、即ち康正二年（一四五六）八月の時点で、岩付城に程近い、当時は鬼窪郷と呼ばれた白岡八幡神社周辺が、古河公方陣営の支配下にあったことを示唆する。

ところが、その十二年後の応仁二年（一四六八）には、同じ鬼窪郷の「衛門五郎」なる人物が、聖天院（日高市）に鰐口を奉納しているが、そこには、鰐口には「武州崎西郡鬼窪郷佐那賀谷村、久伊豆御宝前　鰐口　願主衛門五郎」「大工渋江満五郎　応仁二年戊子十一月九日」との銘が彫られている（埼資⑨九六・岩通三三八）。元号「享徳」は見えない。十二年前に古河公方側の元号「享徳」を使った鬼窪郷の人々が、ここでは幕府=上杉陣営側の元号「応仁」を使用してい

図15：武州崎西郡鬼窪八幡宮鰐口
（左図『新編武蔵風土記稿』より引用転載、右図：白岡市教育委員会写真提供）

る。同地域が上杉陣営の支配下に再編入された可能性が示唆されるのである。

もちろん、古河公方陣営による元号「享徳」への固執については、足利成氏自身とそのごく近い周辺に限られており、金石史料に関しては、古河とその周辺の膝下をみても成氏が使わなかったはずの新年号（康正・長禄・寛正など）がきちんと使われているとの指摘もなされている。[33]しかし、康正二年になっても、新元号を無視して古河公方が使い続けた「享徳」を鰐口に彫った鬼窪郷の人々が、その後、幕府＝上杉陣営側の元号であり「応仁」を鰐口に彫るようになった変化は、注目に値する。しかも、「応仁」の銘が彫られた鰐口が奉納された先は、上杉陣営の支配域に存在し河越よりも西に位置した聖天院なのだ。これを、同地域が上杉陣営に支配下に組み込まれたことの証左と考えることは可能であろう。

なお、上記二つの鰐口銘からの示唆についても、NPO法人越谷市郷土研究会の秦野秀明氏にご教示いただいたことを記しておきたい。

『香蔵院珎祐記録』が示唆する上杉方の岩付支配

筆者は、鶴岡八幡宮の外方供僧であった香蔵院珎祐が記した『香蔵院珎祐記録』（埼資⑧一六二・北区②六四）の記載も、享徳の乱前期において、岩付地域が扇谷上杉氏方によって支配されたことの傍証となると考える。

『香蔵院珎祐記録』は、長禄三年（一四六〇）から寛正三年（一四六二）の足立郡において、太田道灌がたびたび足立郡佐々目郷（さいたま市南区～戸田市）で強力な政治権力を行使したことを記し

33 埼玉県（一九九三）『中川水系 人文 中川水系総合調査報告書2』、一五六頁

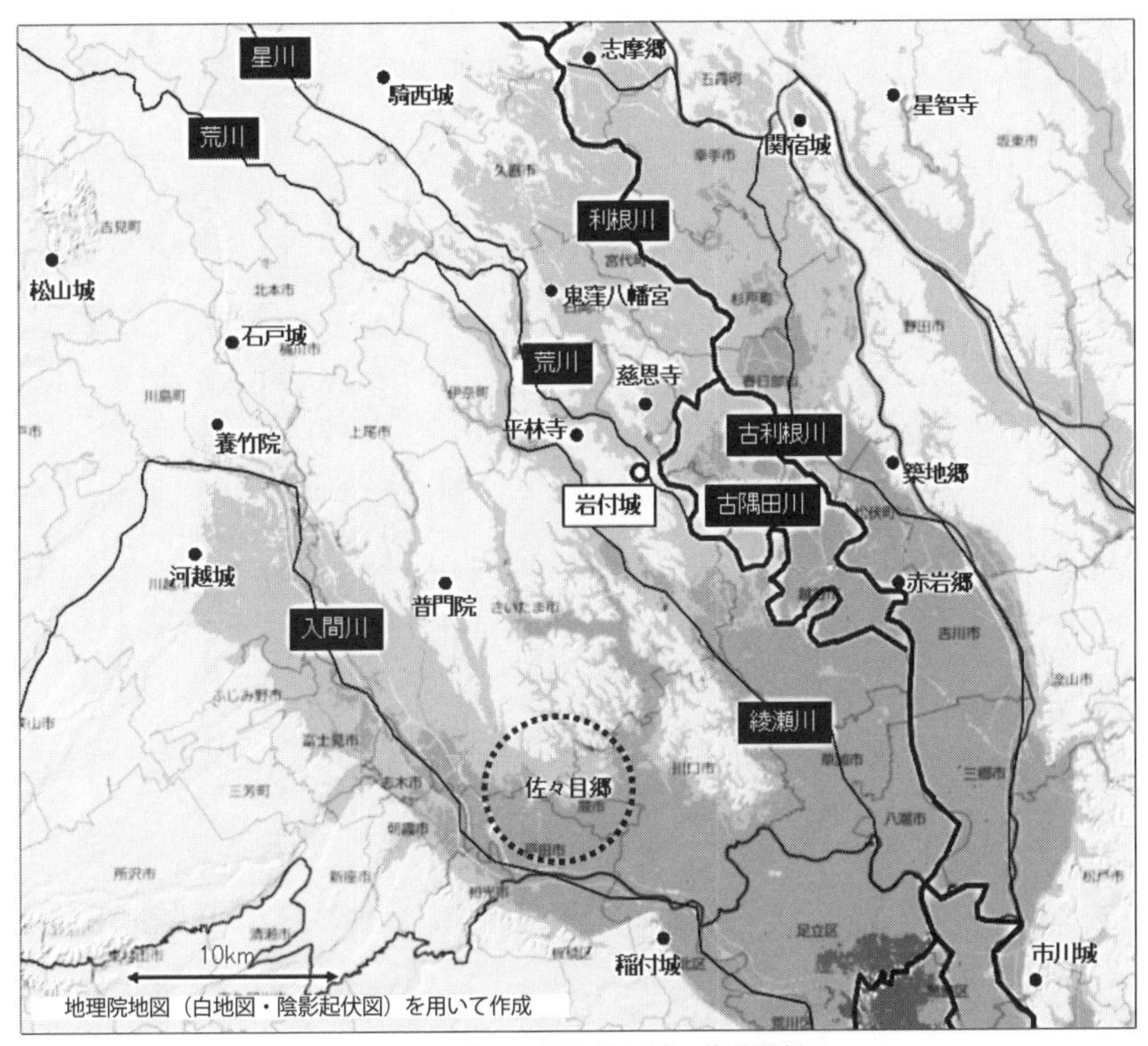

図 16：佐々目郷と岩付城の位置関係

ている。佐々目郷の白髭社神田の給主問題で、道灌がたびたび給主補任の推挙を行い、同郷に反銭賦課を行ったこともあった。また道灌が佐々目郷の百姓らに夫馬借用を命じ、難儀を訴えた百姓ら鶴岡八幡宮の外方供僧らに訴えたものの、道灌には逆らえないと嘆願書を突き返す事態も発生している。そこに示されているのは、足立郡佐々目郷において、鶴岡八幡宮の外方供僧らですら従わざるを得ない政治権力としての太田道灌の影響力である。太田道真・道灌父子に並ぶ政治権力は登場せず、古河公方やその配下の影響力は全く見られない。

時期的には、『鎌倉大草紙』が岩付築城年とする長禄元年（一四五七）の二年後～四年後に相当する。この数年は、古河公方陣営と上杉陣営が激しい抗争を展開した期間に相当する。例えば長禄三年（一四五九）には、激戦と伝えられる太田荘会下（えげ）（鴻巣市）・羽継原（館林市）・海老瀬口（板倉町）での合戦が行われ、上杉方は大敗している。それにも関わらず、『香蔵院珎祐記録』における太田氏の足立郡での影響力が揺らいだ様子は見られない。

佐々目郷における太田氏の権力は、どのように担保されたのであろうか。

古河公方の勢力圏は、主に利根川の東側に展開されていた。佐々目郷は、①利根川、②元荒川筋の荒川、③綾瀬川筋の荒川、という三つの大河によって隔てられることで、この勢力圏からの掣肘を排することができたように思えるであろう。しかし、黒田（一九九四）や青木（二〇一五）らの主張を受け入れ、岩付地域が古河公方方の支配下にあったと想定するとどうだろうか。古河公方勢力圏から佐々目郷への影響力を阻止する天然の障壁は、綾瀬川筋の荒川のみとなる。それは太田氏の揺るがぬ権勢を担保するに、十分な障壁だったと言えるであろうか。

当時の綾瀬川が、元荒川筋の荒川より大河であったとの指摘は存在する。[34] しかし、この百年後には、岩付太田氏が岩付城を居城として綾瀬川をまたいで足立郡を強力に支配したことが、新井浩文氏の研究[35]によって明らかにされている。綾瀬川の流れが、岩付側勢力による足立郡への侵攻を阻止する上で役立つものであったかは疑わしい。

34 例えば、埼玉県庁ウェブサイト「川の改修の変遷」

35 新井浩文（二〇一二）『関東の戦国期領主と流通』（岩田書院）所収の「岩付太田氏の発給文書にみる動向と性質」

足立郡側の勢力が岩付地域からの攻勢を防ぐには、綾瀬川右岸（西側）に要害を築き、渡河点を押さえたいところである。しかし享徳の乱期に遡れるそのような要害の存在は知られていない。岩付城の乗る「岩槻支台」と綾瀬川を挟んで西側の「片柳支台」の近接点には「丸山城」（伊奈町、後の伊奈陣屋）という要害があったことが知られるが、その存在は天文期（一五三二～一五五五）までしか遡れない。[36]また同地域における争乱の記録も見られないのだ。享徳の乱期に遡る要害の記録がなく、また争乱の記録も無い綾瀬川は、古河公方陣営と太田氏領国の境界線の役割を果たせたであろうか。

しかし、岩付城までが太田氏勢力圏であったならば、このような疑問は生じない。荒川とそのほとりに立つ岩付城が、太田氏勢力圏を古河公方勢の侵攻から守る形勢となるためだ。享徳の乱期を通じて、岩付城は一次史料に登場しない。しかし、『香蔵院珎祐記録』に見える太田氏の佐々目郷支配とその安定は、「享徳の乱期に太田氏が築城・領有した岩付城が存在していた」とする太田氏築城説と整合し、その状況証拠と言えるのではないだろうか。

享徳の乱を扱う歴史書の認識

最後に、享徳の乱を取り扱う学術研究者の書籍が、いずれも同乱初期の古河公方方と上杉方の勢力図を示す際に、岩付地域を上杉氏方に分類していることも注目したい。

本書がたびたび参照する則竹（二〇一三）は、黒田氏説（古河公方方の成田氏が岩付城を築城）を採用しているため、享徳の乱前期の勢力図に岩付城を掲載しない。しかし、同地域自体は上杉方に分類されている（三六頁、図一五）。峰岸純夫（二〇一七）『享徳の乱 中世東国の「三十年戦争」』

36 梅沢太久夫（二〇一八）『埼玉の城』（まつやま書房）

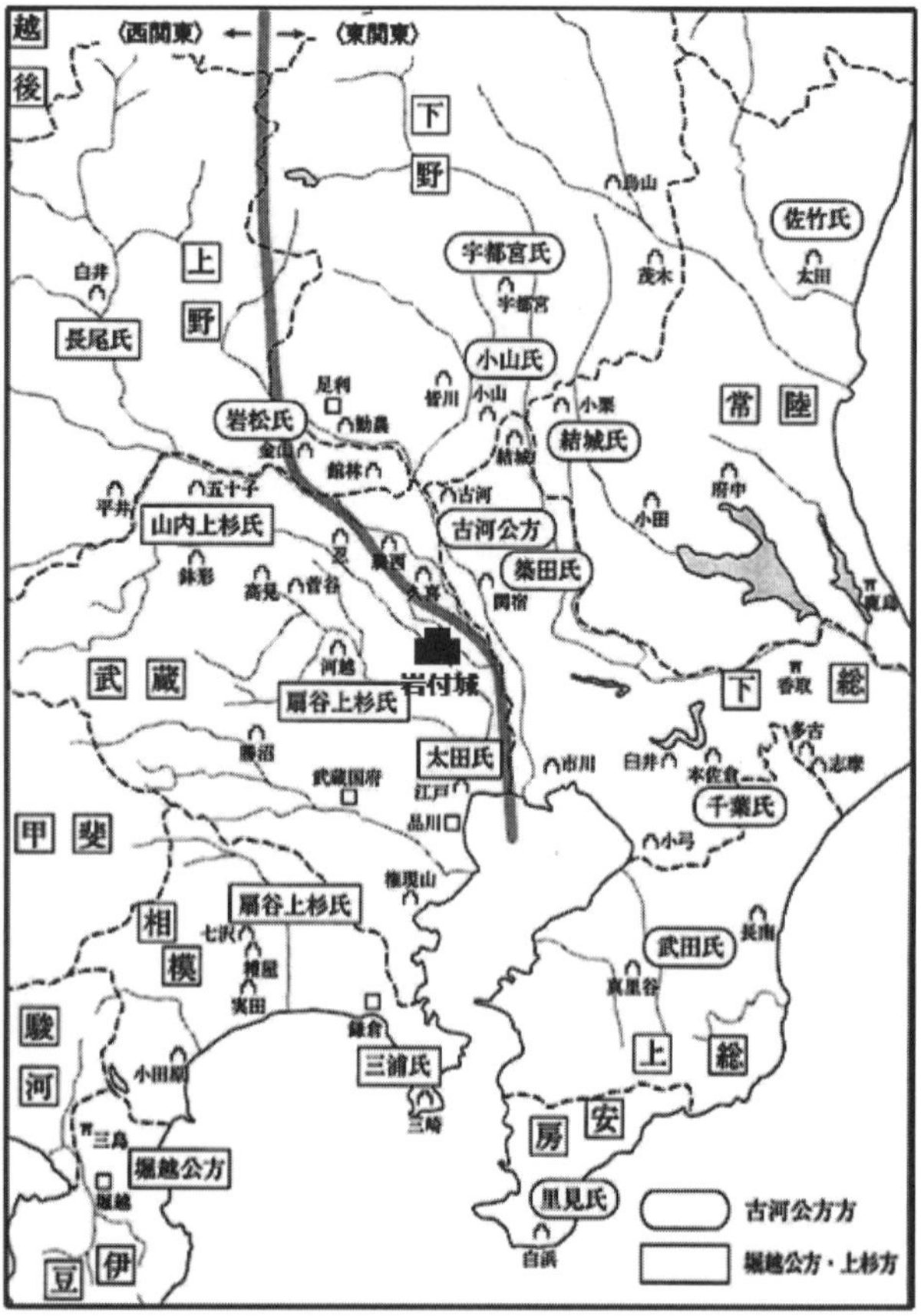

図 17：享徳の乱前期の勢力図
（則竹雄一『古河公方と伊勢宗瑞（動乱の東国史 6）図 15』に引用加筆）

や、杉山一弥編（二〇一九）『図説鎌倉府』（戎光祥出版）の享徳の乱勢力図も、岩付地域を上杉方の勢力圏に分類する。

このようなことが起きるのは、関東全体を巨視的に捉えた場合、岩付地域を古河公方方に分類することが不自然に見えるためであろう。享徳の乱前期、東の公方陣営と西の上杉陣営は、利根川・荒川の両河川を境界に対峙する構図にあった。岩付地域が古河公方の支配下にあったと想定すれば、同地域は関東全体において唯一、公方陣営が利根川・荒川の両河川を超えて〝西関東〟に踏み込んで築いた橋頭保だったことになる。しかし、享徳の乱期を通じて、岩付地域が古河公方方の橋頭保として機能し〝西関東〟への攻勢が取られた展開は、見られない。公方方の岩付地域支配という想定は、享徳の乱の展開と符合しないのである。

研究者らが、岩付地域を公方方に分類した勢力図を作成せず、同地域を上杉方に分類した図を提示するのは、こうした事情があったためではないだろうか。

上杉陣営の岩付地域支配は継続した

扇谷上杉氏の岩付拠点は享徳の乱初期に掃討されたとする青木（二〇一五）の議論は、完全に排除されるものではない。しかし、同氏による岩付支配が程なく復活しそれが享徳の乱期を通じて維持されたとの見方が、十分成立すること。むしろこの見方の方が、多くの史料と整合的な説明が可能となることは、以上の議論で示せたと言えるであろう。上杉陣営の岩付地域支配は、享徳の乱初期以降も継続したと考えることができるのである。

（三）かわらけは扇谷上杉方の岩付築城を否定するか

次に、岩付城最古層から発掘される「かわらけ」が「山内上杉氏のかわらけ」であることから、扇谷上杉氏陣営による岩付築城を否定する議論（A-⑤）について、反論を示しておきたい。

「山内上杉氏のかわらけ」に対する異論

かわらけの形状によって、それを使用した領主らがどの上位権力に従属したかわかるとする議論は、田中信氏（川越市教育委員会）によって提起され、「山内上杉氏のかわらけ」、「扇谷上杉氏のかわらけ」、「古河公方のかわらけ」、「北条氏のかわらけ」等が検討されるに及んでいる。しかし、こうした議論には厳しい批判も寄せられている。梁瀬裕一氏（千葉市立郷土博物館）は、二〇一〇年に「田中信氏の『山内上杉氏のかわらけ』についての若干のコメント」と題する論考（『葛西城と古河公方足利義氏』（雄山閣）に収録）を発表し、「山内上杉氏のかわらけ」に批判を加える。その主な主張は以下の通りである。

・田中信氏は、山内上杉氏の領国内では、同氏のかわらけデザイン意向が反映されたとするが、山内上杉氏がそのような権力行使をしたとの理解は、戦国大名になりきれなかった山内上杉氏、という従来理解に反する。

・田中氏が「山内上杉氏のかわらけ」と分類する「薄手外反形かわらけ」は、山内上杉氏の勢力の及ばなかった地域（例えば房総半島中部の千葉市から木更津市にかけての地域）でも出土している。在来のかわらけ制作技術の上に、京都を意識したかわらけ作りが行われた結果と考えることができる。

・「山内上杉氏のかわらけ」は、山内上杉氏の権力に規程されるのではなく、あの時代に流行したデザインの一つと考えるのが妥当であろう。

このように、「山内上杉氏のかわらけ」論自体が批判を受けている点は、留意する必要がある。

扇谷上杉氏とかわらけの関係

一方、田中信（二〇一〇）が示す、「扇谷上杉氏のかわらけ」の出土範囲と同氏が展開した領国との一致は興味深い。田中氏が「扇谷上杉氏のR種渦」と名付けた、十五世紀末に登場した「見込み」部に意図的に渦巻きが表現されたかわらけの出土地の挙げると、深谷市（六反田遺跡）、川越市（河越城跡）、伊勢原市（糟屋・上町並遺跡）、調布市（深大寺城跡）、所沢市（山口城跡）、嵐山町（杉山城跡）、小川町（八幡台遺跡）、富士見市（難波田城跡）、ふじみ野市（城山遺跡）、吉見町（松山城跡）、そしてさいたま市岩槻区（岩付城跡）などであり、まさに十五世紀末から十六世紀前半にかけての扇谷上杉氏の領国にほぼ一致する。

この一致は、扇谷上杉氏が、十五世紀末に始まった長享の乱（一四八七～一五〇五）を通じて、「権力を一元化し、一円的な領国の形成を遂げ」、「地域国家である戦国大名権力」としての展開を見せたと指摘される（黒田（二〇一二②））ことと符合する。

筆者は、田中信氏の「□□氏のかわらけ」論は、関東の諸勢力が地域国家化し始めた十五世紀末以降においては、蓋然性を有する議論だと考える。問題は、この議論が十五世紀半ばの享徳の乱初期に適用されるか、という点である。

享徳の乱初期の両上杉氏の権力

黒田（二〇一二②）は、（ア）享徳の乱（一四五四〜一四八二）初期は、山内上杉氏の当主不在期が続き、扇谷上杉氏当主の持朝が山内上杉氏被官に対しても感状を出すなど、指導者的な立場にあったこと、（イ）山内上杉氏と扇谷上杉氏の領国が領域的に明確化されたのは、長享の乱（一四八七〜一五〇五）以降であったこと、等を指摘する。山内上杉氏・扇谷上杉氏は、享徳の乱の混乱期をいわば〝合同体制〟で乗り切ったのであり、しかも当時は両氏とも領国を一円的・排他的に展開する状況にはなかった。

田中信（二〇一〇）は、「山内上杉氏のかわらけ」「扇谷上杉氏のかわらけ」等を「『この地の王たらん』とする意思の現われであった」とするが、これが当てはまるのは両者が激しく抗争した長享の乱期以降であり、両者が同族として助け合った享徳の乱初期には該当しないのではないだろうか。岩付城跡において、「扇谷上杉氏のかわらけ」が十五世紀末から十六世紀初頭と比定されることと、突如大量に出土すること自体が、長享の乱以降に扇谷上杉氏が領国の一円支配を強めたことの示唆として理解することができる。

そして、十五世紀後半とされる岩付城跡の最古層から「山内上杉氏のかわらけ」が出土することも、享徳の乱初期、両上杉氏の合同体制の中で扇谷上杉氏側が山内上杉氏被官も使役して軍事行動を指揮する状況にあったことを考えれば、太田氏築城説と矛盾は出ない。岩付城構築には山内上杉氏被官も動員され、彼らが「山内上杉氏のかわらけ」を持ち込んだと想定することができるためだ。また、当時の扇谷上杉氏に、「山内上杉氏と異なる独自デザインのかわらけを被官に使わせよう」との意思があったとは考えにくい。十五世紀末までの間、岩付城が扇谷上杉氏の指揮下にあったまま、同地で「山内上杉氏のかわらけ」が作り続けられ使われ続けられたことも、十分想定されるであろう。

岩付城の最古層から出土した土器が、田中信氏によって「山内上杉氏のかわらけ」に分類されるものであり、「扇谷上杉氏のかわらけ」に分類される土器がより新しい層から出土するのは事実である。しかし、それを以て、岩付城が扇谷上杉氏方の太田氏によって築城された可能性は排除することはできないであろう。

(四)『鎌倉大草紙』と『松陰私語』は矛盾するか

ここまで、岩付地域が享徳の乱以前から扇谷上杉氏の支配下にあったこと、そして享徳の乱期においても同地域が上杉方に支配されていた可能性が高いことを示してきた。これらが、『鎌倉大草紙』が記す長禄元年（一四五七）の扇谷上杉氏家宰の太田氏による岩付築城と符合し、同記載の蓋然性を高めるものであることは言うまでもない。しかし、『鎌倉大草紙』の同記載については、より信頼性の高い『松陰私語』の記述との比較検討を通じて重大な疑義が呈されている（A-①）。この疑義に反論できなければ、長禄元年の太田氏による岩付築城は成立し得ない。

本節では、指摘されている『鎌倉大草紙』と『松陰私語』の相違が、『鎌倉大草紙』の記述の信頼性を損なうものではないことを示していきたい。

『松陰私語』という史料と江戸・河越両城記述の文脈

『鎌倉大草紙』と『松陰私語』の相違とされた一つ目は、『松陰私語』における記述「江戸・河越両城堅固也、彼城者道真・道灌父子・上田・三戸・萩野谷関東巧者之面々、数年秘曲相構」において「岩付城が登場しない」ことである。この指摘を検討するには、『松陰私語』という史料と、前掲の引用部の位置付けを確認することが必要である。

『松陰私語』は松陰という僧侶の回顧録である。松陰は、上野国の山内上杉氏方の被官であった岩松氏の顧問僧であり、享徳の乱期から長享の乱期にかけて参謀的な役割を果たした人物である。そのため『松陰私語』には、山内上杉氏陣営の視点からの軍事情勢が記されており、両乱の推移を理解するための貴重な同時代証言とされている。

このような性格を有する『松陰私語』において、江戸・河越二城の築城記述は、山内上杉氏が扇谷上杉氏と抗争に及んだ場合にどのような展開が想定されるかを述べる段で登場する。松陰は、山内上杉氏と扇谷上杉氏が衝突した長享の乱（一四八七～一五〇五）について、「武州国中ニ可被出御馬者、勝敗未定之錯乱、可為十五二十之春秋」と記す。山内上杉氏が武蔵国を攻めても容易には扇谷上杉氏を制圧することができず、勝利するまでに十五年や二十年の年月を要することになるだろうと苦言を呈しているのだ。そして、その理由として登場するのが、先の「江戸・河越両城堅固也」の一節である。松陰は、こうした文脈において、

・扇谷上杉氏陣営の二大拠点であった江戸城・河越城が堅固であるため、同氏の制圧は容易には叶わない、

・両城が堅固であるのは、太田道真・道灌父子が、上田氏や三戸氏、そして荻野谷氏等の扇谷上

杉氏被官の城造り巧者とともに、数年かけて技量を尽くして構築した城だからだ、と述べているのである。

筆者には、この記述が『鎌倉大草紙』の河越・岩付・江戸三城築城記述の信頼性を失わせるものとは思えない。そもそも、『松陰私語』の当該記述は、太田道真・道灌父子の事跡を記すことを意図としたものではなく、長享の乱での自陣営（山内上杉方）が体験するであろう苦戦の理由を分析したものである。岩付城が『鎌倉大草紙』が記した通り河越城・江戸城と同時期に太田氏によって築かれた城であったとしても、もし同城が長享の乱において山内上杉氏の扇谷上杉氏制圧を妨げる障害として大きな役割を果たす城でなかったならば、『松陰私語』の当該記述に登場しないことは不思議ではないのだ。

岩付城と江戸城・河越城の位置づけの違い

では、「岩付城が太田氏によって築城された扇谷上杉氏方の城として長享の乱期に存在していたにもかかわらず、山内上杉氏の扇谷上杉氏攻めを妨げる障害とならなかった」という状況は、想定し得るのだろうか。筆者は、こうした状況は、十分に想定可能と考える。

そもそも、岩付城の地政学的な位置づけは、江戸・河越の二城とは異なる。相模国を本国とした扇谷上杉氏は、多摩川を越えて武蔵国に勢力を広げた際も、相模国から地形的に延長線上にある武蔵野台地をその基本とした。入間川に西・北・東の三方を守られるこの武蔵野台地の北端に立つのが河越城であり、東端に立つのが江戸城である。両城はまさに、扇谷上杉氏領国の武蔵国における

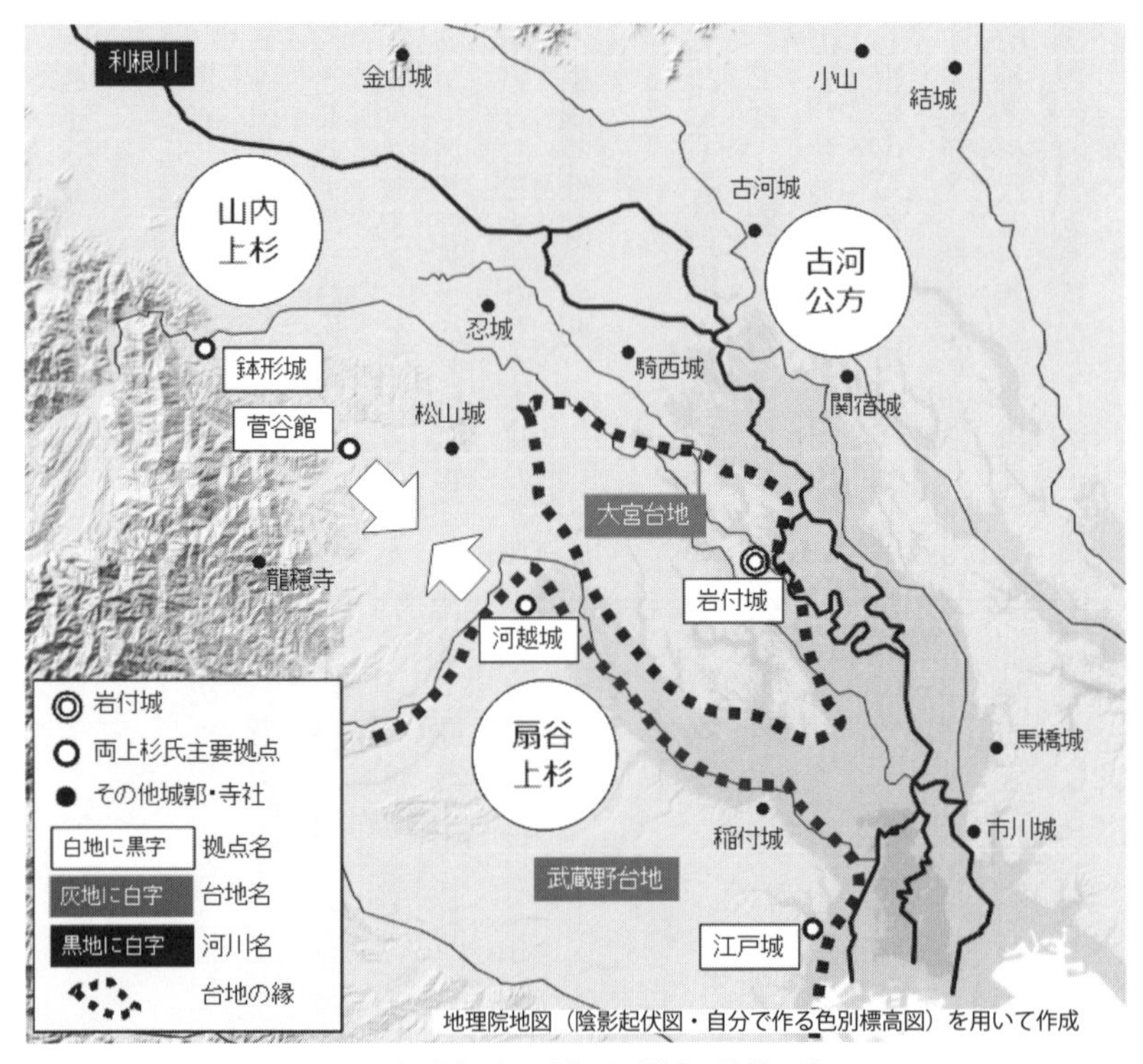

図 18：岩付城と江戸城・河越城の地勢の違い

中枢とも言うべき武蔵野台地域を守る役割を果たした要害であったことがわかる。

これに対して岩付城は、武蔵野台地ではなく大宮台地の東端に立つ要害である。大宮台地は、武蔵野台地と地続きではなく、入間川と周辺の低地（今日の「荒川低地」）によって隔たれている。大宮台地は、武蔵野台地に勢力を張る扇谷上杉陣営と、利根川以東の低地に勢力を展開する古河公方陣営の中間に位置する。同台地の東端且つ中世の利根川の西岸の縁に築かれた岩付城は、扇谷上杉氏の城であれば古河公方勢力に向き合う前線基地、古河公方側の城であれば扇谷上杉氏領国に切り込む橋頭保の役割を果たした可能性が想定されよう。その地政学的な位置づけは、中枢地（武蔵野台地）を守る江戸・河越二城とは、根本的に異なるものと言える。

しかも、武蔵野台地から見て北西の領域（図中の鉢形城・菅谷館を中心とするエリア及びその北）に領国を展開していた山内上杉氏にとって、岩付城は遠く、しかも扇谷上杉氏領国を攻撃する際の途上に現れる城ではない。同城は、古河公方勢力圏と扇谷上杉氏勢力圏の〝境目〟に位置しているが、山内上杉氏勢力圏と扇谷上杉氏勢力圏の〝境目〟には位置していないのだ。むしろ、河越城の方が近く、しかも敵である扇谷上杉氏の中枢にあたる。山内上杉氏が扇谷上杉氏を攻めるならば、何も遠い岩付城を攻撃する必要はなく、河越城を攻撃すればよいことになる。

岩付城は山内上杉と扇谷上杉の抗争地として登場しない

長享元年（一四八七）から永正二年（一五〇五）まで実に十八年間にわたって続いた長享の乱であるが、基本的に両上杉氏の抗争地は西関東に限定され、岩付地域は抗争の埒外であった。このことを、同乱を四つの期間に区分して確認したい。なお、情勢の叙述に際しては、主に則竹（二〇一三）を参照した。

＜抗争期①：長享二年（一四八八）から延徳二年（一四九〇）＞

この期間は長享の乱の初期であり、長享二年（一四八八）に起きた三つの合戦、いわゆる「関東三戦」が行われたことで知られる。

長享二年二月、山内上杉氏は扇谷上杉氏の本拠地である糟屋館（伊勢原市）を攻めて「実蒔原合戦」（伊勢原市）となり、次いで同年六月には扇谷上杉氏の武蔵国における本拠である河越城の近くで「須賀谷原合戦」（嵐山町）と、十一月には「高見原合戦」（小川町）が行われる。勢力的に不利と見られた扇谷上杉氏であったが、次第に戦線を山内上杉氏の領国側に押し返している。古河公方が扇谷上杉氏に与したことも同氏を支えた。その後、山内上杉氏と扇谷上杉氏が拮抗状態に入ると、延徳二年（一四九〇）に、古河公方が忍城を攻撃し、成田氏を従わせる。延徳二年（一四九〇）に扇谷上杉氏と山内上杉氏は講和し（『鎌倉大日記』（北区五九））、明応三年（一四九四）まで停戦状態が続くことになる。いずれの攻防においても、抗争が展開されたのは利根川以西の〝西関東〟であり、岩付地域は抗争地となっていない。扇谷上杉氏と古河公方が同盟関係にあった以上、その境目にあたる岩付が戦場になる理由は無い。山内上杉氏とて、遠い上に扇谷上杉氏の中枢とも言えない岩付を攻める必要は無かったはずである。これこそが、『松陰私語』が予想した抗争の展開だったのではないだろうか。

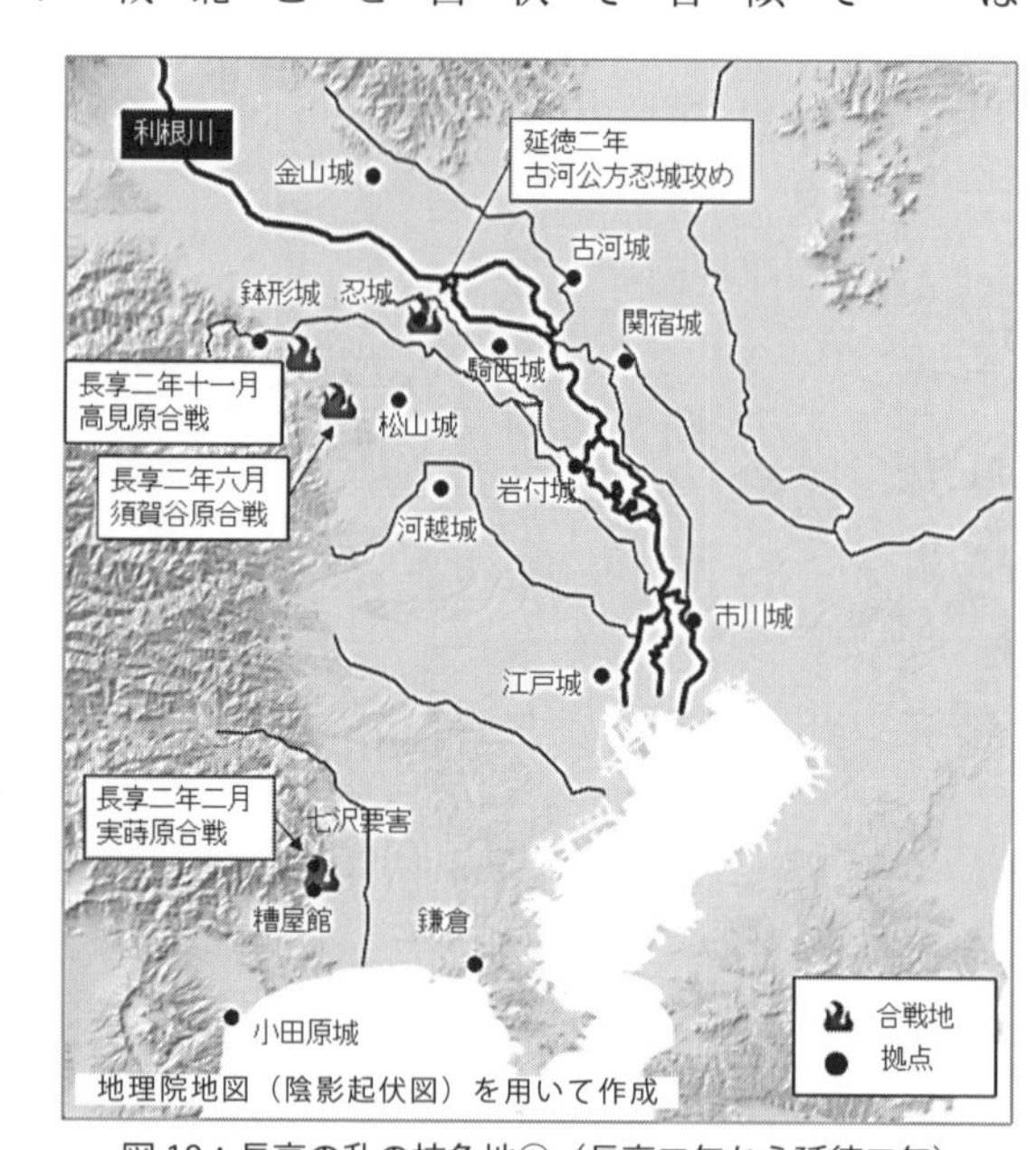

図 19：長享の乱の抗争地①（長享二年から延徳二年）

＜抗争期②：明応三年（一四九四）＞

扇谷上杉氏と山内上杉氏の抗争は、明応三年（一四九四）に再開される（明応の再乱）。扇谷上杉氏は、伊豆の伊勢宗瑞を味方につけて北進したが、当主定正が荒川渡河中に頓死するという事件が起こる。これを契機に、古河公方は山内上杉氏方として軍事行動を起こすようになり[37]、扇谷上杉氏を攻める。これに対して伊勢宗瑞は、山内上杉氏・古河公方と対峙して扇谷上杉陣営を支えた。

この時の合戦地・張陣地として確認されるのは、扇谷上杉定正が攻めた関戸要害（八・九月）、伊勢宗瑞が攻めた玉縄要害（九月）、両者が合流した久米川（九月）、伊勢宗瑞が張陣した塚田（十月）、山内上杉顕定が後退して陣を構えた藤田、古河公方勢が張陣した高倉山、これを迎え撃つ伊勢宗瑞が張陣した高坂、山内上杉顕定が攻めた河越城、伊勢宗瑞が攻撃した岩付城（十一月）、馬込（十一月）である。

長享の乱において岩付城が唯一登場するのが、明応三年十一月の伊勢宗瑞の岩付攻め（高坂付近にいた伊勢宗瑞を簗田氏が岩付勢力とともに遠征して攻めたとの解釈も存在）であり、同城の初見ともされる。岩付城の初見が、扇谷上杉氏と古河公方の同盟決裂に起因する点は興味深い。同城が、扇谷上杉氏と古河公方が抗争関係に入った時に軍事的な重要性を増す拠点であり、両勢力が融和的である時にはその限りではないことが示唆される。松陰が勃発前の長享の乱の展開を予想した段階で

37 長享三年の大森寄栖庵書状（北区②二四九）では、古河公方が扇谷上杉定正を見限ったとする記載が存在することを受け、明応三年以前から古河公方は山内上杉氏方となっていたとする見方も存在する。ただし同書状は、太田道灌を過剰に称賛する記載が見られ、『北区史資料編古代中世2』も「史料的に検討の余地がある」と指摘する等、信頼性に問題がある。同書状の記載を信頼する場合も、古河公方が扇谷上杉氏に対して軍事行動を起こした記録は明応三年以前には見られない。筆者は、両者の抗争の開始は同年からとみてよいと考える。

は、扇谷上杉氏と古河公方は同盟関係にあり、参謀の役割を果たしたこの陣僧が岩付城について言及しなかったことが不思議ではないことが、改めて首肯されるであろう。

『松陰私語』に岩付城が登場しない理由は、長享の乱のここまでの情勢推移を追うことで確認できた。しかし同乱後期には、「詩軸」が作成された明応六年（一四九七）も含まれる。同詩文を理解する上で、この後の展開を把握することは重要であるため、叙述を続けることにしたい。

図20：長享の乱の抗争地②（明応三年）

〈抗争期③：明応五（～六）年（一四九六（～一四九七））〉

明応五年（一四九六）には、山内上杉氏方による大攻勢が展開された。同年七月、山内上杉氏方の「長尾右衛門尉」（長尾景春の息子・景英と考えられている）が、扇谷上杉氏の本国である相模国に侵攻し、小田原城と推測される要害「自落」させ、「西郡一変」との状況になったことが、山内上杉顕定の書状（前出）から確認される。扇谷上杉氏による相模国西郡支配の崩壊を指すものと考えられている。「長尾右衛門尉」はその後、相模国実田要害も攻めたがこれは攻略には至らなかったらしい。

同時期、抗争は武蔵国でも展開された。山内上杉顕定は、河越城に近い上戸（川越市）に張陣する。ここに古河公方が三千騎の配下を率いて登場し、数か月にわたって河越城を包囲した。ただし、この河越城包囲は失敗に終わる。明応五年（一四九六）または同六年（一四九七）のこと考えられている。

この時の合戦地・張陣地は、いずれも岩付地域から遠く、同周辺での抗争は確認されない。

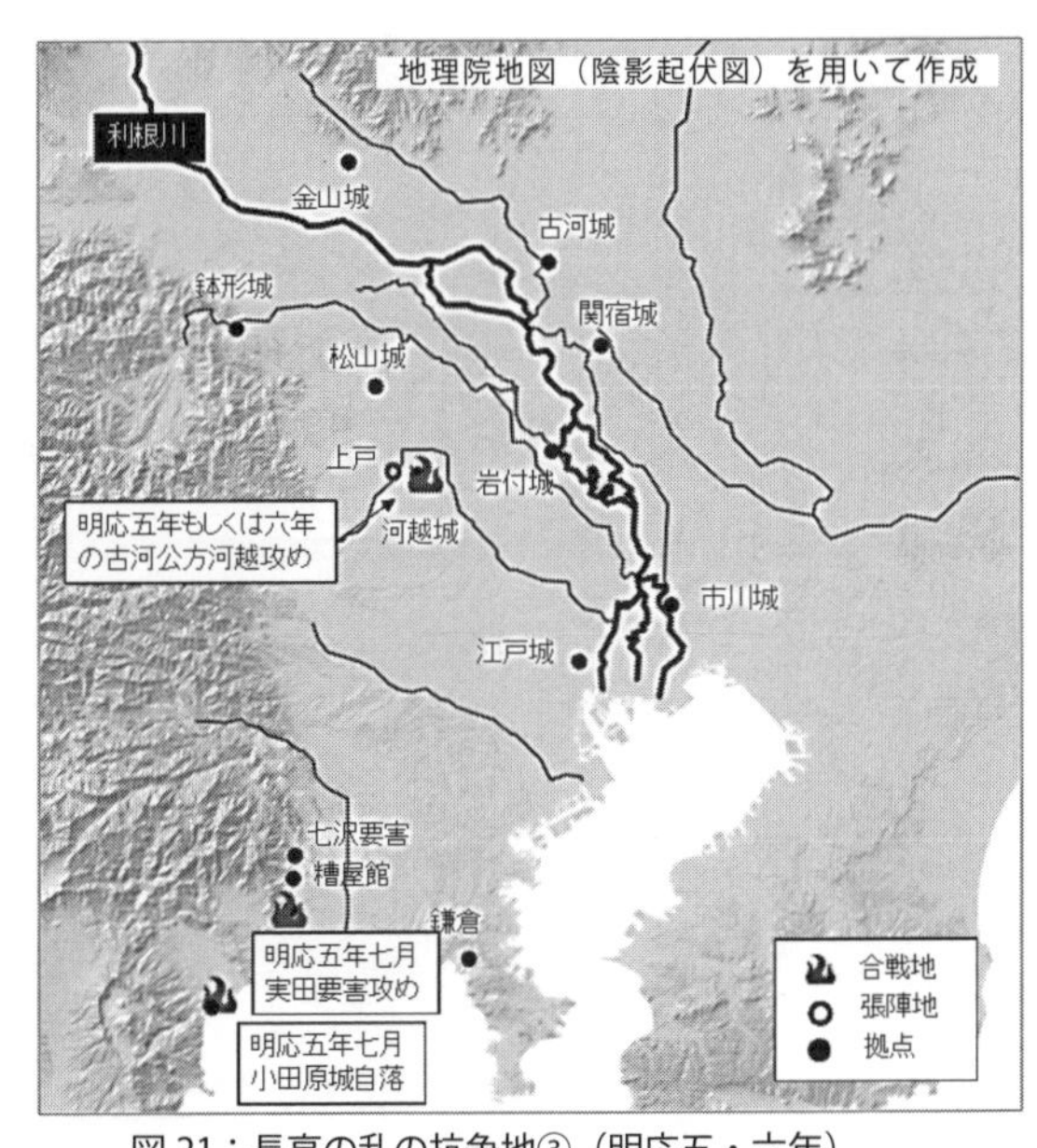

図 21：長享の乱の抗争地③（明応五・六年）

〈抗争期④：永正元年（一五〇四）から同二年（一五〇五）〉

長享の乱の最終局面となったのが、永正元年（一五〇四）から同二年（一五〇五）の攻防である。前半は、扇谷上杉氏が伊勢宗瑞や今川氏の助けを得て山内上杉氏を破ったが、後半は越後長尾勢の助勢を得た山内上杉氏が扇谷上杉氏を制し、長享の乱そのものが終結することになった。

この時の合戦地・張陣地として確認されるのは、山内上杉氏の張陣地で上戸・白子、同氏が攻めた河越城、伊勢宗瑞が張陣した枡形山、扇谷上杉氏と伊勢宗瑞が山内上杉氏と合戦を展開した立河原、越後長尾勢が攻めた椚田要害・実田要害・河越城である。岩付地域周辺での抗争は確認されない。

抗争期①〜④を通じて、岩付城が、山内上杉氏による扇谷上杉氏攻めの際の障害や攻撃対象となったケースは確認できなかった。岩付城は、山内上杉氏が扇谷上杉氏を攻める際に、重要な役割を果たす地政学的位置にはなかった。山内上杉陣営の視点から、これから起こる扇谷上杉氏との抗争を予想した『松陰私語』の記述に岩付城は登場しないのは、むしろ当然だったと言えるのではないだろうか。

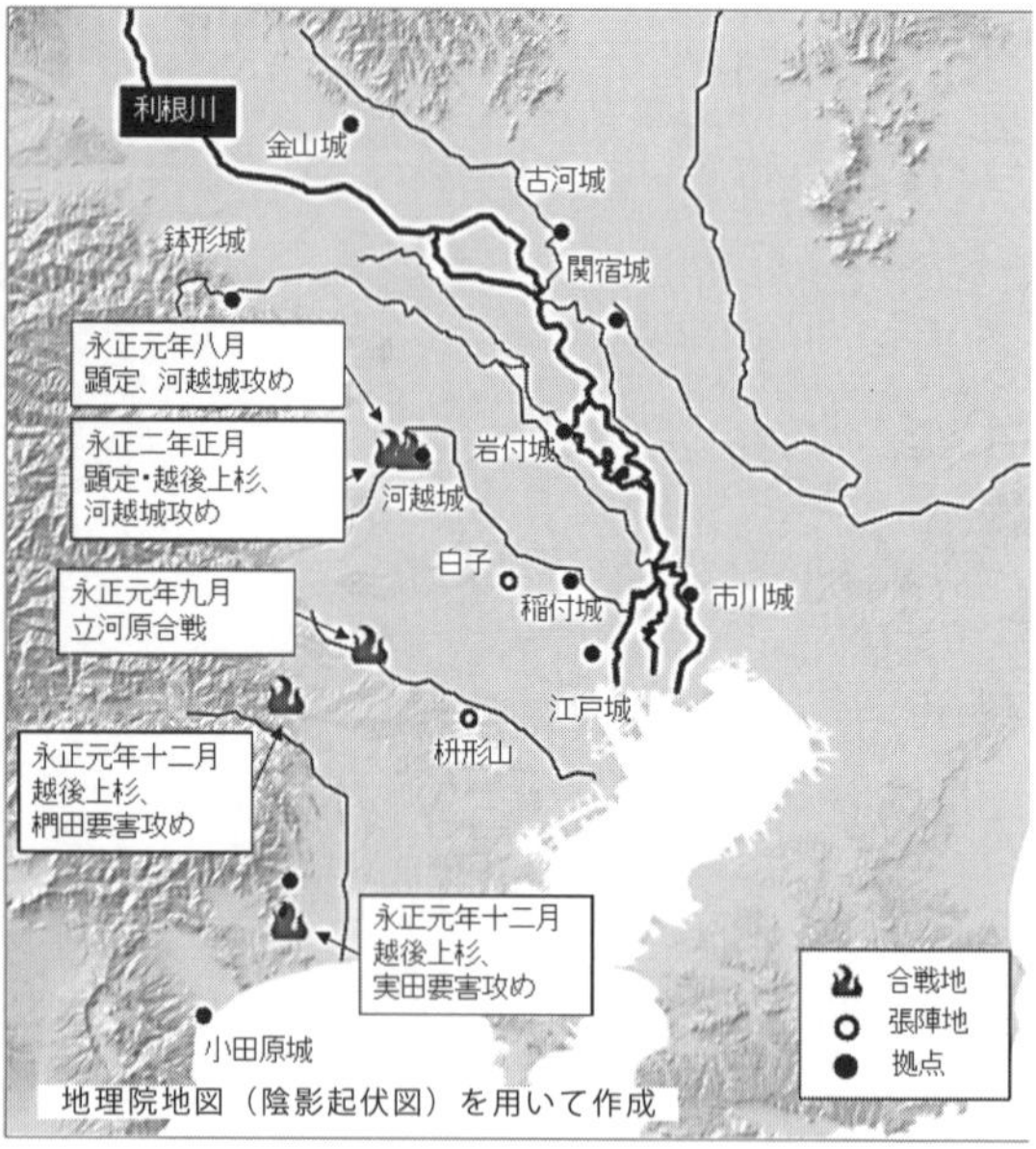

図 22：長享の乱の抗争地④（永正二年）

江戸・河越両城の築かれ方は異なるか

『鎌倉大草紙』と『松陰私語』の相違とされた二つ目は、江戸・河越両城の築かれ方の違いである。

黒田氏は、

・『松陰私語』の「太田道真・道灌父子が、上田氏や三戸氏、そして荻野谷氏等の扇谷上杉氏被官の城造り巧者とともに、数年かけて技量を尽くして構築した」という江戸・河越二城の構築記述
・『鎌倉大草紙』の「扇谷上杉持朝が河越城を築き、太田道真が岩付城を築き、太田道灌が江戸城を築いた」という江戸・河越二城の構築記述は、相違すると指摘する。

重要なのは政治的背景か、技術的側面か

しかし、筆者には両記述が相違しているとは思えない。『鎌倉大草紙』は各城築城の施主すなわち後の城主を記し、『松陰私語』は各城築城の実務指揮者を記したと考えれば、両史料の間に齟齬・矛盾は生じないためである。

法隆寺を例に考えたい。法隆寺は、厩戸皇子（聖徳太子）が建立した寺院として有名であるが、同時にその建設に朝鮮半島から渡来した技術者らが大きな役割を果たしたことが知られている。仮に、政治的背景を重視して「法隆寺は聖徳太子が建てた」と記した史料と、技術面を重視して「法隆寺は朝鮮半島から渡来した技術者が建てた」と記述する史料が存在した場合、両史料の内容に相違があることを指摘し、どちらかが正しく、どちらかが誤っていると議論することに意味はあるのだろうか。筆者には、黒田氏の指摘は、まさにそのような議論に陥っているように思える。

『鎌倉大草紙』は、後世に書かれた軍記物として、往時の政治情勢とその推移に焦点が当てられている。重視されるのは、築城の政治的背景（誰が施主か）である。

一方、太田道真・道灌父子や上田氏、三戸氏、萩野谷氏らが、河越城・江戸城を築いたとする『松陰

私語』の記述は、両城の堅牢性を伝えることを目的としたものである。重要なのは築城の政治的背景（誰が施主か）ではなく、築城の技術的側面（誰が築城の実務指揮者か）であったと考えることができる。

両者はまさに、「法隆寺を建てたのは聖徳太子」「法隆寺を建てたのは渡来した技術者」の関係にあり、必ずしも矛盾するものではない。『鎌倉大草紙』と『松陰私語』の記述に殊更齟齬を見出そうとする黒田氏の議論は、性急に過ぎると筆者は考える。

（五）『道灌状』に登場しないのは不自然か

次に、岩付城が、『太田道灌状』等の享徳の乱期史料に登場しないのは不自然とする指摘（A-②）についても反論を試みたい。手法は、前節と同様である。『太田道灌状』が記述の対象とする争乱の合戦地を確認し、岩付城との関わりを確認する。

『太田道灌状』が対象とする期間は、文明七年（一四七五）から同十二年（一四八〇）の五年間。同状には、この間に起きた長尾景春の乱の顛末が記されている。

長尾景春の乱は、『太田道灌状』を基礎資料とし、他史料の検討も併せてその推移が解明されている。その特徴は、「享徳の乱」前期の抗争が利根川を挟んだ東西対峙であったのに対して、「長尾景春の乱」は、利根川以西の〝西関東〟を治めた上杉陣営の内乱であったことである。以下、則竹雄一（二〇一二）に基づき、「長尾景春の乱」期の情勢推移と主な合戦地を図示する。

『太田道灌状』の記述に基づけば、「長尾景春」の乱が、

・基本的に〝西関東〟、それも入間川以西の地域で主に展開されていること、

・利根川以東の〝東関東〟での合戦地が、千葉氏制圧のためのものに限られていること、

が、これらの図から見て取れる。

これは、「享徳の乱」の前半では上杉陣営と敵対した古河公方が、「長尾景春の乱」が始まると早い段階（文明十年（一四七八）正月）で、両上杉氏との和睦を果たしたためであろう。古河公方は上杉氏陣営内の内乱鎮圧に助力することで、京都の室町幕府との和睦を志向したのであり、上杉陣

■文明九年（一四七七）
正月　長尾景春、五十子陣を強襲（①）
三月　太田道灌、溝呂木城・小磯城を攻略（②）
　　　太田道灌、小沢城を攻める（③）
四月　太田資忠、勝呂原で景春与党を撃破（④）
　　　太田道灌、江古田原で豊島氏を破る（⑤）
　　　太田道灌、石神井城を攻略（⑥）
五月　太田道灌、用土原須賀で景春を破る（⑦）
九月　太田道灌、塩売原で景春と対陣（⑧）

■文明十年（一四七八）
三月　上杉定正、羽生峰で景春・千葉孝胤を攻める（⑨）
四月　太田道灌、小机城を攻略（⑩）
　　　太田資忠、奥三保に景春を追う（⑪）
七月　太田道灌、井草・青鳥に進軍（⑫）
　　　太田道灌、鉢形城を攻略（⑬）
十二月　太田道灌、境根原で千葉氏と合戦（⑭）

■文明十一年（一四七九）
正月　太田道灌、臼井城を攻める（⑮）
七月　太田資忠、臼井城を攻略も討死（⑯）
十一月　太田道灌、忍城救援のため久下に進軍（⑰）

■文明十二年（一四八〇）
正月　太田道灌、沓懸（深谷市）に進軍（⑱）
　　　太田道真、越生で景春を破る（⑲）
六月　太田道灌、日野城を攻略（⑳）

図23：長尾景春の乱の主な合戦地

営への攻撃は以降行っていない。古河公方勢力と扇谷上杉勢力の〝境目〟に当たる岩付地域は、争奪の対象とはならなかったと考えられる。

『太田道灌状』に岩付城が登場しないことは、不自然とは言えないであろう。

金石史料等が示唆する上杉方岩付城の存在

以上の議論に加えて、否定論Ａ-③・④への反論で示した金石史料等が、岩付城が享徳の乱初期から存在した上杉方の拠点であったとする見方を支持する。

鬼窪八幡鰐口の「享徳五年」銘やと聖天院鰐口の「応仁二年」銘は、それらを制作した岩付地域が、古河公方陣営から上杉陣営の支配下に編入されたことを示唆する。また、『香蔵院珎祐記録』が示唆する太田道灌の佐々目郷に対する強力な支配は、岩付地域が古河公方勢力圏にあったとする見方では説明がむずかしく、間接的ながら、岩付城の存在と同城による荒川・利根川防衛線の確立が示唆される。

以上で、「Ａ」群への反論検討を終える。「Ａ」の全ての否定論（Ａ-①〜⑤）について反論を行うことができた。〝太田氏の長禄元年岩付築城〟は、十分に想定できる仮説であることを示せたであろう。

第四章　岩付築城者「正等」は太田氏か

次に、「B：「詩軸」の岩付築城者「正等」にあたる太田氏を見出せないとする議論」に分類された否定論に対して反論を行う。筆者は、「正等」は小宮勝男氏の提起のとおり、太田道真であると考える。同説に対しては、青木文彦氏から批判が投げかけられているが、それらは全て反論が可能である。

（一）正等と顕泰の人物比定

まず本書が「詩軸」に現れる岩付築城者「正等」と、その子「岩付左衛門丞顕泰」を太田氏一族の誰に比定するのかを明らかにすることにしたい。

正等は太田道真

筆者は、岩付築城者「正等」は、小宮（二〇一二）の提起の通り、太田道灌の父・太田道真であると考える。

小宮勝男氏の正等＝太田道真説の蓋然性は高い。軍記物とは言え、信頼度に定評のある『鎌倉大草紙』が、岩付築城者は太田道真であると明記する。また、太田氏系譜史料のうち、寛政重修諸家譜所収「清和源氏頼光流太田」（岩太二四八）と系図纂要所収「源朝臣姓太田」（岩太二九〇）が、太田道真の事績の一つとして岩付築城を挙げる。いずれも後世に編纂された二次史料ではあるものの、事績として岩付築城を明記された人物は、成田氏や渋江氏には存在しない。

「詩軸」の正等像は太田道真に符合

また、岩付築城者論の根本史料たる「自耕斎詩軸并序」（詩軸）に登場する岩付築城者「正等」の人物像は、小宮氏が指摘した通り、太田道真のそれに符合する。

①蜀漢の名宰相・諸葛孔明を引き合いに出しての正等の事績への称揚（白羽扇指揮三軍守其中）は、『鎌倉大草紙』によって「天下無双の案者（知恵者）」と評され、扇谷上杉氏の家宰としてその全

軍を指揮した太田道真の事績に対するものとして相応しい。

②正等が功名を遂げて程よいところで隠居したと称賛された点（収取功名退者天之道也）も、四十代で隠居しその後約三十年間の隠居生活を送った太田道真の人生とよく似ている。

③生前の正等が、龍華翁（竺雲顕騰もしくは希世霊彦と考えられる（後述））や懶菴（玉隠英璵）といった当時一流の五山僧らに絵を見せ、詩や序を書かせた（而絵以求詩、有聴松住持龍華翁詩、懶菴亦其員而、詩序賛之）ことも、正等＝道真説の支持材料となる。〝一人の詩僧〟に詩と序をまとめて書かせる事例は同時代には比較的多く見られる。しかし〝複数の詩僧〟に詩を提供させ、そのうち一人が序文を添えるスタイルの漢詩作品となると、太田道灌がパトロンとなった「寄題江戸城静勝軒詩序」や「静勝軒銘詩并序」しか類例が見出せない[38]。これは、道灌が相模国守護代であり、鎌倉の政治的庇護者であったことと無関係ではないと考えられる。この場合、しかし、太田道真であれば、息子・道灌の前任者として同等の権勢を振るったことが想定可能となる。また道真には、文明元年の「河越千句」[39]（岩太三・北区②八七）や、文明十七年に開催された建長寺・円覚寺の諸僧を集めた詩歌の宴や文明十八年の越生での詩歌会[40]（いずれも続群書⑫八二八）等、多くの文化人を集めて詩歌のイベントを開催した実績がある。正等の「而絵以求詩」以下の行為も、太田道真ならばできたで

38　扇谷上杉氏の有力被官である三浦氏が、明応七年（一四九八）に京都五山の禅僧たちから十九首もの漢詩を送られた事例は存在する（『新横須賀市史 資料編 古代・中世2』）が、この場合も、複数の詩僧に詩を提供させ、そのうち一人が序文を添えるスタイルの漢詩作品は送られていない

39　連歌師・心敬や宗祇を呼び、河越で開催された連歌会

40　「武蔵越生道真自得軒詩歌会也。是時連日滞留。道灌静勝公為伴。道真猶灌父」とある

あろうと考えることができる。

④正等が曹洞宗の月江正文に帰依した（平生参洞下明識月江老）点も、道真に通じる。月江正文の弟子・泰叟妙康は、道真の支援で龍穏寺（越生）を再建したと伝えられており、道真が月江正文の法系と縁があったことは確実と見られる。

特に重要なのは③と④であろう。青木文彦氏が批判（否定論B-①〜④）を展開しているが、これらはいずれも反論可能である。また、正等＝太田道真説の支持材料は、小宮氏による二〇一二年の検討以降も登場している。いずれも、本章（二）で詳述する。

岩付左衛門丞顕泰は、太田六郎右衛門尉

しかし、と読者は思われたかもしれない。正等を太田道真に比定する場合、その家督を継いだと推定される「岩付左衛門丞顕泰」は太田道灌ということになるが、道灌は「詩軸」の書かれた明応六年には生きていない（否定論C´）。どれほど正等の人物像が太田道真に近くとも、正等の後継者・岩付左衛門丞顕泰に比定されるべき太田氏は存在しない。ならば正等＝太田道真説は破綻することになるのではないか、と。

筆者は、この太田氏築城説最大の難問を矛盾なく説明する仮説にたどり着くことができたと考えている。それが、本書が提起する岩付左衛門丞顕泰＝太田六郎右衛門尉説である。

第一章で紹介した通り、太田六郎右衛門尉は、太田道灌の甥だったと考えられ、道灌の死後に扇谷上杉氏方太田氏の惣領になったとされる人物である。この人物であれば、「岩付左衛門丞顕泰」

であったとの想定が可能であり、またその想定下において岩付築城に関わる数々の論点を矛盾なく説明することができるのである。

六郎右衛門尉の生きた時代

「六郎右衛門尉」という人物を、筆者は、もはや太田氏が道真・道灌時代のような立場を維持することが許されず、主人である扇谷上杉氏の領国支配の一端を担う地域領主（国衆）となることを模索した時代の当主と位置付ける。これは筆者の勝手な想定ではない。「六郎右衛門尉」が太田氏当主として生きた長享の乱（一四八七～一五〇五）が、扇谷上杉氏が戦国大名権力への変容を目指した時期に相当することは多くの研究者が指摘している。例えば黒田（二〇一二②）は、扇谷上杉氏は「道灌を謀殺することで、扇谷家権力を自己のもとに一元化する権力構造の構築を遂げ」、さらに長享の乱を通じて、「権力を一元化し、一円的な領域の形成」を果たし、「地域国家である戦国大名権力」として展開されていった、と記述する。

扇谷上杉氏家宰として主人と同等の権力を有し、それを主人の領国全体（相模国と武蔵国南部全域）で行使していた道真・道灌時代の太田氏の在り方は、主人による権力の一元化とは両立し得ない。主君による道灌謀殺後に、その後継者として太田氏惣領となった「太田六郎右衛門尉」は、主人の領国支配の一端を担う地域領主（国衆）と化していくことを迫られたはずである。それは、長享の乱の数十年後にあたる天文期（一五三二～一五五五）に、太田氏が、岩付周辺を本拠とする岩付太田氏と、江戸周辺を本拠とする江戸太田氏という地域領主（国衆）に変容していたことからも裏付けられよう。

「太田六郎右衛門尉」に与えられた権限・役割が道真・道灌時代から縮小したことは、史料からも窺える。前出の推定明応五年（一四九六）の山内上杉顕定書状（埼資⑥一四・岩史九四五・北区①二四九）において、この人物は、小田原城と推定される要害に籠った「大森式部少輔」、「刑部大輔」（上杉朝昌、朝良の実父）、「三浦等」の次に登場し、その後「上田名字中」、「伊勢新九郎入道弟弥次郎」が続いて登場する。太田六郎右衛門尉が、道真・道灌時代と同様、扇谷上杉氏被官を指揮した家宰（主人の執事であり重臣たちの筆頭）であったならば、考えにくい登場順位である。また、道真・道灌時代に担っていた相模国守護代の地位も、この時点では上田氏のものとなっていたとの指摘もある（黒田（二〇〇四））。

筆者は、太田氏が地域領主（国衆）化を始めた時代の最初期の惣領である「六郎右衛門尉」が、岩付地域を組み込んだ形での地域支配の確立を志向する中で生まれたのが「詩軸」であったと考える。すなわち、「詩軸」の中で「正等」による岩付築城の事績が語られ称揚されたのは、「子」である「六郎右衛門尉」の岩付支配の正当性を示すためである、と考えるのである。

むろん、岩付左衛門丞顕泰＝太田六郎右衛門尉説の検証には多くの議論が必要であるが、これは第五章に譲ることとし、本章では、正等＝太田道真説の検討を進めることにしたい。

（二）自耕斎正等は自得軒道真か

まず、青木氏による正等＝太田道真説への批判の内、否定論Ｂ-①②をまとめて検討する。この二つは、斎号「自耕斎」と法名「正等」を名乗った人物が、軒号「自得軒」と法名「道真」を名乗った太田道真である比定とする行為それ自体が矛盾である、とする議論である。これらについては、軒号「自得軒」を名乗った人物が別に斎号「自耕斎」も名乗った可能性や、この人物が法名「道真」以外に「正等」という法名も有していた可能性を残ることが反論となろう。

一人が複数の院号、軒号、庵号、斎号を名乗る時代

軒号・斎号については、「詩軸」の作者である玉隠英璵が、太田道灌に捧げられた『静勝軒銘詩并序』（北区②98）においては自身を「建長宗猷軒玉隠」と記すものの、「詩軸」では「懶庵」と称していることが、反論の材料となる。軒号「宗猷軒」と庵号「懶庵」の両方を、玉隠は使い分けている。当時は、一人の人間が複数の院号、軒号、庵号、斎号を名乗ることがあった。ある人物が軒号を名乗ったことは、他に院号、庵号、斎号を名乗らなかったことの保証とはならないのだ。

一人が二つの法名を名乗る可能性

次に法名であるが、戦国武将が同時期に2つの異なる法名を名乗った事例が存在する。例えば、伊勢宗瑞の四男の北条宗哲は、法名「宗哲」の他に、法名「長綱」[41]も名乗っていたことが確認されている。太田氏においても、道真の五代子孫の太田資顕（太田資正の兄）が二種の法名、「全鑑」と「道義」を名乗った可能性が指摘されている（黒田（一九九三））。資顕が「全鑑」という法名で文書を発給したことは岩井茂氏・大圖口承氏の研究[42]によって明らかにされているが、この人物の菩提

41　黒田基樹（一九九五）『戦国大名北条氏の領国支配』（岩田書院）

42　岩井茂（一九七五）「太田左京亮全鑑とその文書」および大圖口承（一九八六）「岩付城主太田資顕とその資料」。いずれも黒田基樹編『論集戦国大名と国衆12岩付太田氏』（岩田書院）に収録

寺である芳林寺の位牌（岩太六二八）で伝承される法名は「道義」なのである。このことは、太田資顕が二種類の法名を名乗った可能性があることに留まらず、実際に名乗られた法名であっても、系譜史料等の伝承から漏れてしまうことがあることを示唆し、興味深い。

以上を踏まえれば、太田道真が「道真」以外の法名として「正等」を名乗ったことがあり、それが失伝し、後世に伝承されなかった、との想定は可能であろう。

太田道真がもう一つの法名「正等」を名乗る理由はあるか

では、太田道真が「道真」以外のもう一つの法名「正等」を名乗る必然性を想定できるか。この想定も可能である。太田道真は、（ア）当初、道真は臨済宗の下で出家し法名「道真」を名乗ったが、（イ）後に曹洞宗との関わりを深め、隠居後は曹洞宗に身を寄せた、と考えられるためである。このとき、「正等」は道真が曹洞宗の下で与えられたもう一つの法名だったと考えることができる。

道真と臨済宗の縁

太田道真・道灌と臨済宗の関わりは深い。鎌倉五山は全て臨済宗に属する。道灌は、鎌倉五山の詩僧らを使役し「静勝軒銘詩并序」等の大規模な漢詩作品を書かせた。また道灌の甥と伝わる「叔悦禅懌」は、鎌倉五山第二位の臨済宗の円覚寺の住持となり、玉隠英璵や竺雲顕騰らと親交を持った。叔悦禅師[43]が玉隠や万里集九と親交をもったことは『梅花無尽蔵』に見える。また鎌倉五山を代

43 続群書⑫八三二には、道灌謀殺後の混乱期に鎌倉に逃れた万里集九が、玉隠英璵を訪ねた後で円覚寺にも寄り、叔悦禅師に茶をご馳走になった逸話が登場する。

表する画僧「祥啓」が描いた「巣雪斎図」（静嘉堂文庫美術館所蔵）は、玉隠が序文を書き、竺雲顕騰・誠中中諄・叔悦禅懌らが詩を寄せている。明応三年正月に玉隠と叔悦が詩の交換を行ったことが『文明明應関東禅林詩文等抄録』に見える（信濃⑩二）。太田氏出自の叔悦禅懌が、玉隠や竺雲顕騰と深く関わったことは明らかである。

扇谷上杉氏の家宰として相模国守護代を務めた太田氏は、鎌倉五山にとって重要な庇護者であった。また太田氏にとっても、武家の信仰を集める臨済宗の頂点である鎌倉五山からの称揚は自身の権威を高める上で大いに役立つものだったはずである。両者は、宗教的権威と政治権力の間にしばしばみられる共依存関係にあったと見てよいだろう。

法名「道真」の初出は文安四年（一四四七）（北区①一三三・岩史一九九）である。当時、扇谷上杉氏の本拠は、相模国中郡の糟屋館（伊勢原市）であり、また鎌倉の扇ガ谷に屋敷も構えていた。家宰を務めた道真も、鎌倉を頻繁に訪れていた可能性が高い。法名「道真」が、鎌倉五山の臨済宗の下での出家の際に名乗られたとの想定は、許されるであろう。

道真が帰依したのは曹洞宗

しかし、臨済宗との関わりの深かった太田道真であるが、隠居後に入ったのは曹洞宗の寺院であった。道真が隠居の地に選んだのは越生（越生町）であるが、その際、隠居の庵である「自得軒」の比定地とされるのは、同地の龍穏寺（越生町大字龍ケ谷）である。（新編武蔵風土記稿説）

龍穏寺は曹洞宗の寺院であり、月江正文の弟子・泰叟妙康と関わりが深い。『新編武蔵風土記稿』は、龍穏寺は戦乱で焼失した後、泰叟妙康が太田道灌の支援を受けて再建したものと伝える。隠居後の道真は、曹洞宗のもとに身を寄せ、月江正文の弟子・泰叟妙康の近くで暮らしたのである。こうした道真の振る舞いを考えれば、曹洞宗に〝入れ込んだ〟道真が、この新たに帰依した禅宗の下、月江正文から「正」を系字として取り「正等」という法名を名乗ったと想定することは、十分に可能であろう。

もっとも、越生の自得軒に隠居した後も、『梅花無尽蔵』は太田道真を「自得軒道真」と呼んでおり、道真が法名「正等」を名乗った記録は存在しない。したがって、曹洞宗の法名「正等」も名乗ったのだとしても、それは内々のことであったと想定しなければならないだろう。

臨済宗と曹洞宗に対する姿勢の類似

以上の検討は、臨済宗と曹洞宗に対する正等と道真の姿勢の類似性を浮き彫りにする。

「詩軸」において正等は、玉隠ら臨済宗の僧侶に詩を求めておきながら、自身の仏道修行においては曹洞宗の「月江正文」に帰依したことが特筆されている（平生参洞下明識月江老、聞新豊之唱）。太田道真もまた、臨済宗と関わりが深かったにも関わらず、その後曹洞宗に身を寄せた、これは、「詩軸」における「正等」の臨済宗・曹洞宗との関わりに酷似する。正等＝太田道真説の支持材料として加えられるべきものであろう。

道真と月江正文の地理的接点

では太田道真は、地理的・時間的に月江正文と出会うことはできたか。

正文の足取りを記す最も古い史料『本朝高僧伝』[44]によれば、正文は、尾張国の無極和尚の下で修業し、総持寺（能登国）で出世し（悟りを開き）、最乗寺（相模国か）で法を開き、尾張国の楞厳寺と武蔵国の普門院を開いたとされる。また上野国白井で長尾景仲が開基した双林寺の第一世となったが、これは弟子である一州正伊が開創したところに師である正文が呼ばれたもののようである。その後、弟子たちを輩出し、いくつかの寺院に関わったが、最後は寛正三年（一四六二）の正月に、尾張国の楞厳寺で寂する。

多くの寺院に関わった月江正文であるが、特に関わりが深いと考えられるのが武蔵国の普門院（さいたま市大宮区）である。同院には「月江正文和尚頂相」（埼玉県指定有形文化財）が残されており、月江正文の逸話が伝承されている。[45]また近代の編纂史料であるが、『仏教信仰実話全集第九巻』（大東出版、一九三二）には、月江正文が普門院を気に入り長く滞在したとの記載が見られる。

普門院は、永享の乱や享徳の乱の際に、太田道真が活躍した考えられる武蔵国東部地域と比較的近い。普門院と岩付城との直線距離は約十キロメートルである（普門院と岩付城の位置関係は図２：岩付城周辺の地形と河川を参照されたい）。また、扇谷上杉氏にとっての重要拠点であった河越から見れば、普門院は岩付に向かう道程の途中に位置している。同院が月江正文と太田道真の接点となった可能性は、十分想定できるであろう。

青木文彦氏が明らかにした通り、享徳の乱（一四五四～一四八二）以前から岩付地域に扇谷上杉氏の軍事拠点が存在した可能性が高いことを踏まえれば、同氏の家宰であった太田道真が、長禄元年（一四五七）以前から岩付地域との関わりがあり、普門院にも参じることができたはずである。

44　筆者は国文学史料研究館によるインターネット公開資料を参照した。

45　普門院ウェブサイト（http://fumonin-saitama.jp/oldstory/1.html　）を参照

道真と月江正文の時間的接点

太田道真は、時期的にも月江正文に出会うことが可能であったと考えられる。『本朝高僧伝』が伝える月江正文の寂年は寛正三年（一四六二）である。この時の太田道真の年齢は、応永十八年（一四一一）誕生説を採れば五十一歳、応永二十二年（一四一五）誕生説を採れば四十七歳となる。道真は、三十代・四十代の頃に、生前の元気な時期の月江正文に会うことができたことになる。

太田道真が越生で隠居し、月江正文の弟子・泰叟妙康ゆかりの寺に身を寄せたのは寛正二年（一四六一）であり（『香蔵院珎祐記録』）、これは正文が寂する前年にあたる。尾張の楞厳寺で寂した月江正文は、まだ足腰が動くうちに、つまり寂年よりある程度前の時期に、武蔵国を離れ、尾張国に向けて発ったことであろう。月江正文が関東を去ったため、道真はもはや正文の下で修業することはできなくなる。隠居の際に正文の弟子・泰叟妙康のもとに身を寄せたのは、そのためであろう。こうした想像は、時間的に矛盾を生じない。

太田道真は、月江正文と地理的・時間的に会うことができた。曹洞宗におけるもう一つの法名「正等」を与えられたと想定することができる。対して、成田氏や渋江氏はどうだろうか。成田氏は享徳の乱初期にはまだ忍城（行田市）を攻略しておらず、名字の地である成田郷（熊谷市）にいたと考えられる（黒田（二〇一二①））。同氏は、三十数キロメートル離れた足立郡の普門院に、攻略前の忍城を越えて「平生参」できたか。また渋江氏は埼西郡渋江郷を所領とする国人であった。埼西郡を越えて所領を展開した形跡の無い同氏は、郡境を越えて足立郡の普門院に「平生参」できただろうか。

（三）太田道真は「故金吾」か

青木（二〇一五）は、（ア）太田道真の先途（最後の官職）が地方官の官職である受領名「備中守」であったこと、（イ）対して、「詩軸」が正等を「故金吾」（亡くなった先の金吾）と記したこと、の二点を合わせて指摘し、両者が同一人物であるとの想定は矛盾を生じると論じた（否定論B-③）。次はこの否定論に反論を試みたい。

「故金吾」が意味すること

「金吾」は、律令制の機関である衛門府の唐名であり、衛門府の官職の唐名としても使用された。衛門府は京都の諸門の警護・開閉を掌る機関である。武士の時代、律令制は崩壊して久しかったが、武家は自身の権威付けに律令制の官職を求めた。中でも、都の諸門を守る衛門府の官途名（かんとめい）（京職の官職を官途名と呼ぶ）は、武家に相応しいと考えられたらしく、多くの武家棟梁が衛門府の官途を名乗った。

衛門府には左衛門府と右衛門府があり、左が上位であった。務める職員の等級ごとに、左右それぞれ、

・長官（かみ）であれば、「左衛門督（さえもんのかみ）」、「右衛門督（えもんのかみ）」
・次官（すけ）であれば、「左衛門佐（さえもんのすけ）」、「右衛門佐（えもんのすけ）」
・判官（じょう）であれば、「左衛門尉（さえもんのじょう）」、「右衛門尉（えもんのじょう）」

とされた。ただし、左衛門尉・右衛門尉は六位相当の官職であったが、これに五位の者が任じられた場合は「左衛門大夫（さえもんのたいふ）」・「右衛門大夫（えもんのたいふ）」とされた。

受領名「備中守」

一方、太田道真の最後の官職として伝わる「備中守」は、「受領名」と呼ばれる官職である。受領名は、地方官の最高職である国司に与えられた官職であった。「備中守」であれば、備中国（現在の岡山県西部）の国司を意味する。律令制が崩壊していた武士の時代、朝廷が任命する国司は有名無実の存在であったが。受領名「○○守」は、官途名と同様、武家の権威付けの手段とされ、室町時代には実際の在所とは無関係の受領名が横行していた。太田道真の「備中守」も、この人物の実際の活躍の場が関東であったことを考えれば、当該国の統治実態の無い名乗りであったと考えてよいであろう。

太田道真が「故金吾」と呼ばれる条件

では、死後に「故金吾」と呼ばれた正等は、最後の官職が「備中守」であった太田道真ではあり得ないのか。

筆者はこれに対して否と答える。その理由は、（ア）太田道真には衛門府の官途名（金吾）を名乗った時期があり、（イ）少なくとも関東では、室町後期の禅僧の漢詩文においては、守護職の家臣クラスの受領名が漢訳表記される事例が見出されないためである。

道真は「金吾」であった

まずは（ア）から検討したい。

木村聡氏は、二〇〇九年の論文「結城合戦前後の扇谷上杉氏―新出史料の紹介と検討を通じて」（黒田基樹編『『シリーズ・中世関東武士の研究 第12巻 山内上杉氏』（戎光祥出版）収録）（以下、木村

（二〇〇九））において、『政所方引付』に、永享十二年二月に扇谷上杉持朝の宿老筆頭として「太田六郎右衛門尉」が初見され、これが道真にあたる可能性が高いと論じる。右衛門尉は紛れもなく衛門府の官途名であり、中国式に呼べば「金吾」となる。すなわち道真には、「金吾」であった時代があったと考えられるのだ。

また、太田氏系譜に関する諸史料（家記、家譜、系図、位牌、寺院の過去帳）は、道真が「左衛門大夫」あるいは「左衛門尉」であったとするものが多い（表3）。しかも興味深いことに、「右衛門尉」とするものは一例も存在しない。このことは、当初右衛門尉を名乗った道真が、後に「左衛門尉」や「左衛門大夫」を名乗り、官途名が〝上書き〟された可能性を示すと言えよう。道真の子道灌が「左衛門大夫」を名乗ったことも、この人物の相模国守護代や扇谷上杉氏家宰等の権限が全て道真から継承したものであることを考えれば、官途名「左衛門大夫」についても父からの継承であった可能性がある。

扇谷上杉氏家宰の太田氏のカウンターパートとも言うべき山内上杉氏家宰の長尾氏は、当主嫡男が「四郎右衛門尉」を名乗り、その後当主となると、より上位の「左衛門尉」を名乗る慣例があったことが指摘されている[46]。太田氏の場合も、当主嫡男が「六郎右衛門尉」を名乗り、当主となると「左衛門尉」（五位になっていれば左衛門大夫）に改称する慣習があっても不思議ではないであろう。

---

[46] 黒田基樹（二〇一〇）「長尾景春論」（『シリーズ・中世関東武士の研究1長尾景春』（戎光祥）出版）

表3：太田氏系譜史料における太田道真の官途名・受領名

	系譜史料名	太田道真の官途名	太田道真の受領名
①	太田資武状	（記載無し）	（記載無し）
②	藩翰譜	（記載無し）	備中守
③	太田家記（内閣文庫所蔵版）	左衛門大夫	備中守
④	太田家記所収「源姓太田氏」（内閣文庫所蔵版）	左衛門大夫	備中守
⑤	太田家譜略説	左衛門大夫	備中守
⑥	太田家譜（潮田資道氏所蔵）	（記載無し）	備中守
⑦	太田潮田系図（潮田資道氏所蔵）	左衛門大夫	備中守
⑧	太田系図（潮田資道氏所蔵）	左衛門尉	備中守
⑨	寛政重修諸家譜所収「清和源氏頼光流太田」	左衛門大夫	備中守
⑩	系図纂要所収「源朝臣姓太田」	左衛門尉	備中守
⑪	浅羽本系図八所収「太田氏系図」	（記載無し）	備中守

守護職家臣の受領名は漢詩文には現れない

しかし生前の太田道真が、若き日に「右衛門尉」、壮年期に「左衛門大夫」であったとしても、晩年には受領名「備中守」を名乗っているのであれば、「故金吾」ではなく、「故備中太守」と記されるべきではないかとのご指摘もあろう。これに応えるのが、先の（イ）である。そもそも関東において、室町後期の禅僧の漢詩文は、守護職の家臣クラスの受領名を漢訳表記をすることはなかったのだ。

どういうことか。受領名「○○守」は、本来は国司の官職であり、漢文では「○州大守」・「○州刺史」等と表記される。しかし、室町時代後期には、国司の存在は有名無実化していた。代わって事実上の〝国主〟となったのは、将軍が任命した「守護職」であり、受領名「○○守」は、守護職の〝家臣クラス〟が名乗る僭称となっていた。

こうした状況を受けてか、玉隠や集九らが「○州太守」と持ち上げねばならない存在は、星の数ほどいる受領名の持主ではなく、その主君であり当該国を実際に統治した守護職であった。守護職の家臣クラスが名乗った「○○守」は、少なくとも関東においては、「○州太守」と表記されることはなかったのである。

以下、実際の事例を確認していきたい。

『玉隠和尚語録』における太守

「詩軸」の作者である玉隠英璵は、『玉隠和尚語録』（東京大学史料編纂所）という作品集を残している。同語録は、玉隠と交流の深かった建長寺一六二世「竺雲顕騰」の作品が含まれることや、また竺雲顕騰だけではなく、暘谷乾幢・雲英祖台・奇文禅才の作品と確定でき、かつ玉隠に宛てているわけでないものも散見されるといった指摘もなされている（『東京大学史料編纂所報』第五三号）。しかし、同語録に玉隠の多くが収められていることは間違いなく、また同時代の鎌倉五山の他の僧による詩文が掲載されていることは、当時の禅僧の漢詩文の表記原則を検討する上での有用性を示す、とも言えよう。

『玉隠和尚語録』に登場する「太守」等の表記の事例は少ない。筆者が確認した限り、該当するのは以下の三例のみである：

(i)扇谷上杉持朝の三十三回忌における法語で、その孫にあたり、相模国守護であった扇谷上杉朝良は「相州太守朝良」・「相州太守藤原朝良」とされた（北区②一三一・信濃⑩八五）。

(ii)扇谷上杉氏を排除し、伊豆・相模両国の統治者となった伊勢宗瑞（いわゆる北条早雲）は、葬儀の祭文において「豆相故賢太守」とされた（信濃⑩四五二）。

(iii) 安房を支配し一時強盛を誇った里見義豊は、「高厳之号」において「房州賢使君源義豊公」とされた。「使君」は太守のことである。

『玉隠和尚語録』で中国式に「太守」等とされた人物が、いずれも守護（守護大名）もしくは、地域の最高権力者であり、「○州」と表現される当該国を実際に統治した人物であったことがわかる。彼らの家臣クラスの受領名「○○守」が、中国式に「○州太守」とされた事例は、同語録には見られないのである。

なお『玉隠和尚語録』では、守護職については受領名「○○守」は、そのまま登場する事例がある。扇谷上杉持朝の三十三回忌における法語（前出）で、朝良の曾祖父・顕定は、生前名乗った受領名「伊予守」で登場する。また、武蔵国守護であった山内上杉顕定が喪主となり開催された亡母の七回忌における法語（信濃⑩二一二）で、顕定の父・上杉房定は、生前名乗った受領名「相模守」で登場する。このことは、漢詩文においても受領名が登場することを示しているが、いずれも守護職クラスの人物に関する事例であり、守護職の家臣クラスの受領名は登場しない点を強調しておきたい。

『梅花無尽蔵』おける「太守」

五山文学における受領名の扱いについて、もう一つ別のテキストを検討したい。玉隠と同時代人であり、親交も深かった万里集九の作品集『梅花無尽蔵』である。

太田道灌によって京都から招聘された万里集九は、当時最高の漢詩人であり、関東において多くの武人と接点を持ち、詩を捧げた。その作品集『梅花無尽蔵』には、守護職やその家臣に捧げた漢詩文が多く収録されており、彼らの官職・役職をどう漢訳されたかを知る上で重要な手がかりとなる。まず、万里集九が東国で「太守」等を用いた事例を挙げたい。[47]

(i)相模国守護の扇谷上杉定正は、「相州太守」（続群書⑫八二三・八二五）・「相陽使君」（続群書⑫九七〇）等とされた。「相陽」は相模国美称、あるいは鎌倉のことである。

(ii)武蔵国守護の山内上杉顕定は、「月笑斎詩序」（続群書⑫九七三）において扇谷上杉定正と並べて「相武之両使君」とされた。また「萬秀斎詩序」（続群書⑫九六九）に現れる「武蔵刺史」も顕定と考えられる。

(iii)越後国と信濃国の守護を兼務した上杉房定は「越後太守」（続群書⑫八五三・八五四）・「越之後州賢太守」（続群書⑫八五九）・「越守」（続群書⑫九五〇）・「太守」（続群書⑫八六一）とされた。

(iv)相模守護代であった太田道灌は、生前は「道灌静勝公」（続群書⑫八二七・八二八・八三〇）と呼ばれたが、死後に「太田二千石」（続群書⑫八三一・八四七・八九八・九二〇・九六〇・九六八・九六九・一〇一二）とされた。「二千石」は中国漢代の官僚の等級であり、太守に相当する。

47　関東や越後国以西においては、守護代クラスの人物が「太守」とされる事例が見られる。例えば美濃国守護代の斎藤氏らしき人物が「濃之太守」とされ（続群書⑫八三六）、尾張国下四郡守護代であった大和守織田氏の一族が「参州太守」とされる（続群書⑫三八三）。尾張や美濃では、守護職の戦国大名権力化が関東に比して進んでおらず、それゆえ守護代であっても比較的自由に「太守」の表現が許されたのであろうか。

唯一、守護でない人物が「太守」級として表現されたのは太田道灌の「太田二千石」であるが、生前にはこの呼称は用いられず、「道灌静勝公」のみとされた点が注目される。道灌が生前に「二千石」とされなかったのは、万里集九が、道灌の主君であり相模国守護であった扇谷上杉定正を憚ってのことであろう。しかし扇谷上杉定正が道灌を謀殺すると、万里集九はそのもとを離れ、山内上杉氏を頼る。以前は定正を称える詩文を書いた集九であるが、道灌謀殺後は、定正のことを敵視して、山内上杉氏と戦う定正を「逆兵」（続群書⑫八五七）・「敵陣」（続群書⑫八六〇）と記すようになる。道灌を謀殺した定正を敵視した集九は、もはや定正に憚る必要がなくなり、むしろ「道灌こそ真の国主であった」との主張の意味も込めて道灌を太守相当の「二千石」と呼称したのであろう。ただし、それでも道灌の場合は、守護であった定正・顕定・房定とは異なり、「〇州」のような形で太守としての統治国を示す表現が適用されない点は注目される。

『梅花無尽蔵』における受領名

では、守護の家臣クラスの武人が名乗った受領名は『梅花無尽蔵』においてどう扱われたか。

・山内上杉氏の被官であり、受領名「信濃守」を名乗った大石定重は、「萬秀亭詩」（続群書⑫八三九）において「武蔵目代」、「萬秀斎詩序」（続群書⑫九六九）において「武蔵刺史之幕府、有爪牙之英臣」とされた。武蔵国守護であった山内上杉氏の家臣として、「目代」・「英臣」とされるのみであり、「信州太守」等と呼ばれていない。

・太田道灌の客将であり、和歌の名手であった木戸三河守孝範も、『梅花無尽蔵』では「木戸罷釣翁」（続群書⑫八二五・八二六）とされるのみで、「三州太守」とは表記されない。

・受領名「陸奥守」を名乗った三浦道寸も登場するが、単に「三浦之道寸」（続群書⑫八四九）とされるのみであり、「奥州太守」等の記載は見られない。
・受領名「備中守」を名乗った太田道真もその呼び名は「道真自得軒」（続群書⑫八二八）等であり、受領名「備中守」を以て太守扱いされることはない。一ヶ所だけ、有名な漢詩「郭公稀」の前段に「太田備中入道 新撰兎久波作一首」と付記が存在する（続群書⑫八二八）。しかし、これは本文の道真自得軒に対して後に加筆・挿入された註記である。『梅花無尽蔵註記』を記した市木武雄氏も、本文として扱っていない。

以上の通り、『梅花無尽蔵』には、守護の家臣クラスであり、且つ受領名を名乗ったことが確実な関東の武人が複数登場しているが、いずれも受領名を用いた記載はなされていないのである。

五山文学は官途名を避けない

一方、京職の官職である官途名はどうか。これについては、「左衛門大夫」であった太田道灌が、多くの五山文学の詩文において「左金吾」とされたことが、答えとなろう。
・京都・建仁寺の蕭庵竜統は「寄題江戸城静勝軒詩序」において道灌を「太田左金吾道灌源公」とした。
・鎌倉・建長寺の子純得么は、道灌に「左金吾源大夫江亭記」（岩太三五）と題する詩文を捧げた。
・万里集九は「静勝軒銘詩并序」において、道灌を「太田左金吾公道灌」とした。

また『玉隠和尚語録』においても、漢訳されず和名のままであるが、「壽嶺之号」に「蛭田勘解由左衛門尉法諱道昌」が登場し、「瑞泉之号」に「岡本新右衛門尉」が登場し、「慶源之号」に「佐伯五郎左衛門尉」が登場する。

官途名が、五山文学において躊躇なく文中に登場していることが、上の事例から確認することができる。

五山文学は受領名でなく官途名を選ぶ

何故こうしたことが起ごるのか。筆者の推測であるが、官途名があくまでも京都での官職であり、地方の最高権力者であった守護や守護職の権威表現を邪魔しなかったためではないか。例えば、「相州太守」（相模国守護）の家臣が「備中守」であり、これを「備州太守」としたらどうなるか。家臣は、国は違えども主君と同じ太守となり、官職・役職で主君と肩を並べることになる。地方の最高権力者を示す「太守」を以て称えられた主君の権威が、家臣の受領名の漢訳で棄損されることになってしまう。

しかし、「相州太守」の家臣が「金吾」（右衛門尉（大夫）や左衛門尉（大夫））であればこうした問題は生じない。地方の最高権力者「太守」と、都の官職「金吾」の間に直接的な上下関係は無い。むしろ、相州太守の一家臣が、京都の衛門府で判官を務めることは、主君の権威をむしろ高める役割を果たしたのではないだろうか。以上から導かれるのは、ある守護職の家臣クラスの武家権力者が、官途名と受領名のどちらも名乗ったことがあるならば、禅僧らがその官職・役職を漢詩文で表現する時、選ばれるのは受領名ではなく官途名であったろう、との推論である。

相州太守（相模国守護）の家臣であった太田道真が、受領名「備中守」以外に官途名「右衛門尉」や「左衛門大夫」を名乗ったのであれば、「故備州太守」ではなく、「故金吾」こそ相応しい漢詩記載と言えよう。少なくとも、「詩軸」において正等が、「故備州太守」とされなかったことを以て、この人物が太田道真でなかったと論じることはできないはずである。

（四）正等は在地性の高い小領主か

続いて、青木文彦氏による正等＝道真説に対する最後の否定論である、否定論B-④について論じる。青木（二〇一五）は、正等父子が、「郷単位の所領を所有する、在地性の高い領主」であり、「広域の軍事指揮権を掌握する階層や、各地に所領を領有する階層」ではなかったと論じたが、その根拠は、

（ア）正等から顕泰に継承された所領が、僅か「百畝郷田」（三・六四ヘクタール）であること、

（イ）「詩軸」における正等父子の事跡が岩付築城のみであり、その記述が抽象的なものに留まることから、鎌倉五山トップの玉隠にとって強引な修辞を尽くさなければ称揚できない存在であったことが示唆されること、

の二点であった。青木氏が言う「広域の軍事指揮権を掌握する階層や、各地に所領を領有する階層」が、扇谷上杉氏家宰であった太田氏を想定した表現であることは言うまでもない。

権力者が自耕し民と農業に心を寄せる世界観

青木氏の議論への反論の前に、「詩軸」が正等を賞揚するために紹介した中国の大権力者（皇帝・宰相・太守）達の逸話を紹介したい。

・「真宋製珍農夫吟、置念農歌、紹興年中、上曰、朕聞、民間令牛皆耕田、其労可閔、令画以耕田之象、庶不忘稼穡之艱難也、民未知養苗、則教之養苗」に描かれているのは、農業における民の苦労に想いを馳せ、民が未だ知らない養苗技術の指導を命じた宋代の皇帝真宗の農業政策である。なお、真宗は、東南アジアのチャムパ（占城）から占城稲を中国に移入して食糧生産を向上させ「蘇湖熟すれば天下足る」を実現させたことで有名である。

・「渤海太守、勧趍田畝」に描かれるのは、人々を帰農させた渤海太守である。筆者は、この渤海太守を前漢の渤海太守「龔遂」に比定する。『十八史略』には、朝廷の水衡都尉（河川の水路灌漑や宮中の御苑管理を担当する官）であった龔遂が渤海太守に就任し、棄農して盗賊となっていた元農民たちを帰農させた事績が記されている。「勧趍田畝」（田畝に勧趍し）に相応しい事跡と言えよう。

・「南陽太守、出入阡陌」に描かれるのは、自ら田畑の畝道（阡陌）に足を踏み入れた南陽太守である。筆者は、この南陽太守を「召信臣」に比定する。この人物は、『漢書』[48]においてまさに「出入阡陌」を行ったことが記載されている。

・「荊公詩云、花気時度谷、耕鋤聊效顰矣」に描かれるのは、宋の大宰相・王安石（荊公）が、農作

---

48 『漢書』の当該記述部は次の通り：「召信臣、字翁卿、九江壽春人也。信臣為人勤力有方略、好為民興利、務在富之、躬勸耕農、出入阡陌、止舍離郷亭、稀有安居時、行視郡中水泉、開通溝瀆、起水門提閼凡數十處、以廣灌溉、歳歳增加、多至三萬頃、民得其利、蓄積有餘、信臣為民作均水約束、刻石立於田畔、以防分爭。」

業の合間に花の香りを楽しむ詩を書いた残したことである。

・「大舜自耕稼於歴山、以至為帝也」は、古代の聖帝・舜が、自ら耕して帝となったことが称揚されている。

「詩軸」に登場する中国の権力者は、皇帝・宰相・太守など、絶大な権力を有した広域権力者であり、その全員が農に精通し時に自ら耕し、民に心を寄せた為政者として描かれている。広域権力者がその身を農の近くに置いたことを美徳とする価値観が、ここには見られる。「詩軸」に描かれた正等の自耕生活も、こうした価値観に基づく修辞であることが十分に想定される。

「百畝郷田」は小領主の象徴か

では正等・顕泰父子が小領主とされた直接的な根拠である「百畝郷田」について検討を行う。

「詩軸」は、正等の隠居と子である顕泰への継承を、「収取功名退者天之道也、一家機軸、百畝郷田、付之於苗裔顕泰也、一区宅、二頃田、自得逍遙」（名を収取して退くは天の道なり。一家の機軸は、百畝の郷田なり、これを苗裔顕泰に付す。一区の宅、二頃の田、自得逍遥して）と記す。「一家機軸」とされる「百畝郷田」を家督の象徴とする青木（二〇一五）の指摘には、本書も賛同する。

しかし、果たして「百畝郷田」は、現役時代の正等が所有し、子の顕泰に譲渡した所領の小ささを象徴していると言えるだろうか。わずか三・六四ヘクタールの土地に過ぎない「百畝郷田」は、いかに小規模な領主を想定しても、その所領として狭すぎる。むしろ現実と切り離された修辞世界の表現と見るべきではないか。例えば、『詩軸』は隠居した自耕斎の耕地を「二頃」とする。一頃は百畝であるため、隠居後の自耕斎の耕地の広さは、二百畝であったことになる。青木氏自身も指摘していることであるが、現役領主の顕泰の所領がそれより狭い「百畝」であるはずはない。家督の象徴としての「百畝郷田」が、実態と離れた修辞であることの何よりの証左であろう。

漢詩文において、実態と離れた修辞が登場する時、それが中国の著名な古典を典拠とする表現であることが少なくない。「百畝郷田」も同様である可能性がある。そう考えた筆者は、百畝郷田の典拠を中国の古典に求めた。その結果たどり着いたのは、非常に有名であり、また五山僧らが重視したとされる儒教経典、『孟子』であった。

「百畝郷田」の典拠は『孟子』

ヒントとなったのは、正等の斎号「自耕斎」の意味を解説する段の導入に置かれた「詩云」以下の表現である。これが『孟子』の「滕文公章句上」に登場する一節によく似ているのだ。具体的にみてみたい。

・「詩軸」の記載は「詩云、雨我公田、遂及我私、由此観之、先公而後私、周亦用助也」であり、

・『孟子』のそれは[49]「詩云、雨我公田、遂及我私、惟助爲有公田、由此觀之、雖周亦助也」である。

両者は、小異はあるもののほぼ一致すると言ってよい。

では、この「詩云」の一節を通じて、孟子は何を語ろうとしているのか。それは、農業政策に関する提言である。

49 筆者は宇野精一（二〇一九）『孟子全訳注』（講談社）を参照。

「百畝郷田」は周の土地制度

『孟子』の「滕文公章句上」は、滕の文公が、世子時代に孟子に出会い、政治のあり方を問うた問答を納めた一篇である。「滕文公問爲国」（滕の文公は国を治める道をたずねられた）から始まる第三段において、孟子は土地政策について持論を述べる。

・夏王朝は一人の夫に五十畝を与える「貢」、殷王朝は一人の夫に七十畝を与える「助」、周王朝は一人の夫に百畝を与える「徹」という土地制度を施行し、名前は異なるが十分の一税を基本としていた（夏后氏五十而貢、殷人七十而助、周人百畝而徹、其實皆什一也）。

・『詩経』には、「まず公田に雨降りて、やがてわれらの私田にも」という詩があり、（理想とされる）周王朝の時代にも、殷王朝の「助」と同じ制度が存在していたことがわかる（詩云、雨我公田、遂及我私、惟助爲有公田、由此觀之、雖周亦助也）。

以上を受け、孟子は、殷王朝の「助」＝周王朝の「徹」という土地制度を、滕の文公に採用するよう勧めたのである。

注目すべきは、周人は一人の夫に百畝の土地を与えた（周人百畝而徹）との記載である。ここに「百畝」の田が登場するのだ。

以上の説明を聞いた滕の文公は、後日、孟子のもとに家臣の畢戦を使わし、周王朝の「徹」という土地制度について、質問を投げかける。これに対する孟子の解が、「方里而井、井九百畝、其中爲公田、八家皆私百畝、同養公田、公事畢、然後敢治私事、所以別野人也」である。この一節の意味するところは、以下の通りである：

・方里而井：一里四方の土地が一井（これが九百畝に相当する）であり、
・井九百畝：これを「井」の字の形に分けると、「百畝」ずつ九つの土地ができる、
・其中爲公田：真ん中の「百畝」を「公田」として、
・八家皆私百畝：周囲の八百畝を「私」田として八家族で分ける、
・同養公田：八家族は、共同で「公田」を耕し、
・公事畢、然後敢治私事：それが済んだら各自の私田を耕す。
・所以別野人也：君子と野人の尊卑上下を区別するためである。

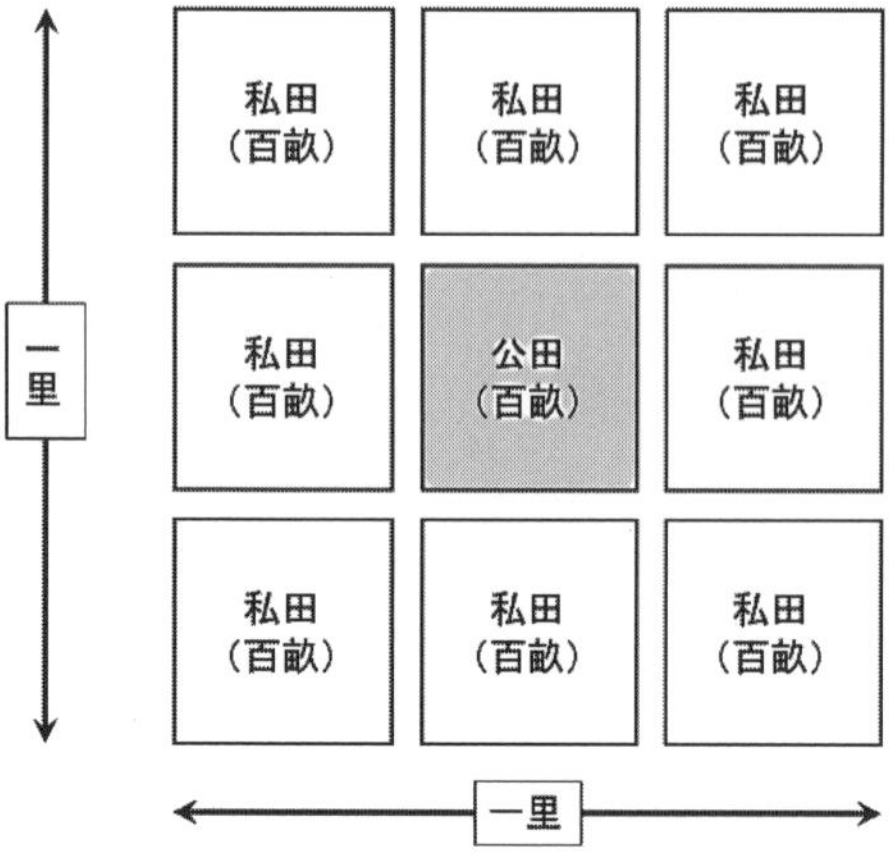

私田（百畝）	私田（百畝）	私田（百畝）
私田（百畝）	公田（百畝）	私田（百畝）
私田（百畝）	私田（百畝）	私田（百畝）

一里　一里

図 24：孟子における井田法の土地割り

八家族でグループをつくり、それぞれに百畝の私有地を与えると同時に、八家族が共同管理する共有地も設ける。これにより、私有財産を認めて耕作にインセンティブを与えつつ、同時に水の奪い合い等で隣同士が抗争を始めないように、共同で管理する共有地も設けた制度、と位置付けられようか。これを「井田法」と呼ぶ。

『孟子』「滕文公章句上」には、上記の説明の直前に、「郷田同井」（郷田、井を同じくして）との一節もあり、これらを組み合わせれば、まさに玉隠が用いた「百畝郷田」が得られることになる。

以上をまとめれば、『孟子』「滕文公章句上」には、

(ア)「詩軸」の「詩云、雨我公田、遂及我私、由此観之、先公而後私、周亦用助也」とほぼ一致する表現が存在し、

(イ)内容としては、「百畝」を基本とする土地政策の提言が行われ、

(ウ)更にその土地は「郷田」と表現されていることになる。

中世の日本では禅僧が宋学という新しい儒学の伝道者となったのであるが、その際、儒学経典の中で『孟子』[50]が取り分け重視されたことが知られる。これらを踏まえれば、「詩軸」の「百畝郷田」が、『孟子』に典拠を持つとする本書の指摘は、十分妥当なものと言えるのではないだろうか。

「百畝郷田」の意味

では、『孟子』を出所とする「百畝郷田」は、「詩軸」においてどのような意味を持つか。

周の「徹」、すなわち「井田法」において、一家に与えられた私田「百畝」はやはり武家領主の所領の象徴とみてよいであろう。むろん、百畝はあくまでも一庶民の私田の面積であり、正等と顕泰が仮にどれほど小規模な領主であったとしても、その実態を表したものと解釈すべきではない。むしろ、『孟子』「梁恵王章句」に「百畝之田、勿奪其時數口之家、可以無飢矣(百畝の田、其の時を奪ふ勿くんば、数口の家、以て飢うる無かる可し)」との記述があり、百畝の田があれば数人暮らしの家では飢えることないと孟子自身が語っていることを踏まえれば、百畝郷田は〝十分な広さの所領〟の象徴と考えることができる。

50 呉座勇一(二〇二〇)『日本中世への招待』(朝日新書)

以上を踏まえれば、百畝郷田とは、

（ア）国家の規定に基づき、正当にその領有が認められた私田＝所領であり、

（イ）その私田＝所領は、公田での働きが前提とされた上で認められたものであり、

（ウ）領主としてやっていく上で十分な広さの所領であり、

（エ）その所有者は「野人」であり、「君子」とは区別される存在であり、

（オ）同じ広さの百畝郷田を領有する対等な傍輩がいた、

という存在であったことが示唆される。「雨我公田、遂及我私」を考えても、百畝郷田の所有者は、公に尽くす存在である。「詩軸」の「百畝郷田」は、それを継承した岩付左衛門丞顕泰が、まさに主君に奉公することで所領が安堵される一地域領主であり、多くの傍輩のいるワン・オブ・ゼムに過ぎなかったことを示す役割を果たしているのではないだろうか。

六郎右衛門尉時代の太田氏の立場

ここで読者には、筆者による岩付左衛門丞顕泰＝太田六郎右衛門尉の人物比定論を思い出していただきたい。

主人・扇谷上杉氏が戦国大名化（権力の一元化と領域支配の一円化）を進める中で、主人の代理人であり重臣達の筆頭である「家宰」の地位を失い、地域領主（国衆）として生きる道を模索したのが、道灌以後の太田氏である。。そして、筆者はその最初期の惣領が「六郎右衛門尉」であり、この人物が岩付地域を組み込んだ形での地域支配確立のために、自身が岩付築城者の子であることを訴求する「詩軸」を作成したと想定した。

このとき太田氏は、

・権力を一元化した主君・扇谷上杉氏に服従する代わりに、特定地域での所領領有を認めてもらう存在であり、

・その所領の広さに満足し、

・他の扇谷上杉氏被官等が、ほぼ対等な傍輩として併存する、

という存在として規定されることになる。

この太田氏像は、〝公田で働き、その代わり他の七家族と同様に「百畝郷田」の所有を正当な権利として認められる一家族〟というメタファーに符合する。太田一族は依然として扇谷上杉氏被官の中では最大級の勢力であったかもしれないが、志向性としてはもはや〝道灌時代のような主君の代理人として主君と対等な権力者として領国全体を掌握する存在〟を目指さない。「百畝郷田」は、その方針を宣言するための、象徴的なキーワードとしてここに登場していると考えられるのだ。

井田法の説明の最後に登場する「所以別野人也」（君子と野人の尊卑上下を区別するためである）も、こうした理解と整合的である。「百畝郷田」を与えられた者は「野人」（百姓）であり、君子ではない。岩付衛門丞顕泰＝太田六郎右衛門尉は、主君に対して自身が「野人」であると謙遜するためにも、「百畝郷田」の継承者として自身を登場させた、との解釈が可能である。

51　『石川忠総留書』（埼資⑧四九七・北区②一四二）の大永四年（一五二四）条には太田六郎右衛門尉の後継者と目される「太田備中入道永厳」が主君・扇谷上杉朝興の「代官」を務めたとの記載がある。道灌・六郎右衛門尉以降の太田氏が依然として扇谷上杉被官の中でも重臣中の重臣であったことが窺われる。

六郎右衛門尉時代の扇谷上杉氏被官

当時の扇谷上杉氏の有力被官を挙げる。

- 上田氏：道灌死後に相模国に拠点を構える。黒田（二〇〇四）は道灌後の相模国守護代を務めたと推測。
- 大森氏：小田原周辺を統治、推定明応五年の山内上杉顕定書状（埼資⑥一四・岩史九四五・北区①二四九）に登場。
- 三浦氏：三浦半島を統治、推定明応五年の山内上杉顕定書状（前出）に登場。
- 難波田氏：松山周辺を統治。太田道真の死後は越生を支配した可能性が指摘されている（『越生の歴史1原始・古代・中世』四七一頁）。
- 三戸氏：世田谷周辺を統治。推定大永五年（一五二五）に越後長尾氏に越山を要請（埼資⑥一〇六・岩史七四五・北区①三〇六）。
- 石見守大石氏：葛西周辺を統治。推定大永五年の三戸氏書状（前出）に葛西城主として現れる。
- 曽我氏：曽我兵庫助が道灌を謀殺（太田資武状（岩太七七・北区②一二〇））。その後、兵庫助が後に江戸城代に、父豊後守が河越城代となる（北条記（北区②））。

注目されるのは、太田氏の権限や城、所領が、道灌の死後に他の扇谷上杉氏被官に与えられた可能性が高いことである。太田氏が掌握した相模国守護代の地位は上田氏に、越生の所領は難波田氏に、江戸城と周辺の所領は曽我氏に、それぞれ与えられたと見てよいであろう。太田氏がこれら傍輩とともに地域領主として扇谷上杉氏に仕えたならば、その姿は、他の七家族と共に公田で働く「百畝郷田」の農家のそれと似ることになる。

「詩軸」の「百畝郷田」の典拠を『孟子』「滕文公章句上」に見つけた筆者は、先行研究では示されなかった解釈に到達することができた。「百畝郷田」は、扇谷上杉氏に服従し、もはや主君に並ぼうとせず、地域領主として生きることを志向した当時の太田氏とのあり方に、実によく符合する。

しかし筆者は、後に「百畝郷田」という語が、もう一つ別の意味を乗せたものであることに気づくことになる。これは、本書の検討の最終段階で到達したものであるため、最終章で改めて紹介することにしたい。

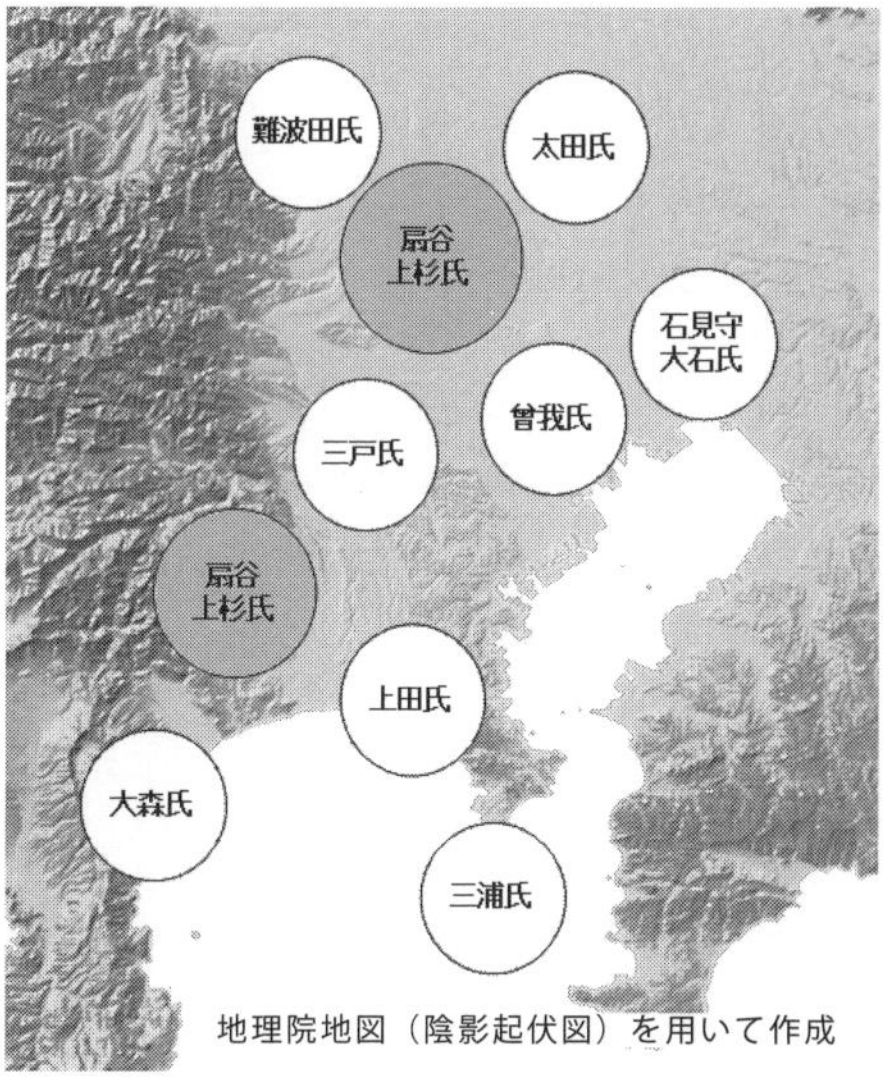

地理院地図（陰影起伏図）を用いて作成

図 25：六郎右衛門尉時代の扇谷上杉氏被官配

正等父子の事績は強引な修辞か

次に、「詩軸」に記載された事跡が抽象的であることから、正等父子が、鎌倉五山トップの玉隠にとって強引な修辞を尽くさなければ称揚できない存在であったと考えられる、とした青木氏の議論について検討したい。

青木（二〇一五）は、「正等・顕泰父子は中国古代の賢臣・傳説の再来と称揚されているが、自耕斎父子の治績として具体的に挙げられているのは、岩付城築城のみ」であり、「その岩付城築城についても、『南北衝を通ず。寔に国の喉襟なり。』との賛辞を記すが、抽象的な記述にとどまっている」と指摘した。そして「玉隠英璵にとって正等父子は、そうした強引ともいえる修辞の粋を尽くさねば、称揚できなかった」とした上で、「鎌倉五山のトップに位置する玉隠英璵の立場からは、正等父子はそのような存在であった」と結論づけた。

まず、実際の「詩軸」の記述を再確認したい。岩付築城者・正等の現役時代の活躍に関する記述は次の通りである：「武州崎西郡有村、曰岩付、又曰中扇、附者傅也、岩付左衛門丞顕泰公父故金吾、法諱正等、挟武略之名翼、有門闌之輝、築一城、通南北衝、寔国之喉襟也、白羽扇指揮三軍守其中、曰中扇亦宜也、」（武州崎西郡に村あり、岩付といひ、また中扇といふ。附は傅なり。岩付左衛門丞顕泰公の父故金吾、法諱正等、武略の名翼を挟み、門闌の輝あり。一城を築いて、南北衝を通ず。寔に国の喉襟なり。白羽扇三軍を指揮して、その中を守る。中扇といふもまた宜なるかな。）

以上、全七十五文字の記載は、確かに簡潔であり、抽象的と言える。しかし、記載が簡潔で抽象的であることは、正等父子が、誇るべき軍功を持たない小領主であったことの証左となるのだろうか。

玉隠の武将の事績記述は抽象的

筆者は、玉隠による他の武将の事績に関する記述を点検し、大きな実績を有する武将を称賛する時、玉隠がどの程度具体的な漢文記述を行うのかを確かめた。『玉隠和尚語録』や『文明明応関東禅林詩文抄録』において、玉隠や玉隠の後継者らが、軍功を含めて武家権力者を称賛した事例は少ない。筆者が見出したのは、以下の五例である。

・太田道灌に捧げられた「静勝軒銘詩並序」における漢詩（『梅花無尽蔵』、北区②一一一）

・扇谷上杉定正の三回忌の法語（『文明明応関東禅林詩文抄録』、北区②一二八）
・扇谷上杉持朝の三十三回忌の法語（『玉隠和尚語録』、信濃⑩八五、北区②一三一）
・里見義豊に捧げられた「高厳之号」（『玉隠和尚語録』）
・伊勢早雲（宗瑞）の葬儀での祭文（『玉隠和尚語録』、信濃⑩四五二）

太田道灌の事績

玉隠が「静勝軒銘詩並序」において道灌に捧げた漢詩は「霜鬢皈來東定州、指麾此百萬貔貅、幽軒不出知天下、江碧白鷗千戸侯」である。その内容は、〝白髪の道灌は、帰って来るや関東を平定した。勇猛な将卒を率い、江戸城を出ることなく天下の動向を知った。碧の隅田川や群れ飛ぶ白い鷗が見られる風景絶佳な地（江戸）の大領主である〟と訳されようか。

帰ってくるや関東を平定した（霜鬢皈來東定州）や江戸城を出ることなく天下の動向を知った（幽軒不出知天下）は、長尾景春の乱に際して、駿河への出陣から帰った道灌が、しばし江戸城で様子を窺い、その後蜂起した景春とその与党を次々破って乱を鎮圧したことを詩的に表現したものであろう。しかし、同乱における道灌の活躍を知る者にはそれを思い浮かさせる内容ではあるものの、そうでない者がこの漢詩から道灌の動きを再現することは不可能である。玉隠の漢詩は抽象度が高く、その記載から実際の事績を想起することはできない。

扇上杉定正の事績

扇谷上杉定正の事績はどうか。この人物は、太田道灌を謀殺し扇谷上杉氏滅亡の遠因をつくったとして後世の評価は低い。しかし、道灌の死後に始まった長享の乱（一四八七〜一五〇五）では、兵力に勝る山内上杉氏と「関東三戦」と呼ばれる三連戦（実蒔原の戦い、須賀谷原の戦い、高見原の戦い）を戦い抜き、戦局を有利に展開させた。実際には軍事の才に長けた人物であったとみてよいだろう。明応の再乱（一四九四）の際にも、伊豆の伊勢宗瑞と結んで山内上杉氏に攻勢を仕掛ける等、したたかな外交手腕を見せている。

玉隠による漢詩文には、扇谷上杉定正の活躍は〝具体的〟に描き出されているだろうか。扇谷上杉定正の三回忌の法語の記載を引用したい。

・「護国院殿大通大禅定門、有威不猛行道、有公光被之和、如春陽之麗、物征伐之刑、似秋霜之殺叢、当公侯仁治家護国」

・「平国難、則軍八州之間、霜戈接刃、星剣交光、張飛竜虎翼、長蛇偃月陳、五兵三等、甲士三千、左広右広、振矛於賁育勇争、鞭於祖生先強、敵雖塁固、於鉄壍潤於江向之、則万箭不労、没羽千鎌、不到摧鐔、数日之内敗績猶如時雨、得天之時、似残秋葉之飄零乎」

定正が敵を討伐する様は秋霜が叢を殺すがごとくとする「物征伐之刑、似秋霜之殺叢」や、定正が関東各地で戦ったことを称える「則軍八州之間、霜戈接刃、星剣交光」等の表現は、長享の乱初期の関東三戦や明応の再乱で定正の戦いぶりを踏まえての称揚と考えられる。しかし内容は抽象的であり、これらの記述から、定正の具体的な事績を推測することは不可能であろう。

扇谷上杉持朝の三十三回忌の法語の記載はどうか。

・「護国院殿大通亨公、兼文武胆、惜哉惜哉、星隕夜営、身歿粛霜之鴿原、功画甘露之麟閣、如大恵武庫云、急於剣刃上飜身、則死諸葛走生仲達」

ここにみえる「星隕夜営」や「身歿粛霜之鴿原」、「死諸葛走生仲達」との表現は、定正を三国志の名宰相・名軍師として名高い諸葛孔明に比したものであろう。明応の再乱の際、伊勢宗瑞とともに北進し山内上杉氏攻めを試みた定正は、その途上で荒川渡河中に頓死した。玉隠の詩文は、この死の無念を、魏に対する北伐の最中に落命した孔明の無念に重ねている。しかし、記載そのものは抽象的である。定正の事績を知る者はそれを思い起こすことになるかもしれないが、そうでない者には、孔明の故事を踏まえた修辞ということしか分からない。

里見義豊の事績

里見義豊に捧げられた「高厳之号」はどうか。

「房州賢使君源義豊公〃務之暇学孔孟之道傳孫呉之術政〃不倦或〇（貶か）諷詠倭歌之道集百家之書如鄰侯之架文武兼備實濁佳公子也」という記述は、里見義豊が、政務の合間に「孫呉之術」等を学んだことを称賛するのみであり、具体的な事績は何も語らない。

伊勢宗瑞の事績

伊勢宗瑞は、一代で伊豆国と相模国を経略した〝最初の戦国大名〟であり、その人生は多くの事績で彩られている。しかし、祭文に描かれた事績は、やはり抽象的である。

「須弥南畔、曰贍部洲、日本東裔、有豆相州、故賢太守、其人焉庚、天下英物、君子好逑、譜糸盛矣、業績箕裘、官爵至矣、名躍金鷗、徳超万古、勢被六幽、樽俎折衝、帷幄運籌、麾三軍則、飛竜武侯、齊万物則、化蝶荘周、外収汗馬、内牧心牛、出入相府、東山優游、參得祖意、南浦宗猷、奈二豎祟、況三彭仇、醫虽有驗、疾甚不瘳、嗚呼、天乎命乎、此翁下世、惟時秋、故郷還旆、夜壑移舟、洞天福地、華屋山丘、生元不生、其生若浮、死亦不死、若休、天山岳、伊水悠々、菊薬酔露、何不歸愁、萱草帶雨、何不忘憂、片雲易散、双涙如流、顧此末命、貽厥孫謀、諸郎玉立、跨竃撞樓、蘋藻之敬、可薦可羞、伊蒲之供、以献以酬、寓埜忱者、一炷午頭、歌以薤露、庶歆之不、伏惟尚享」

伊勢宗瑞に対しても諸葛孔明（武侯）に比した称揚（麾三軍則、飛竜武侯）がなされているのは興味深い。ただし、最上級の修辞を以て宗瑞が称賛されたことがわかるものの、この人物の具体的な働きは示されていない。「出入相府」については、宗瑞が従来言われていたような素浪人ではなく、幕府の[52]申次衆であったことの証左として解釈される程度であろう。

なお、早雲に対する祭文は、古くは玉隠によるものとされてきたが、今日では、芳林乾幢によるものと考えられている（『小田原市史 史料編原始古代中世Ⅰ』）。本書では、玉隠本人ではなく、その後継者らが武将の事績をどう記述したかを確かめるための事例として紹介した次第である。

このように、玉隠とその後継者らは、大きな実績を有する武将を称賛する際、中国の古典を引用した格調高い修辞を展開するものの、具体的な事績記述を行っていない。

---

52 小和田哲男（二〇一四）『〈北条五代と戦国時代〉真説 早雲の出自／評定衆と支城配置』（学研）

青木文彦氏は、自耕斎父子の岩付城築城に対する称揚が抽象的と述べるが、玉隠やその後継者も大権力者の事績を抽象的な修辞でしか称揚していない。事績称賛の抽象性は、自耕斎父子の功績が小さかったことの証左とはならないのだ。また、事績が岩付城築城のみであることも、次章で述べるように「詩軸」の主題が「岩付左衛門丞顕泰」による同城領有の正当性訴求であったならば、そこに焦点が当てられても不思議ではないであろう。

以上、青木（二〇一五）による正等＝在地に密着した小領主論について、その根拠である「百畝郷田」と、「詩軸」の事績記載の抽象性について検討し、それらが正等父子を小領主であるとする証拠とはならないことを論じた。「詩軸」には、正等父子を小領主であったことを決定づける記載は無い。先にも紹介した「而絵以求詩、有聴松住持龍華翁詩、懶庵亦其員而、詩序賛之」を併せて考えれば、むしろこの父子が並々ならぬ実力者であった可能性を考えるべきであろう。

(五)「自耕斎」は越生にあったか

以上で、正等（自耕斎）＝太田道真説に対する青木文彦氏からの否定論（否定論B‐①a・b・c・d）の全てについては、反論をなせたことになる。しかし、否定論に反論できたというだけでは、正等＝太田道真説の成立性は担保されない。それは、同説を前提として改めて「詩軸」を読み直すと、同説では説明が難しく、矛盾ではないかと指摘されかねない問題点が浮上するためである。ではその問題点とは何か。それは、正等（自耕斎）の隠居地の比定に関する矛盾である。自耕斎が太田道真であれば、その隠居の地は越生（埼玉県越生町）ということになる。道真の隠居の地が越生の龍穏寺であったことは、多くの資料から裏付けが取れる〝史実〟である。ところが、「詩軸」は、自耕斎が隠居後に岩付を出て越生に入ったことを記していない。それどころか「詩軸」は、自耕斎のことを「岩付自耕」とすら呼んでおり、この人物が岩付で隠居生活を送ったように記述している。自耕斎（正等）の隠居地が岩付であったなら、この人物は越生で隠居した太田道真ではあり得ないことになる。以下、この点についての筆者の考察を披露したい。

「東郊」は岩付か、越生か

「詩軸」は、自耕斎から顕泰への家督継承の記述（一家機軸、百畝郷田、付之於苗裔顕泰也）の後、その隠居生活を「自得逍遙、東郊有作、不過設供帳、以為国林游禾之挙、朝耕暮耕、早稲晩稲…」と描き出していく。ここにおいて自耕斎が「逍遥」した「東郊」（〝東の郊外〟もしくは〝春の野〟の意味）が、どこであるかは明記されていない。

しかし、自耕斎が岩付城を築城した城主であったことを踏まえれば、移動の記述がない以上、隠居の地も岩付地域であったと考えるのが自然であろう。ところが、自耕斎（正等）＝太田道真を是とすれば、自耕斎が逍遥した「東郊」は、岩付でなく越生でなければならない。果たして、そのような解釈は可能だろうか。

実は、「詩軸」には、自耕斎（正等）の隠居地が、岩付ではなかったことを示唆する記述があるのだ。それは、自耕斎が五山僧らに絵を示して詩を求めた逸話の後に続く、古代殷王朝の名宰相「傅説」の逸話である：「岩付自耕、考絵事、則高宗夢得傅説、物色以求于天下、説築傅岩之野惟肖、用為相云、若済巨川、用汝作舟楫、若歳大旱、用汝作霖雨、父子豈不傅岩賢佐之再世乎」。第二章（三）で示した通り、この段では、殷の高宗が夢で傅説を見て天下にこの人物を探し求めたところ、傅説が傅岩の野で土木工事をしていたところを見出したとの逸話を紹介し、自耕斎父子と似ているとの指摘が行われている。

契機としての「考絵事」

筆者が着目したのは、「岩付自耕、考絵事、則高宗…」の部分である。自耕斎・顕泰父子が名宰相「傅説」に比されて称揚される記述展開の契機となっているのは、「岩付自耕」が、絵の事を考えた（考絵事）ことであった。この絵は、自耕斎が五山僧らに提示して求詩した際の絵と考えてよいであろう。また、冒頭で名を明かされる前の自耕斎が自身の左右に置いていた「耕田之絵」も、この「考絵事」の「絵」であったと考えられる。

筆者が疑問に思うのは、なぜ「耕田之絵」が、「傅説」と正等・顕泰の類似性を想起させる契機となったのか、という点である。もちろん「詩軸」はその理由を書いている。「説築傅岩之野惟肖」である。「説築傅岩之野」は、傅説が、傅岩の野で土木工事の指揮を取っていたことを意味し、「惟肖」は似ていることを示す。小宮（二〇一二）が指摘した通り、「傅岩」は、「岩付」の附（付）を傅に置き変えて（附者傅也）形成される「岩傅」と通じる。すなわち、岩付（岩傅）で築城をした正等と、傅岩の野で土木工事を指揮した傅説に似ていることが、ここでは指摘されているのである。「考絵事」が、傅岩の野と岩付（岩傅）の類似性を想起させたことからは、絵に描かれた風景が岩付の田畑を描いたものだったとの解釈が浮上することになる。

自耕斎の隠居の地は岩付ではない

ここで不思議なことに気づく。自耕斎の隠居の地が岩付だったならば、岩付の風景は、この人物の眼前に広がっていたことになる。何も絵のことを考えなくても、眼前の岩付の風景が古代中国の傅岩之野を想起させてもおかしくないのだ。それに関わらず、傅岩の野を自耕斎に想起させる契機が〝絵〟であったことは、何を示唆するか。それは、「自耕斎が隠居生活を送った地が岩付ではなかった」という可能性である。そもそも、隠居の地が岩付であれば、わざわざ眼前に広がる岩付の田畑の光景を絵にして飾る必要はない。自耕斎がわざわざ絵を書かせて書斎に飾ったのは、書斎が岩付でない場所にあり、自耕斎が絵を見て岩付を思い出そうとしたためと考えるべきではないか。

このような玉隠の作為を想定することは、考え過ぎの誹りを受けるかもしれない。しかし筆者は、「考絵事」に玉隠が作為を仕込んだ可能性は高いと考える。なぜなら、この「絵」は、(ア)「詩軸」の冒頭で象徴的に登場し、(イ)中国・宋の真宗も似た絵を書かせたとの逸話を介して存在が強調され、(ウ)自耕斎がわざわざ書斎に飾ったことが記され、(エ)しかも、五山僧にその絵を題材とした詩を書かせたとの逸話まで書かれる、という形で、たびたび「詩軸」に登場する〝重要アイテム〟だからである。「詩軸」において「絵」を頻繁に登場させた玉隠は、その重要性を理解し強調している。ならば、自耕斎が岩付の風景を思い出す契機が「考絵事」であったとする記載は意図的なものと考えるべきである。

岩付のごとく描かれた越生

自耕斎が岩付で隠居生活を送ったように記述を進めつつ、実はそうではなかったことを示唆する。もし「詩軸」がそのような仕掛けをしたのであれば、その理由は何か。正等＝太田道真説の立場に立てば、説明は容易である。

本書の想定では、「詩軸」は、太田道真を、よく知られた「自得軒道真」ではなく、敢えて知る人の少ない「自耕斎正等」として登場させた可能性がある。「自得軒道真」は、越生や河越で主君に比肩する権力者として振舞った人物である。あえてこの名を高らかに「詩軸」に登場させれば、家宰の力を削ぎ権力の一元化を図っていた主君・扇谷上杉氏を刺激する可能性があり、危険である。その上、「自得軒道真」[53]には、岩付のイメージがない。岩付城領有の正当化のために「詩軸」を書かせた顕泰＝太田六郎右衛門尉にとって、必要なのは岩付築城者としての太田道真であり、加えて主君を刺激しないことが必要である。こうした事情が、顕泰をして祖父の名として「自耕斎正等」という知名度の低い斎号と法名を選ばせたのではないか。そして正等＝太田道真が岩付と縁の深い人物であったことを印象付けるためにも、越生のイメージを「詩軸」から排除したのではないだろうか。

しかし、嘘は書けない。また、正等が太田道真であることを読み手に伝えなければならない。そこで顕泰は、読む人には分かるように、正等の隠居地が岩付でなかったと分かる仕掛けを玉隠に仕込ませた。傅岩之野、すなわち岩付の風景を思い浮かべるには、絵の事を考えるという契機を必要としたことを織り込むことで、正等の隠居地が岩付ではないことを仄めかしたのだ。

では、書斎である「自耕斎」はどこにあったか。筆者の想像を述べさせてもらえば、それは、越生

53 文明元年の河越千句や、文明十八年の万里集九が参加し「稀郭公」を詠った歌会を想起されたい。

に建てられた太田道真の隠居後の屋敷「自得軒」の一室だったのではないか。「詩軸」において自耕は仏道修行の比喩であり（第二章（三））、曹洞宗において自得は悟りを得ることである。悟りを得るため家「自得軒」に修行のための書斎「自耕斎」があった。なかなか面白い想定ではないだろうか。

（六）正等＝太田道真の更なる示唆

本章の最後に、第一章で紹介した先行研究の検討以外にも、正等＝太田道真説の支持材料が、「詩軸」文中に見出せることを示していきたい。

「守其中、曰中扇亦宜也」の意味

まず紹介したいのは、筆者が所属する中世太田領研究会の原口和子氏の議論である。原口氏の議論は、インターネット上で発信されているものの、書籍・論文の形ではまだまとめられていない。本書は、原口氏のご承諾を得て、氏の検討成果をご紹介させていただく。

原口氏が着目したのは、正等の事績記載の中の「白羽扇指揮三軍守其中、曰中扇亦宜也」（白羽扇三軍を指揮して、その中を守る。中扇といふもまた宜なるかな）という一文である。この記載は、正等による「白羽扇指揮三軍守其中」という活躍が、「中扇」の由来となったことを記している。この「中扇」とは何か。それは、「詩軸」における正等の事績記載の冒頭部「武州崎西郡有村、曰岩付、又曰中扇」（武州崎西郡に村あり、岩付といひ、また中扇といふ）に示されるように、岩付の別称である。

「岩付左衛門丞顕泰」が作成させた「詩軸」において、「岩付」は極めて重要な地名である。その別称が「中扇」であり、由来が正等の事績であるならば、「白羽扇指揮三軍守其中」には、岩付が中扇とも呼称されたことを説明できる何かがあるのではないか。これが、原口氏の検討の起点である。

「守其中」のみ典拠が無い

「白羽扇指揮三軍守其中」の出所は、東晋の裴啓が著した『裴子語林』の以下の一節「諸葛武侯与司馬宣王在渭濱、將戰、宣王戎服莅事、使人視武侯、素輿、葛巾、持白羽扇、指麾三軍、皆隨其進止。宣王聞而歎曰、可謂名士」と考えられる。文中の「諸葛武侯」は、言わずと知れた『三国志』の蜀の名宰相諸葛亮、字孔明であり、「司馬宣王」はそのライバルであった魏の司馬懿、字は仲達を指す。輿・葛巾・白羽扇などの諸葛亮のトレードマークは、実は正史『三国志』には記載がなく、この裴啓の記載によって確立されたものだとされている。「持白羽扇、指麾三軍」との記載は、「白羽扇指揮三軍」とよく似ており、玉隠が『裴子語林』を典拠にこの一節を書いたことが明らかであろう。

しかし、『裴子語林』には「白羽扇指揮三軍」に当たる記載（持白羽扇、指麾三軍）はあるものの、「守其中」にあたる記載が見当たらない。原口氏は、典拠たる『裴子語林』には見られない「守其中」がわざわざ「詩軸」に追記されたことは、すなわち「守其中」が、正等その人の事跡に由来する可能性が高いと論じたのである。

「守其中」は何を意味するか

では、「白羽扇指揮三軍守其中」は、正等のどのような事績を表現したものなのか。

原口氏は、在野の研究者・藤井進一氏[54]がインターネット百科事典「Wikipedia」の「岩槻城」のノー

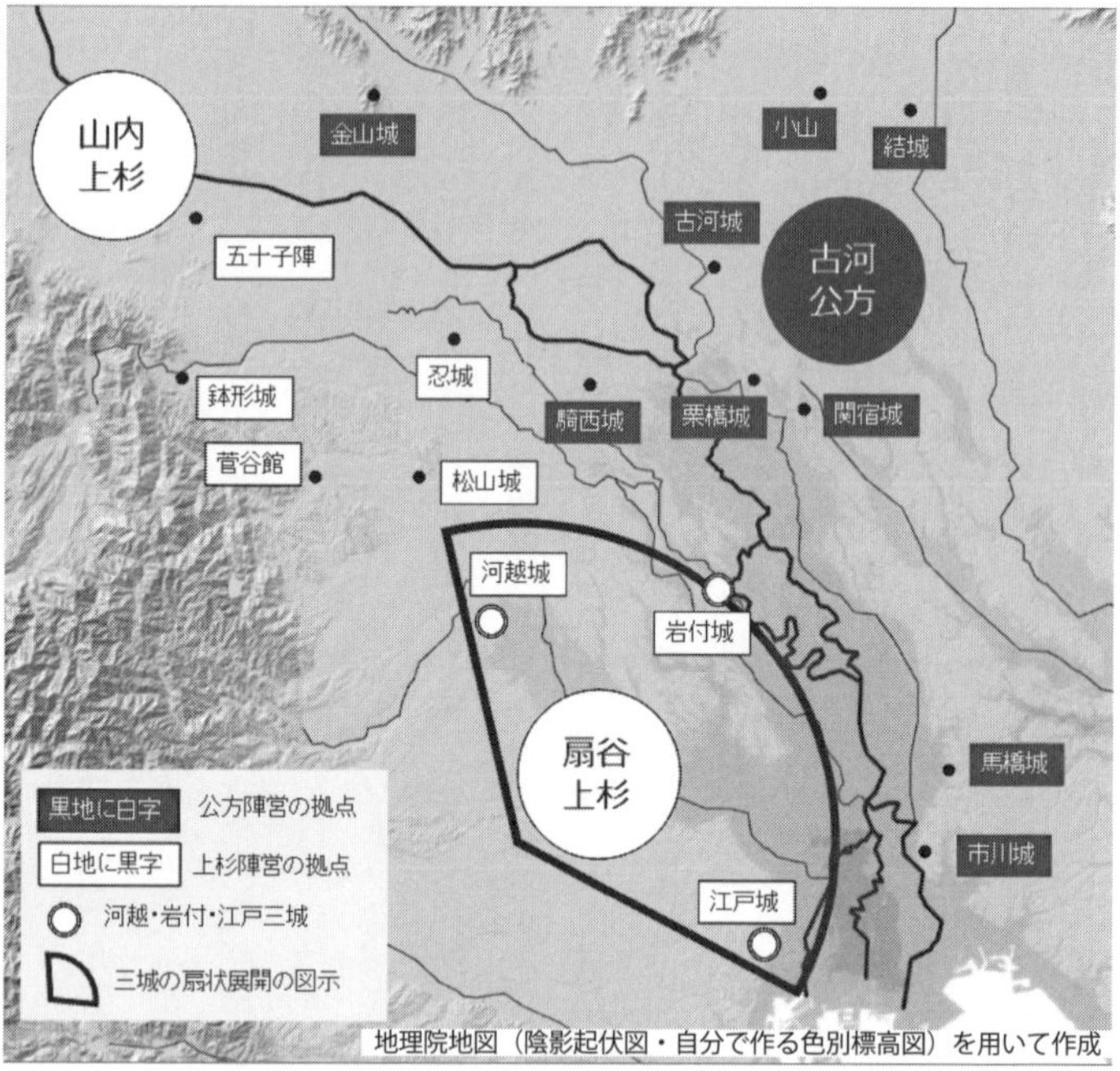

地理院地図（陰影起伏図・自分で作る色別標高図）を用いて作成

図26：「白羽扇指揮三軍守其中、曰中扇亦宜也」と『鎌倉大草紙』の対応

トに記された見解を踏まえ、さらに自身の検討を加えて、

（ア）「白羽扇指揮三軍」は、正等の陣営が、主力の軍勢を三手に分けて配置していた状況を指し、

（イ）「守其中」は、その三手に分けて配置された軍勢のうち、正等が中央の軍勢を指揮したことを指し、

（ウ）「曰中扇亦宜也」は、三手が〝扇状〟に配置され、中央の岩付勢が〝扇の中央〟という意味で「中扇」と呼ばれた、

との解釈を示した。

54 藤井進一氏のノートは以下の二文：「『武州崎西郡有村』からの後は、扇谷上杉氏方の築城した城の江戸城が前（逆かもしれませんが）、河越城が後で、岩付城が中で、岩付（岩槻）城を『中扇』と表現したのかもしれません」・「書き漏れの追加です。『扇』は『扇谷上杉』を指すと考えます」。いずれも二〇一五年三月に記されたもの。

この解釈は、『鎌倉大草紙』における河越・岩付・江戸の三城築城記述と符合する。(ア)は、扇谷上杉氏が、主力部隊を当主・家宰・家宰の嫡男が率いる三手に分け、河越城・岩付城・江戸城の三城に配置した状況を表現したものであり、(イ)は、三城の中央に位置する岩付城を太田道真が築城し守ったことの記述であり、(ウ)は、扇状に配置された河越・岩付・江戸の三城（三地域）の中で、中央に位置した岩付城（岩付地域）が、〝扇の中央〟という意味で「中扇」と呼ばれたことを意味する、との対応関係が成立するためである。

原口氏の議論は、仮説ではあるものの、一定の説得力が伴う。このような解釈ができること自体を、正等＝太田道真説を支持する新たな材料と位置付けられることが可能であろう。

「通南北衝、寔国之喉襟也」の解釈

原口氏の解釈に影響を受け、筆者も、太田氏築城説でこそ合理的に説明できる表現を「詩軸」に見出すことになった。

その一つが、青木文彦氏が「抽象的」と評した「通南北衝、寔国之喉襟也」である。「通南北衝」は、岩付城が南北の要所（衝）の通交を実現したことを示し、「寔国之喉襟也」は、岩付城が「通南北衝」の功によって、国にとっての重要拠点（喉襟）と言える存在であったことを示す。

では、岩付城の存在によって通交が保たれる南北の要所はあるだろうか。筆者は、それを河越城と江戸城だと考える。両城が、享徳の乱・長享の乱を通じて扇谷上杉氏陣営の中枢を担う拠点となったことは改めて言うまでもない。岩付城は、この二城が乗る武蔵野台地ではなく、その東に展開された大宮台地の一角に築かれた城であった。扇谷上杉氏と古河公方が抗争する状況下では、（ア）扇谷上杉氏領国の中で、最も古河公方領国側に突き出た位置にある岩付城が大宮台地・荒川で古河公方勢の侵攻を食い止め、（イ）それによって入間川以西の武蔵野台地に展開された扇谷上杉氏の南北の重要拠点＝河越城と江戸城の通交を保った、との想定が可能となる。ここにおいても、「詩軸」との記述は、『鎌倉大草紙』のそれと整合的に理解することができるのである。

「有門闌之輝」の解釈

「白羽扇…」の直前に登場する「有門闌之輝」（門闌の輝あり）も、正等＝太田道真による岩付築城仮説と整合的である。「闌」は〝盛りの時〟を指す。すなわち、正等が岩付城を築城した時が、正等・顕泰の一門にとって〝盛りの時〟であったことを意味する。子の顕泰の時代には、父・正等の時代ほどの繁栄は失われていたことも窺われる。

太田氏は、享徳の乱を通じて絶大な権勢を得た一族である。同乱当初は、扇谷上杉氏の家宰に過ぎなかった同氏が、乱の中盤には他国から相模国・武蔵国南部の国主同然に見なされたことからも、それは明らかであろう。同乱の最初に行われたと『鎌倉大草紙』[55]が記す太田道真の岩付築城が事実であったならば、まさにそれは太田氏最盛期の始まりを告げる出来事と位置付けることができる。そして、その後の道灌謀殺によって権勢を失い、筆者が顕泰に比定する太田六郎右衛門尉の時代には、その繁栄は失われつつあった。こうした太田氏の盛衰は、「詩軸」が正等の活躍の時に記したる

55 荒木田氏経解写（埼資⑤六〇五）に「太田備中入道」と「左衛門大夫」が「国事御成敗」を行う立場にあるとする記載がある。

「有門闌之輝」との表現と符合的と言えるであろう。

自耕斎は龍の人

「詩軸」が最後の最後に描き出した自耕斎の人物像にも、興味深い要素がちりばめられている。「四方雲従、躬耕隴畝臥龍、亦外物、非自耕底田、廬傍若有龍蟠之逸士、為予指迷」という最後に一文では、俄かに〝龍〟のイメージが頻出する。

・「雲従」は定型句「雲従龍、風従虎」を想起させる。しかも、龍と虎が対となる定型句において、虎の要素（風）は排除され、龍の要素（雲）だけの表現に変えられている。

・「躬耕隴畝臥龍」には直接的に「臥龍」が登場する。「亦外物」は、自耕斎が臥龍（諸葛亮）とは異なる意味での〝龍〟であったことを示唆する。

・「龍蟠之逸士」は、定型句「龍蟠鳳逸士」を踏まえた表現である。しかも、龍と鳳凰が対となる定型句において、鳳凰の要素が排除され、龍の要素だけの表現に変えられている。

以上より、玉隠が序文の最後において、遂に人物像が定まった自耕斎を〝龍〟のイメージで装飾していることは明らかである。自耕斎の人物像をようやく素直に描き出す最終段落で、玉隠が龍のイメージを俄かに多数登場させたのは、龍のイメージが、読み手にとって自耕斎を想起されるものだったことを示唆する。

では、曹洞宗の月江正文の弟子で、〝龍〟のイメージのあった人物とは誰か。筆者が思い浮かべるのは太田道真である。道真は、月江正文の弟子・泰叟妙康のもとめに応じて越生の「龍」ヶ谷に「龍」穏寺を再建し、自らそこで隠居生活を送ったと伝わる人物。まさに〝龍〟のイメージに満ち

図27　龍穏寺山門

た人物ではないか。

本節で紹介した「詩軸」記載と正等＝太田道真説の符合に関する指摘が、この人物比定を実証する証拠となるものではないことは、言うまでもない。しかし、前提とした仮定と整合的な解釈を多く見出せることは、仮定が真であることの確からしさを高める。間接的な支持材料と位置付けることはできるであろう。正等＝太田道真説は、「詩軸」の中に、少なくない間接的な支持材料を見出せる仮説なのである。

正等＝太田道真説は成立する

以上より、正等＝太田道真説は矛盾を生じず、「詩軸」に記載された正等の事績や人物像を整合的に説明することができ、また法名や先途（最後の官職）の問題等から両者を別人とする指摘にも、十分な反論を示すことができた。正等＝太田道真説は、今日なお成立する。

「太田氏築城説は、『詩軸』に現れる岩付城築城者『正等』にあたる人物を提示できない」とする議論（否定論B）には、反論がなせたと言ってよいであろう。

第五章　「岩付左衛門丞顕泰」は太田氏か

本章では、「C：『詩軸』の依頼者『岩付左衛門丞顕泰』にあたる太田氏を見出せないとする議論」に反論すべく、太田氏築城説にとって最大の課題である「岩付左衛門丞顕泰」の人物比定の検討に入りたい。本書が岩付左衛門丞顕泰を太田六郎右衛門尉説に比定することは既に前章にて紹介した。本章では、岩付左衛門丞顕泰＝太田六郎右衛門尉が、その想定により矛盾の生じない仮説であることを示していく。

では、岩付左衛門丞顕泰＝太田六郎右衛門尉が成立するには、どのような条件が満たされなければならないか。筆者は、以下の6条件を満たすことが必要条件だと考える：

①太田六郎右衛門尉は、『詩軸』が書かれた時代に存命であり、
②「詩軸」の記載の通り、「岩付」を名字のごとく掲げたとの想定が許され、
③「詩軸」の記載の通り、官途名「左衛門丞」を名乗ったとの想定が許され、
④「詩軸」の記載の通り、「顕泰」を名乗ったとの想定が許され、
⑤「詩軸」の記載の通り、正等（道真と仮定する）と父子関係にあったと考えることができ、
⑥明応六年時点において岩付城主であり、玉隠に「詩軸」の発注ができる状況にあったと想定できること。

これらは太田六郎右衛門尉が岩付左衛門丞顕泰であるための必要条件に過ぎず、十分条件ではない。しかし、特に条件⑤・⑥については、〝対立候補〟である成田氏や渋江氏では満たせない可能性が高いことが、本書の検討によって明らかとなる。その意味では、太田六郎右衛門尉＝岩付左衛門丞顕泰説は、十分条件の充足に近い形でその成立性が論じられると筆者は考える。

（一）「詩軸」作成時に存命か

太田六郎右衛門尉が登場する前出の山内上杉顕定書状（埼資⑥一四・岩史九四五・北区①二四九）は、年次未詳ながら、山内上杉氏方の「長尾右衛門尉」が、扇谷上杉氏被官が籠城する相模国西郡の「要

害」を攻める状況が記されていることから、明応五年（一四九六）のものと推計されている。
また『年代記配合抄』において、太田六郎右衛門尉は、
・文明十八年（一四八六）条の道灌謀殺に続く「太田六郎右衛門立遺跡」（太田六郎右衛門が立ち（道灌の）遺跡を継いだ）との記載で登場し、
・永正二年（一五〇五）条の「於武中野陣ニ太田六郎右衛門被誅」（中野の陣において太田六郎右衛門は誅殺された）との記載で退場する。

以上より、この人物が「詩軸」が書かれた明応六年（一四九七）時点に存命であったことはほぼ確実と言えるであろう。

（二）名字のごとく「岩付」を掲げるか

次に、太田六郎右衛門尉が、「岩付」「左衛門丞」「顕泰」を名乗ったことを想定できるかを、順次検討していく。

最初に取り上げるのが「岩付」である。太田という名字を持った太田六郎右衛門尉が、地名である「岩付」を名字のように掲げた可能性が想定されるか。実はこの問いは、太田氏築城説のみならず、成田氏や渋江氏築城説に対しても投げ掛けられるものである。岩付城築城者の候補とされる成田・渋江・太田の三氏いずれについても、地名「岩付」は真の名字ではない。三氏のいずれが「岩付左衛門丞顕泰」であったとしても、〝地名「岩付」を名字のごとく冠して登場し真の名字を伏せた不思議〟は共通である。この不思議への解は、「詩軸」が作成された明応六年（一四九七）の政

治情勢下における岩付地域の重要性にあると筆者は考える。

明応五年・六年の情勢

第三章（四）で紹介した通り、この時期、正確には明応五年から同六年にかけての時期、扇谷上杉氏は存亡の危機に直面していた。明応五年（一四九六）七月には、山内上杉氏方「長尾右衛門尉」が、扇谷上杉氏の本国である相模国西郡を攻め、更に同国中郡にも侵攻する。明応五年もしくは翌同六年の夏ごろには、古河公方が三千騎を率いて、扇谷上杉氏当主の居城となっていた河越城を攻撃し、数か月に渡って包囲した。山内上杉氏と古河公方は、扇谷上杉氏領国の南北の要所に攻勢を掛けたのである。

古河公方の河越城攻めと岩付城

岩付城にとってより重要であったのは、地理的に近い河越城に対する古河公方の遠征であったと考える。

『松陰私語』は、この遠征の顛末を次のように語る。「其後武州上戸張陣、剰公方御動座之事被申請、既御進発、供奉御勢、簗田・一色・佐々木・梶原・野田・印東、佐野・佐貫・桐生・小俣都合三千余騎、武州上戸張陣、雖数月、御動座之為一廉戦功無其験、無其曲与、内々上意之砌、公方様少有御不例之御心地、佐野・桐生之面々頻被申上、寒中与申、永々御張陣、御無養生先以御帰座、御養生之上重而御進発可ト有之、色々被申上、依之古河へ御帰座」。

『松陰私語』の記述によれば、古河公方の河越城攻めは、（ア）配下の被官らを総動員する大掛かりなものであったにも関わらず、（イ）数か月にわたって河越城を包囲した甲斐なく、戦功は得られず、（ウ）遂に公方自身が体調を崩してしまい、（エ）配下の進言を聞き入れ帰座した、という結末に終わったことになる。

散々な結果に終わった古河公方の河越城攻めであったが、注目されるのは、この時の岩付城の位置である。岩付城は、古河公方の本隊が、古河城から河越城に向かう途中で、あるいは河越城から古河城に戻る途中で、これを横から攻撃できる位置に立つ城である。そこで何らかの役割を果たした可能性を想定することは許されよう。

岩付左衛門丞顕泰が果たした役割

仮に「岩付左衛門丞顕泰」が、古河公方方の成田氏（黒田氏説）、あるいは山内上杉氏方の渋江氏（青木氏説）であったなら、岩付城主としての成田氏あるいは渋江氏は、古河公方の河越遠征の往復行軍を側面から守ったことになる。もしかすると、退却する公方勢に追い打ちをかけようとする扇谷上杉氏勢を、岩付城で迎撃し、公方らの退却を助けたかもしれない。岩付城主だからこそ果たせた軍功があれば、岩付城主の成田氏あるいは渋江氏が、それを誇りとして「岩付」を自身の名字のごとく掲げて漢詩文に登場してもおかしくはない。

では、「岩付左衛門丞顕泰」を扇谷上杉氏方の太田六郎右衛門尉と想定する本書は、どう考えるか。本書は、太田六郎右衛門尉が、公方勢の退却を追撃し岩付城を公方方から奪還し、再びこの城を扇谷上杉氏領国の東端を守る要害としたといった働きを想定したい。この時、太田六郎右衛門尉がその功を誇りとして「岩付」を自身の名字のごとく漢詩文で掲げさせたと考えることができるであろう。ここで、〝太田六郎右衛門尉が岩付城を公方方より奪還した〟とするのは、先に紹介した推定明応三年の足利政氏書状において、岩付勢力が古河公方の味方と認識されるためである。岩付城主が、明応三年と同六年の時点で異なるとの想定は、後者の城主を扇谷上杉氏方の太田氏とするため、すなわち岩付左衛門丞顕泰を太田六郎右衛門尉に比定するために導入されたものである。しかし、明応六年前後の情勢を検討していくと、この想定自体に蓋然性があることが示されることになる。岩付城主が同年においては扇谷上杉氏方でなければ「詩軸」の発注はできなかった、という議論が浮上するためである。これについては、条件⑥に関する検討にて詳述したい。

太田六郎右衛門尉による岩付城奪還仮説

明応五年(一四九六)あるいは同六年(一四九七)に、扇谷上杉氏方が岩付城を奪還したことを直接的に記す史料は存在しない。しかし筆者は、明応六年に書かれた「詩軸」の存在が、この奪還劇の存在を示唆すると考える。

「岩付左衛門丞顕泰」が自身の功績でなく、岩付築城者である父「正等」を称えて、自身がその後継者であることを「詩軸」で訴えたのは何故か。それはこの人物が、岩付城領有の正統性を訴えねばならない立場にあったためであろう。岩付城を他者から奪い取った人物だったからこそ、「この城はもともと私の父が築いたものであり、私は父からその領有権を受け継いだ正統な岩付城主なのだ」というアピールが必要だったのではないか。こうした想定を置くとき、ここにおいて、この人物が、自身と「岩付」との関わりを強調するためにも、あたかも名字であるかのように、地名「岩付」を己に関して「詩軸」に登場したことも頷けることになる。

真の名字を隠した理由

太田氏築城説は、「詩軸」において真の名字が伏せられたことも説明できる。

「岩付左衛門丞顕泰」が太田六郎右衛門尉であった場合、「詩軸」発注に際して注意せねばならないことがあった。それは、太田氏当主が、鎌倉五山に漢詩を求める行為は、かつての太田道灌のそれを想起させ、主君の勘気をこうむる可能性がある、という点である。

複数の五山僧に自身を称える漢詩を作らせ、長大な序文を添えさせた「寄題江戸城静勝軒詩序」・「静勝軒銘詩並序」等の作品は、主君扇谷上杉氏を凌いだ道灌の権勢の象徴であった。道灌の、主君を主君とも思わぬ不遜な姿勢は両作品に現れている。

例えば「寄題江戸城静勝軒詩序」の冒頭では、「武州江戸城者、太田左金吾道灌源公所肇築也、自関以東、与公差肩者鮮矣、固一世之雄也」（武州の江戸城は、太田左金吾道灌源公がはじめて築いたものである。関東において、公に比肩する者は少ない。まさに一代の英雄である）と述べられている。道灌には、主人として扇谷上杉氏当主がおり、その上位権力者として関東管領・山内上杉氏当主があり、更に当時は敵であったもののそれらの上位者として古河公方が存在した。そうした当時の関東の権力構造下において、道灌は、五山僧らに自身を「関東において比肩する者の少ない一代の英雄」と称えさせたのだ。

また、「静勝軒銘詩並序」には、「矧関以東之八州、大半属指呼矣」（いわんや関の以東の八州、大半指呼に属するをや）との記載も登場する。当時の道灌は、長尾景春の乱を鎮圧し、古河公方と幕府＝上杉陣営の和約も成立させ、絶頂期にあったものの、関八州の多くは、依然上位権力者である古河公方や山内上杉氏・扇谷上杉氏の支配下にあった。それにも関わらず、道灌は「大半は自身の指呼に属する」と書かせたのである。

五山文学に書かれた道灌の自負自尊は強烈である。この自負とそれを可能にした権勢が、主人である扇谷上杉氏を警戒させ、文明十八年（一四八六）の謀殺事件に至る原因の一つとなったことは間違いない。

その道灌が誅殺され、次の太田氏当主として扇谷上杉氏に仕えたのが太田六郎右衛門尉である。この人物は、主君にかつての道灌の不遜を思い出させたくなかったはずである。「太田」が登場し、五山僧によって称えられる漢詩文は、道灌のそれを容易に想起させる。「太田」という真の名字を完全に伏せ、地名「岩付」を名字のごとく掲げることは、もはや太田氏が道灌時代のような主人と比肩する存在ではないことを示す手段として採用されたのであろう。

岩付は前線基地

筆者は、岩付という地域も、太田六郎右衛門尉が、主人の勘気を被らないために一役買ったと考える。岩付が扇谷上杉氏方の城であったならば、それは領国東端を守る前線基地であったことになる。荒川（元荒川）と大宮台地を古河公方勢から守る位置にあった岩付城は、武蔵野台地の上で領国の中枢として機能した河越・江戸の二城とは異なる存在であった（図18）。この「岩付」を名字のごとく冠することは、太田氏がもはや主君と肩を並べるような振る舞いを為した道灌時代とは異なり、国境を守る〝防人〟として主人に仕える覚悟を示すことになったのではないだろうか。

自得軒道真ではなく自耕斎正等である訳

第四章でもふれたが、岩付築城者と本書が想定する太田道真が、「詩軸」において、世間でよく知られた「自得軒道真」ではなく、知る者の少ない「自耕斎正等」として登場することは、こうした議論を踏まえれば納得しやすい。

「自得軒道真」の名は、「自得軒」が存在した越生という土地と密接不可分である。岩付の地で主君のいわば〝防人〟となろうと宣言した顕泰の父が、岩付築城者でありつつ、越生で隠居生活を送った人物であるのは都合が悪い。扇谷上杉氏領国の東端で築城し、西端の越生で隠居したとなれば、その人物は主君が領国全体を掌握し支配したことが浮かび上がる。加えて、「道真」は河越城で行われた「河越千句」の主催者の名でもある。道灌のように主君に排されることのなかった道真であるが、河越城で主君を差し置き城主のごとく振る舞って千句の宴を催したことがあった（当時の扇谷上杉氏当主は、まだ十代の政真であった）。扇谷上杉氏に太田氏のかつての不遜と権勢を思い起こさせることは避けねばならない。そのため、六郎右衛門尉は、道真は、世間に広く知られた「自得軒道真」の名ではなく、一部にしか知られていなかった「自耕斎正等」の名で、「詩軸」に登場させたのではないだろうか。

謎かけと幻惑の詩文との符合

先に筆者は、「詩軸」は謎かけと幻惑の詩文であると指摘した。自耕斎（正等）の正体がなかなか明かされず、読者はミスリードされ続ける。そして最後まで進んでも真の名字が記されないこの漢詩文は、奇怪であるとすら述べた。しかし、このように、岩付左衛門丞顕泰を太田六郎右衛門尉に比定する場合、真の名字「太田」を伏せて地名「岩付」を名字のごとく掲げたことが、むしろ当時のこの人物の置かれた状況と整合するものとして説明されることになる。扇谷上杉氏の勘気を恐れた太田六郎右衛門尉は、「太田」の名字を掲げることは叶わず、また「自得軒道真」の名で岩付築城者を称揚することも避けるべきであった。だが、読み手である太田一族にはそれが〝太田道真〟であると伝わらねばならない。それゆえ玉隠は、自耕斎（正等）の正体を読み手に推測させるスタイルで「詩軸」を書き上げ、明らかに真の名字ではない「岩付」しか出されず叙述を終えることで、称揚を避けねばならない「太田」という名字を逆説的に思い起こしてもらおうとしたのではないだろうか。「詩軸」の異様さ、奇怪さは、正等と顕泰が太田氏であればこそ、説明できるのである。

（三）官途名「左衛門丞」を名乗ったか

次に、太田六郎〝右衛門尉〟が、「左衛門丞」として「詩軸」に登場することがあり得るか、を検討したい。

「左衛門丞」は「左衛門尉」のことである。左衛門尉は右衛門尉とほぼ同格の官職であるが、「左」の官職が「右」より格上とされた律令制の考え方にならい、左衛門尉は、右衛門尉より上位とみなされた。すなわち、太田六郎〝右衛門尉〟が、岩付〝左衛門丞〟顕泰として「詩軸」に登場したと主張するには、この人物が右衛門尉から左衛門尉に改称したとの想定が必要となるのだ。太田六郎右衛門尉が官途名を「左衛門尉」に改称したことを示す史料は存在せず、この点を確定的に論じることはできない。本書では、この改称が、当時の慣習や近親の事例から〝想定し得る〟ことを示していきたい。

長尾氏は「四郎右衛門尉」から「左衛門尉」に改称

右衛門尉から左衛門尉への改称が明確に確認できるのは、太田氏にとってカウンターパートとも言うべき山内上杉氏家宰の長尾氏である。先にも紹介した通り、長尾氏は当主嫡男が「四郎右衛門尉」を名乗り、その後当主となると、より上位の「左衛門尉」を名乗る慣例があったことが指摘されている（黒田〔二〇一〇〕）。仮名付の右衛門尉から、仮名無しの左衛門尉に改称する長尾氏の事例は、〝太田氏が「六郎右衛門尉」から「左衛門尉」への改称を行った〟とする筆者の仮説に対して支持的であると言えよう。

道真・道灌の事例

太田道真が、家督継承前後と考えられる時期に「六郎右衛門尉」を名乗り、その後「左衛門大夫」に改称した可能性があることは、第三章（三）節で紹介した。これに加え、その子道灌もまた、「左衛門大夫」の前に「右衛門尉」を称した可能性が指摘されている。

その根拠は、（ア）相模国三浦郡の龍徳院の段銭免除を命じる「右衛門尉資長」書状（岩史二三七・叢書⑪五七八・北区①一八七）と（イ）円覚寺大般若波羅蜜多経巻二〇四奥書（北区①一八九）に見える「太田大夫資長」である。『北区史資料編古代中世1』は、扇谷上杉氏領国の寺院に段銭免除を命じる権限を有したのは、家宰の太田氏であると考えられることや、太田氏に「大夫」を名乗る「資長」という人物がいたことが確認されることを踏まえ、「資長は道灌の実名である可能性が高い」と論じる。この議論が正しければ、太田氏惣領が家督継承前後には「右衛門尉」を名乗り、後に「左衛門大夫」に改称することが、一種慣習であった可能性も浮上する。

ただし『北区史資料編古代中世1』は、道灌が康正二年（一四五六）七月には仮名「源六」として所見され、その三年後の長禄三年（一四五九）十一月には官途名「左衛門大夫」として所見されることを受け、わずか三年間で、仮名「源六」から官途名「右衛門尉」、更に官途名「左衛門大夫」への二回の改称があったとは考えにくいことも指摘する。道灌と右衛門尉資長の花押印が異なることも、別人説の支持材料とされる。[56]

筆者は、康正二年（一四五六）から長禄三年（一四五九）にかけて、道灌が江戸城を築城し、古河公方との抗争で大きな役割を果たしたことや、京の将軍から上杉陣営を応援すべく送り込まれた足利政知（後の堀越公方）とその家臣・渋川義鏡が、相模国の支配権をめぐり、扇谷上杉氏と緊張状態に入ったこと等を踏まえれば、短期間での官途名改称はあり得ると考える。右衛門尉への改称は江戸城築城や上総八幡への遠征での千葉康胤の討伐の功績を賞する形で、左衛門大夫への改称は、足利政氏の家臣であり「関東探題」という地位を振りかざした渋川義鏡と対峙するための方策として。それぞれ契機となる出来事が想定されるためである。花押印の相違も、出家して法名を名乗ることを契機に花押印が変えることは一般的なことであり、別人説の決定的な根拠とはならないであろう。

可能性の議論ではあるものの、道真・道灌父子がいずれも、右衛門尉から左衛門大夫への改称を果たしたのであれば、その延長線上に、六郎右衛門尉による右衛門尉から左衛門尉への改称の可能性も想定されることになる。

---

56 長塚孝（二〇一八）「太田道灌と太田資長」（『日本史のまめまめしい知識第3集』（岩田書院））も、同様の理由で道灌と右衛門尉資長を別人とする。

「年代記配合抄」の「太田六郎右衛門被誅」をどう読むか

ただし、本書の仮説には、否定的な史料記載も存在する。それは、「年代記配合抄」永正二年条の記載「於武中野陣太田六郎右衛門被誅、備中守立遺跡」（武蔵国中野の陣において太田六郎右衛門は誅殺され、備中守がその遺跡を継いだ）である。「年代記配合抄」は、太田六郎右衛門尉が誅殺された記載においてもこの人物を「右衛門」と表記している。同史料を信じれば、太田六郎右衛門尉は、死ぬまで右衛門尉であったことになる。

この記載が、太田六郎右衛門尉の左衛門尉改称説に対する否定材料となることは間違いない。ただし古記録では、ある人物が仮名・官職を改称しても、書き手にとって馴染みのある古い仮名・官職で記載を続ける場合がある。例えば、「香蔵院珎祐記録」の長禄四年（一四六〇）五月条に登場する「源六」は、既にその前年に官途名「佐衛門」で登場する太田道灌であると指摘されている（北区②六七）。

「年代記配合抄」においても、永禄十一年（一五六八）以降は「弾正忠」を名乗り、天正二年（一五七四）には「参議」となった織田信長が、天正三年（一五七五）時点でも「織田上総介」とされている（天正三年条の「甲州伊奈四郎与織田上総介於遠州合戦」）。二十年間近く使われた「上総介」が、依然、関東では信長の官職として通りがよかったためであろうか。

太田六郎右衛門尉の場合も、この人物が実際には「左衛門尉」に改称したものの、以前の「六郎右衛門尉」が、「年代記配合抄」の記述者には馴染みがあった可能性を想定することは許されよう。また、「年代記配合抄」の記載が、必ずしも同時代に行われたものではなく、後世の人物が残されたメモをもとに記述を完成させた可能性も考えられる。このような場合、太田六郎右衛門尉の改称に関する伝承が残らず、改称前の官途名が記載に使用されたことも考えられるであろう。

いずれにせよ、同史料は、太田六郎右衛門尉の「左衛門尉」改称説に対する否定的材料であることは間違いないものの、これを完全に否定するものではない、と結論づけられるのではないだろうか。

(四)「顕泰」を名乗ったか

太田六郎右衛門尉が「岩付」・「左衛門丞」・「顕泰」を名乗った可能性を検討する議論において、最後の課題が、この人物が「顕泰」という名を名乗ったか、である。

太田六郎右衛門尉は、仮名「六郎」と官途名「右衛門尉」が伝えられるのみであり、その名、すなわち実名(諱)や法名(法諱)が伝えられていない人物である。従って、六郎右衛門尉が、実名あるいは法名「顕泰」を名乗ったと想定することは、可能である。しかし「顕泰」という名は、およそ太田氏のそれらしさがない。実名ならば「資」、法名ならば「道」の字を含むのが太田氏の通例であるが、顕泰はどちらにも該当しない。「資」の字も、「道」の字も含まない「顕泰」が、太田氏当主の名として想定されるであろうか。

「顕泰」は実名か、法名か

太田氏の実名は、通字「資」を含むことが一般である。例外は、岩付太田氏から他家(梶原氏)の養子となった梶原「政景」や、江戸太田氏の末裔であるものの領国を喪失し牢人となった太田「重正」[57]くらいであり、いずれも特殊事情における資の字の不使用である。未だに太田氏が扇谷上杉氏宿老の地位を保っていた時代の当主である六郎右衛門尉が、これら例外と同様に「資」の字を避けたことは考えにくい。太田六郎右衛門尉の実名が「顕泰」であった可能性は、むろん排除できないが、蓋然性の低い想定と言えるであろう。

しかし、「顕泰」法名であれば、太田六郎右衛門尉のものとする想定には、成立の余地が増す。「道」の字を含む法名が多く見られた太田氏であるが、以下の通り、例外が複数存在するためだ。

一例目は、「永厳」である。第一章で紹介した通り、太田永厳は、一次史料で実在が確かめられる太田氏であり、『石川忠総留書』に登場する「太田備中入道永厳」や、『年代記配合抄』において六郎右衛門尉の誅殺後にその遺跡を継ぐ「備中守」に相当すると考えられる人物である。太田氏惣領であったことがほぼ確実視される人物が、「道」を含まない法名を名乗っていたことは興味深い。

二例目は、「永賢」である。永賢は、『太田資武状』において、道灌の甥であり、養子として跡を継いだとして登場する人物である。太田氏系譜史料の多くが実名「資家」として伝えるが、最古の系譜史料とも言うべき『太田資武状』では、「養竹院殿義芳永賢」と伝えられるのみで実名は記載されない。なお資武状によれば、「養竹院殿」が院号、「義芳」が道号であり、「永賢」が法名にあたる。太田氏系譜史料には、この人物の法名を「道永」とするものも多いが、中世太田領研究会の原口氏は、（ア）最古の系譜史料『太田資武状』が「永賢」とすること、（イ）養竹院の養竹院宝篋印塔（岩太六二九）に「養竹開基義芳永賢庵主」との記載があること等を受け、本来「永賢」であったこの人物の法名が、後世になった〝太田氏の法名には道の字が入る〟との認識によって「道

57 太田重正、常陸国片野城主となっていた太田資正を頼った際に、資正の「正」をもらい受けて「重定」と名乗ったとの記載が『太田家記』に見える（北区三二一）。太田氏の通字である「資」は、庇護者である資正に憚って避けたのであろう。

永」に誤伝したものであろうと、推測する。筆者もこの意見に賛成である。

なお、永厳と永賢は同音であり、同一人物とする説が原口（二〇一九）によって提起されている。原口氏の議論が正しい場合は、道の字を含まない太田氏惣領の法名は、事例が一つ減ることになるが、永厳＝永賢という事例が存在したことは変わらない。

三例目は、「左京亮全鑑」である。全鑑は、『平林寺文書』[58]にその発給文書（岩史三二五・八九二・一一二〇・一一二二）が収録される人物であり、先に示した岩井茂氏・大圖口承氏の研究により、天文期の岩付太田氏当主・太田資顕であったことが確認されている。

このように、太田氏が道の字を含まない法名を名乗った事例は複数確認される。「永厳」・「永賢」・「全鑑」のような道の字を含まない法名と同様に、「顕泰」も、太田氏の法名として少なくともあり得なくはない法名であることは示せたと言えよう。中でも、筆者が注目するのは、「永厳」である。「道〇」の形式を踏襲しない法名を名乗ったこの人物は、道灌と六郎右衛門尉と太田氏惣領が二代続けて主君に排された後にその遺跡を継いだことになる。想像を逞しくすれば、太田氏の伝統を踏襲することを避けざるを得ない状況にあったのかもしれない。この考え方が成り立つならば、その前代の六郎右衛門尉も、それまでの太田惣領が名乗った「道〇」の形式を敢えて踏襲しなかった可能性が考えられる。

なお、顕泰が法名である場合、通常法名は音読で読まれたことを踏まえれば、顕泰は「あきやす」ではなく、「ケンタイ」と読まれたと考えるべきであろう。

58　163頁註42参照

「左衛門丞」＋法名、という記載

顕泰が法名であった場合、「左衛門丞顕泰」は、俗世の官職に法名をつなげた名乗りとなり、不自然と思われる向きもあろう。しかし、五山文学においては、太田道灌が「左金吾道灌」とされたことからも分かる通り、俗世の官職と法名を組み合わせた人名記載は多い。玉隠自身も、『玉隠和尚語録』の「壽嶺之号」において「蛭田勘解由左衛門尉法諱道昌」との記載が登場し、法名（法諱）と官途名がセットで使われている事例が見られる。「左衛門丞」＋法名、という記載は不自然なものではないと言えよう。

扇谷上杉氏方が「顕」の字を使うか

太田六郎右衛門尉の法名が「顕泰」であったとの想定において問題となるのは、「顕」の字である。扇谷上杉氏に仕えた太田六郎右衛門尉にとって、敵方のトップは山内上杉顕定であったが、青木（二〇一五）が指摘した通り、この人物は自身の「顕」の字を配下に与えていたことが知られている。山内上杉顕定の敵方であった太田六郎右衛門尉が、「顕」の字を用いたと想定するのは不自然の反論も寄せられよう。これについて本書は、法名であるならば、山内上杉顕定の偏諱とは無関係に「顕」の字を使うことができ、問題視されなかったと考えたい。

では、「顕」の字を用いる法名は当時見られたか。六郎右衛門尉の周囲には、系字として「顕」の字を与えるような僧侶はいたのだろうか。この問いかけに対して、原口和子氏は、同時代の臨済宗の高僧・竺雲顕騰の存在を指摘する。

竺雲顕騰は鎌倉に存在した龍華院の塔主であり、建長寺一六二世を務めたことのある高僧である。太田道灌の客将でもあった木戸孝範の弟であり、太田氏とも関わりは深かった。万里集九が序文を書き太田道灌に捧げられた「静勝軒銘詩并序」では、玉隠とともに竺雲顕騰も漢詩を寄せたことが知られる。

竺雲顕騰の法系が「顕」の字を系字としたことは、村井章介編（二〇一四）『東アジアのなかの建長寺』（勉誠出版）に掲載された「建長寺住持位次」[59]からも明らかである。

原口氏は、そうした僧の一人として、出家して法名を名乗った「岩付左衛門丞顕泰」がいたと想定する。「詩軸」において、月江「正」文の弟子として系字「正」を受け継いで「正」等と名乗った父が登場することも踏まえれば、子の顕泰が、竺雲「顕」騰の弟子として系字「顕」を受け継いで法名「顕泰」を名乗って登場することは、好対照をなすことになる。

「詩軸」に登場する竺雲顕騰

もちろん、竺雲顕騰が太田氏との縁の深い五山僧であったとしても、太田六郎右衛門尉がこの人物に帰依し、その法系に属したことは保証されない。そうした指摘したに対して、原口氏は、「詩軸」に登場する「聴松住持龍華翁」が竺雲顕騰であり、顕騰がここに登場するのは岩付左衛門丞顕泰＝太田六郎右衛門尉との関係性の深さ故ではあったためである、と反論する。

「詩軸」に岩付左衛門丞顕泰の父「正等」が行った求詩に対して、見事な詩を返した「聴松住持

---

59 竺雲「顕」騰（建長寺第一六二世）の師は中叟「顕」正（建長寺第一五五）であり、中叟「顕」正の師は道菴曾「顕」であり、竺雲「顕」騰と同じく中叟「顕」正に学んだ同門として天初「顕」朝（建長寺第一六〇世）がおり、天初「顕」朝の弟子としては用林「顕」材（建長寺第一七三世）がみえる。

龍華翁」という僧侶が登場し、その存在が特筆されていることは、第二章（二）で示した通りである。実は、この「龍華翁」は、『信濃史料』及び青木文彦氏により竺雲顕騰に比定されているのである。『信濃史料』は、聴松住持龍華翁を竺雲顕騰に比定した根拠を示していないため、青木文彦[60]氏が二〇一五年の講演で示した検討を紹介したい。

青木氏は、

（ア）「聴松」という名の書院が鎌倉建長寺にもあり、同寺住持が管轄する場であったと考えられる、
（イ）「詩軸」が書かれた明応六年時点で建長寺住持であった竺雲顕騰は「聴松住持」と呼ばれ得る、
（ウ）竺雲顕騰は、龍華院の塔主であり、「龍華翁」と呼ばれ得る、

の三点から、聴松住持龍華翁は竺雲顕騰と考えるのが妥当であると論じる。

（ア）について、青木氏は、明応八年（一四九九）八月に建長寺第一六四世の住持となった玉隠英璵が入院法語の「拠室」の項で「聴松軒下」と述べていること（信濃⑩六九）や、同年十月に玉隠が「巣雪斎図」に題詩と序を記した際に、「住山建長老衲英璵書于聴松軒下」（信濃⑩九八）と記したこと、更に翌明応九年（一五〇〇）に「喜江禅師頂相」に著賛した際には「前建長玉隠叟英璵書于懶菴」と記しており、もはや在所を「聴松軒下」としていない（信濃⑩一〇五）ことを根拠とする。

（イ）については、竺雲顕騰が明応四年（一四九四）時点で建長寺住持であったことが確認され（信濃⑩一六）、また後任の香林徳聞は明応六年十一月の就任と伝えられていることが根拠となる。

（ウ）は、玉隠の建長寺住持補任時の入院法語において竺雲顕騰が「龍華東堂」と呼ばれている

60 筆者は、青木氏の講演を拝聴することは叶わなかったが、後日その内容を青木氏本人からご教示いただく機会を得ることができた。青木氏にはこの場を借りて御礼を申し上げたい。

（信濃⑩七二）ことから確認される。

「聴松住持龍華翁」の正体については、笠雲顕騰ではなく、京都南禅寺の希世霊彦であるとの説も、小宮（二〇一二）によって提起されている。その根拠は、京都の南禅寺に「聴松院」という寺院があること、希世霊彦は先に紹介した「寄題江戸城静勝軒詩序」に詩を寄せた僧侶の一人であり、時代的に生前の正等（小宮氏も太田道真と想定）が詩を求めることが可能であったためである。ただし、小宮氏自身が認める通り、希世霊彦が「龍華翁」を名乗ったことを示す史料は無い。

どちらの議論にも蓋然性があるが、説得力に優るのは、「聴松」と「龍華」の二語が笠雲顕騰に関わることを示した青木氏の議論であろう。

笠雲顕騰が「詩軸」に登場した意味

「詩軸」に登場する僧侶は、正等父子を除けば、執筆者の玉隠と正等が帰依した月江正文、そして「龍華翁」の三人しかいない。執筆者・玉隠、そして正等の師である月江正文はよいとして、単に見事な詩を返しただけの「龍華翁」が特筆されるのは、いささか不自然である。原口氏は、この点を踏まえて、龍華翁＝笠雲顕騰と、「詩軸」の依頼主である岩付左衛門丞顕泰との間に、深い縁があったことを示唆するための登場ではないか、と論じる。

「詩軸」において、岩付左衛門丞顕泰と龍華翁の関係性が直接示されていない以上、原口氏の議論は仮説の域を出ない。しかし、玉隠が何らかの意図を以て「詩軸」に龍華翁を登場させたことは十分に想定され、その場合、それが依頼主の岩付左衛門丞顕泰の意図であった可能性は高い。龍華翁＝竺雲顕騰と岩付左衛門丞顕泰の間に縁があったとの仮説は、証明はできないものの、成立の余地は残るであろう。

六郎右衛門尉は「岩付」「左衛門丞」「顕泰」を名乗り得る

以上の検討により、太田六郎右衛門尉の法名が「顕泰」であった可能性が、排除されないことが確認された。先に行った太田六郎右衛門尉が地名「岩付」を名字のごとく己に冠した可能性や、右衛門尉から左衛門尉に改称した可能性の検討結果も併せれば、太田六郎右衛門尉が、

- 「詩軸」の記載の通り、「岩付」を名字のごとく掲げたとの想定、
- 「詩軸」の記載の通り、官途名「左衛門丞」を名乗ったとの想定、
- 「詩軸」の記載の通り、「顕泰」を名乗ったとの想定、

が、いずれも排除されないことが確認されたと結論づけてよいであろう。

ただし、ここまでの検討は、太田六郎右衛門尉＝岩付左衛門丞顕泰が、〝あり得ない想定ではない〟ことを示すものに過ぎず、いわば守りの議論に終始するものであった。太田六郎右衛門尉＝岩付左衛門丞顕泰を積極的に支持する材料が得られた訳ではない。しかし、残る2条件（条件⑤・⑥）の検討では、太田六郎右衛門尉＝岩付左衛門丞顕泰説が、単に〝排除されない〟だけではなく、それ自体が蓋然性を有する仮説であることを示していきたい。

（五）正等＝太田道真と父子関係にあったか

太田六郎右衛門尉は、「詩軸」の記載の通り、正等（道真と仮定する）と父子関係にあったと考えることができるであろうか（条件⑤）。

六郎右衛門尉は道真の孫世代

既に紹介した通り、太田六郎右衛門尉は、道灌の甥、すなわち道真から見た場合には、その孫世代に当たると考えられている。『太田道灌状』に、道灌の弟と考えられる「同六郎」が登場し、六郎右衛門尉はその子であると考えられる、とする黒田基樹氏の議論（黒田（二〇一三））が、その主な根拠であるが、他にも傍証がある。それは、『太田資武状』において、道灌の後継者が「甥」とされていることである。

『太田資武状』は、以下のように記す：

・甥の官途名「図書助」を名乗った甥に名字を譲った（道灌之実子無ニ付而、図書助ト申而甥ニ候を取立、名字を被譲候）が、

・臼井城合戦において「図書助」が討死した（管領下総え御発向、臼井ト申城ヲ被為攻時、粉骨之武勇諸勢共ニ驚目候へとも、終ニ者彼城にて討死）ので、

・別の甥（叔悦禅師の兄）を後継者とした（扨別ニ無之故、叔悦和尚之兄是も甥ニ候故、家督ヲ被致与奪）。

この叔悦和尚の兄である道灌の甥こそが、先に紹介した「養竹院殿義芳永賢」である。資武状が永賢には官途名が無かったと記載する以上、この人物は官途名「右衛門尉」を名乗った六郎右衛門尉とは考えにくい。しかし、この「永賢」に関する伝承が、道灌の甥・六郎右衛門尉による遺跡継承を反映したものである可能性は残る。また、元々甥の「図書助」を後継指名していた道灌が、図書助の死後に一つ世代が上の弟達の中から改めて後継者を選ぶことも考えにくい。「図書助」が討死した「白井城」（臼井城の誤り）での合戦は文明九年（一四七九）の出来事であり、この時、道灌は既に四十七歳である。弟達も四十代であったと考えられ、後継者に選ぶにはやはり、弟達の息子世代すなわち甥世代であったと考えるのが自然であろう。

祖父と孫が、父子とされる矛盾は解けるか

しかし、道真と顕泰の関係が、祖父とその孫であったならば、前者を「正等」、後者を「岩付左衛門丞顕泰」に比定する本書の想定は、大きな矛盾を抱えることになる。「詩軸」には、「岩付左衛門丞顕泰公父故金吾、法諱正等」や「父子豈不傳岩賢佐之再世乎」等の記載が存在し、両者は明確に、父と子とされているためだ。

この矛盾について、筆者は次のように考えたい。太田六郎右衛門尉は、太田道灌が扇谷上杉氏に謀殺された後にその遺跡を継いだ人物である。その家督継承は、主君に誅されて〝逆賊〟となった道灌に権威に基づくものではなく、当時まだ存命であった太田氏長老の道真の権威に基づいて行われたものだったのではないか。そして、道真に家督継承を認められたことを以て、六郎右衛門尉は、祖父・道真を「詩軸」において〝父〟と表現したのではないか、と。

祖父から孫への家督継承という仮説

そもそも太田六郎右衛門尉が、道灌生前から後継指名されていたかは定かではない。

黒田（二〇一九）は、道灌実子・資康が古河公方の元に出仕した（『赤城神社年代記録』（五来重編（一九八三）『修験道史料集（Ⅰ）東日本篇山岳宗教史研究叢書17』））ことを以て、道灌が資康を後継者に指名しており、これを披露するための出仕であったと指摘する。黒田氏のこの考え方を取る場合、六郎右衛門尉の家督継承には、養父・道灌が果した役割はなかったことになる。道灌が後継者に指名したのが実子資康であったならば、六郎右衛門尉を道灌後の惣領としたのは、道灌以上の権威を有する一族の長老・道真しか考えられない。

一方、原口（二〇一九）は、実子資康が誕生したのは道灌が四十四歳の時であり、それまでに道灌ほどの権力者が後継者の指名をしていないのは不自然であるとし、『太田資武状』が「道灌には実子が無かったので甥を後継者にした」（道灌之実子無ニ付而、図書助ト申而甥ニ候ヲ取立、名字を被譲候）と記載するのは、事実だった可能性が高いと主張する。この場合も、逆賊となった道灌からの家督継承が扇谷上杉氏の被官として生きる上では都合が悪かったとの想定が可能である。道灌が主君に誅殺されたことで、太田氏の家督は、前代の道真に戻り、六郎右衛門尉はこれを引き継いだ形を取ったと考えることができる。

いずれの場合も、六郎右衛門尉の家督継承は、祖父・道真によって認められた、との仮説は成立するのである。

「苗裔顕泰」が示唆する祖父と孫の関係

ただし、以上は可能性を論じたに過ぎない。正等と顕泰が祖父と孫の関係にあったことを示す記載が「詩軸」に無ければ一仮説の域を出ない。果たしてそのような記載はあるのか。

驚くべきことに、答えは「ある」なのである。

それが「一家機軸、百畝郷田、付之於苗裔顕泰也」における「苗裔顕泰」である。注目すべきは「苗裔」である。苗裔の意味は末裔・子孫であり、「子」に使われる表現ではないのだ。

例えば『史記』では、「臥薪嘗胆」で知られる越王句践の系譜を説明する際に、「越王句践、其先禹之苗裔、而夏后帝少康之庶子也」との記載がなされている。これは句践が、理想化された古代の帝、禹の末裔であるとする一節である。また『三国志演義』では、劉備が漢王朝の末裔であることを示す「竊念備漢朝苗裔、濫叨名爵、伏覩朝廷陵替、綱紀崩摧、羣雄亂國、惡黨欺君、備心膽俱裂。雖有匡濟之誠、實乏經綸之策」との記載が存在する。

我が国の古典文学でも、『平家物語』における「故左馬頭義朝が末子九郎冠者義経、これ皆六孫王の苗裔多田新発意満仲が後胤なり」や、『承久記』における「桓武天皇より十三代の苗裔、駿河の次郎平」等が挙げられる。また、太田氏系譜史料の一つ『太田家記』でも、太田氏が清和天皇の子孫であることを、「夫太田之御家ハ人王五十六代清和天皇之御苗裔也」とする。いずれにおいても「苗裔」は末裔・子孫の意味で用いられており、筆者が調べた範囲では、「子」を「苗裔」とする用例は見出すことができない。

では、なぜ正等の「子」とされた顕泰が、別の段落では末裔を意味する「苗裔」とされたのか。それは、顕泰が、正等の血縁上の「子」ではなく、より世代の離れた子孫だったため、としか考えられない。他ならぬ「詩軸」において、正等と顕泰は血縁上の父子ではなく、より世代の離れた関係にあったことが明確に示されているのだ。

「苗裔顕泰」は岩付築城者論の新要件

以上の議論を総括する。

岩付左衛門丞顕泰が太田六郎右衛門尉であるには、顕泰＝六郎右衛門尉にとっての正等＝太田道真は、血縁的には祖父であるが、家督継承の系譜上は父とされた、との考え方を取らざるを得ない。これは、着想した筆者自身がアクロバティックと認めざるを得ない論理であった。太田氏築城説が成立するため必要に迫られて導入した想定であり、その蓋然性を論じるのは難しいと直観せざるを得ない。ところが「詩軸」を精査すると、まさにこの想定のままと考えられる表現、すなわち顕泰が正等の「苗裔」(末裔・子孫)であり同時に「子」でもあったとの表現が「詩軸」に見出されたである。驚いたのは筆者自身である。

こうした符合を目の当たりにすると、むしろ問いたくなる。正等の「子」であり「苗裔」でもある顕泰という不思議な〝父子関係〟を満たす存在は、太田道真と六郎右衛門尉以外にあるのだろうか、と。今後は成田氏築城説や渋江氏築城説が、正等候補と顕泰候補の間にほど、この関係性が見出せるかを検討する番ではないか。特に成田氏築城説は、正等を成田氏系図から漏れた当主と位置付け系譜に挿入する。そして成田顕泰が養子であることを前提に、その年齢を「正等よりは年少であったろうが、それほど変わらなかった可能性も想定される」とする(黒田(二〇二一①))。しかし、正等と顕泰が年齢のあまり変わらない養父子関係であった場合、「苗裔顕泰」との表現は用いられるだろうか。

（六）玉隠に「詩軸」を発注できる立場にあったか

岩付左衛門丞顕泰＝太田六郎右衛門尉説が成立するための最後の必要条件、⑥「太田六郎右衛門尉が明応六年時点において岩付城主であり、玉隠に「詩軸」の発注ができる状況にあったと想定できること」の検討に進みたい。

明応六年（一四九七）時点において太田六郎右衛門尉が岩付城主であった可能性については、条件②「『岩付』を名字のごとく掲げたとの想定が許されるか」において、既に検討を行った。そこで本節では、「玉隠に「詩軸」の発注ができる状況にあったと想定できるか」に焦点を当てたい。

扇谷上杉氏による鎌倉支配は維持された

明応五年（一四九六）、扇谷上杉氏は、山内上杉氏方によって相模国西郡を奪われ、同年あるいは翌年に河越城を古河公方によって包囲され危機に陥る。しかし、古河公方の河越城攻めは失敗に終わり、扇谷上杉氏陣営は難局を乗り切る。相模国においても西郡を奪還できたかは不明であるものの、明応五年に鎌倉建徳寺で扇谷上杉定正の三回忌が執り行われた（文明明應年間関東禅林詩文等抄録）ことを踏まえれば、鎌倉周辺は扇谷上杉氏の支配が維持されたと考えてよいであろう。

以上から言えるのは、「詩軸」が書かれた明応六年（一四九七）時点において、玉隠らがいた鎌倉の政治的庇護者が、依然として扇谷上杉氏であったことである。鎌倉が依然として扇谷上杉氏の支配下であったならば、扇谷上杉氏方の太田六郎右衛門尉が玉隠に漢詩文の作成を頼むことは、比較的容易であったことであろう。「詩軸」が、太田氏が岩付を中心とした地域領主となり扇谷上杉氏の〝防人〟となる宣言であった、とする本書想定を是とすれば、扇谷上杉氏当主も六郎右衛門尉の要望を受け入れ、玉隠への求詩を許したことであろう。

鎌倉五山の中立性

では、扇谷上杉氏と対立関係にあった山内上杉氏や古河公方は、この時点で求詩できたであろうか。ここで検討すべきは、玉隠ら鎌倉五山の禅僧たちが、政治権力者らの抗争と中立を保てたか、という点であろう。

鎌倉五山の禅僧が、室町幕府と鎌倉府の結節点としての役割を果たしたことや、玉隠らが対立する幕府方の上杉氏陣営と古河公方陣営の双方と文化的交流を持ったことはよく知られている。[61]「詩軸」が書かれた明応六年の翌年である明応七年（一四九八）四月に、玉隠は将軍・足利義澄（当時は義高）によって鎌倉五山第一位の建長寺の住持に補任されているが、その際、古河公方・足利政氏や関東管領・山内上杉顕定の推挙も併せて受けていたことが、斎藤夏来氏によって指摘されている。[62]両上杉氏が明応五年来の抗争を一旦終結させ和睦に至ったのは、明応八年（一四九九）とされる（『赤城神社年代記録』）。従って、古河公方と山内上杉氏による玉隠の推挙は、扇谷上杉氏との抗争中に行われたことになる。

この事実は、鎌倉五山の高僧達が、政治権力同士の抗争を超越した存在であったことを示唆するだろうか。すなわち、明応六年（一四九七）に、玉隠は、山内上杉氏方・古河公方方の被官らの求詩に応

61 川本慎自（二〇一四）「室町時代の鎌倉禅林」（村井章介編『東アジアのなかの建長寺』（勉誠出版））

62 斎藤夏来（二〇一八）『五山僧がつなぐ列島史』（名古屋大学出版会）

えられたとみるべきであろうか。筆者は、懐疑的である。玉隠が権力者に捧げた法語や詩文を年代順に追っていくと、この人物が鎌倉の政治的庇護者の敵方からの〝求詩〟に応じた事例が見られないのだ。

玉隠の詩文に見る鎌倉の統治者への忖度①

たとえば、玉隠は、太田道灌や木戸孝範らの幕府方上杉陣営と深く交わった一方で、その敵であった古河公方・足利成氏の子・政氏の像に賛を寄せた（古河五五〇）ことが知られている。この政氏像への「賛」は、玉隠が、政治的に対立する両陣営と交流を持った事例として扱われることがあるが、年代を踏まえればそうとは言い難い。なぜならば、足利政氏像への「賛」が書かれたのは永正十八年（一五二一）であり、この時点において、もはや幕府方上杉陣営と古河公方陣営の対立は存在していないためである。関東の争乱は、古河公方内の父・政氏と息子・高基の対立を中心に展開し（図7：伊勢宗瑞の相模侵攻と第三次永正の乱）、鎌倉を治めた扇谷上杉氏は、足利政氏を支援する立場であった。玉隠は、鎌倉の統治者の敵に「賛」を送ったのではなく、味方に「賛」を送ったことになる。仮に玉隠が、政氏と対立する足利高基にも詩や賛を提供していれば、鎌倉五

図28：絹本着色足利政氏像
（久喜市甘棠院所蔵・埼玉県立歴史と民俗の博物館写真提供）

山の政治的中立性を窺わせる材料となるが、そのような作品は残されていない。

玉隠の詩文に見る鎌倉の統治者への忖度②

玉隠が、鎌倉の統治者との関係を重視したことは、道灌謀殺後の態度からも読み取れる。玉隠が、万里集九らと共に全盛期の太田道灌に詩を捧げたことは「静勝軒銘詩并序」から窺われるが、実は、道灌殺害の後の両者の振る舞いは全く異なるものであった。

道灌によって京から江戸に招聘された万里集九は、道灌への敬慕が厚かったのであろう。首謀者・扇谷上杉定正のもとを去り山内上杉氏陣営に身を移しただけでなく、山内上杉勢を「官軍」、扇谷上杉勢を「逆兵」（続群書⑫八五七）と呼ぶに至る。また、扇谷上杉氏のもとを去って山内上杉氏方となった道灌実子の太田資康に「花下晩歩詩」（続群書⑫九六八）等の詩文を捧げている。

これに対して玉隠は、道灌を殺した扇谷上杉顕定を称えた。明応五年（一四九六）には扇谷上杉定正の三回忌法語（北区②一一八）を担当し、生前の定正の武勇を「物征伐之刑、似秋霜之殺叢」等と称揚した。〝秋の霜が草むらを殺すように〟倒されたのは、万里集九が「官軍」と呼んだ山内上杉氏方の軍勢ということになる。加えて先に紹介した明応八年（一四九九）の扇谷上杉持朝の三十三回忌法語（北区②一三二）では、定正を「則死諸葛走生仲達」と諸葛孔明に譬えて持ち上げ、その死を「惜哉惜哉」と嘆く。いずれも、喪主は鎌倉の統治者・扇谷上杉朝良であり、前当主であり、朝良の養父である扇谷上杉定正は称賛の対象である。鎌倉五山を代表する僧として、同地の禅院群を守る立場にあった玉隠にとって、大切なのは鎌倉を守れる強い政治権力だったのかもしれない。必要なのは強き鎌倉の庇護者であり、道灌が殺された以上、それは扇谷上杉氏当主しかいない。死んだ道灌への追慕は、鎌倉五山を背負う玉隠にとって不要な感傷だったのではないだろうか。

玉隠の詩文に見る鎌倉の庇護者への忖度③

では、肝心の「長享の乱」期（一四八七〜一五〇五）はどうか。この時期、玉隠は三度ほど山内上杉氏方の命を受けた文化活動を行っている。

・延徳三年（一四九一）には、山内上杉顕定が長尾氏の金沢文庫の点検を命じ、玉隠と竺雲顕騰がその実務に当たった（信濃⑨五一一）。

・文亀二年（一五〇二）八月二十八日には、山内上杉顕定が、亡母妙皓禅尼の三回忌仏事を上野国・海竜寺で執り行い、玉隠に陞座説法を行わせた（信濃⑩一五〇）。

・永正三年（一五〇六）八月二十八日には、山内上杉顕定が、亡母妙皓大姉月山の七周忌仏事を上野国・海竜寺で執り行い、玉隠に陞座説法を行わせた（信濃⑩二一二）。

鎌倉の統治者・扇谷上杉氏の敵である山内上杉氏の命を受け文化活動を行っている玉隠は、両上杉氏の間で政治的中立を保ったように見える。しかし、上記の延徳三年、文亀二年、永正三年の各年次において、長享の乱がどのような状態にあったかを確認すると、こうした見方は変化する。これら三つの年次は、いずれも同乱の講和期、あるいは終結後に当たるのだ。

・例えば、延徳三年は、延徳二年（一四九〇）から明応三年（一四九四）の「明応の再乱」開始まで続いた講和期の二年目に当たる。関東管領である山内上杉氏は、本来は鎌倉でも指揮権を発揮できる存在である。講和期であれば、その権限を行使できたと考えられる。

・文亀二年も、明応八年（一四九八）から永正元年（一五〇四）の抗争再開に挟まれた期間にあたる。
・最後の永正三年は、長享の乱が山内上杉氏の勝利のもとに終結した永正二年の翌年である。
長享の乱期に山内上杉氏が玉隠を使役して行わせたことが確実な活動は、そのいずれもが、講和期あるいは山内上杉氏方の勝利後に実施されたものである。
玉隠が、鎌倉の庇護者の敵の要請で活用できるのは講和期に限られ、抗争期には鎌倉の庇護者のための活動しか見られない。

山内上杉顕定の尊称の変化

玉隠による山内上杉顕定の呼び方の変化も注目される。玉隠は、鎌倉の庇護者であった扇谷上杉氏とその敵・山内上杉氏の抗争が決着するまでは、山内上杉氏当主の顕定に対して、控えめな尊称を用いている。例えば延徳三年（一四九一）の金沢文庫の点検では「藤公副元帥」、文亀二年（一五〇二）の山内上杉顕定の亡母の三回忌では「関東管領上杉顕定」のように。

しかし、山内上杉氏の完全勝利が確定すると、その翌年には顕定の尊称を重層的なものに変化させた。永正三年（一五〇六）の山内上杉顕定の亡母の七回忌では、「関東副元帥藤相公顕定」、「関東副元帥藤原朝臣顕定相公」、「藤家棟梁顕定」等の表現が登場するのである。

例えば、永正三年（一五〇六）に登場した「関東副元帥藤相公顕定」には、延徳三年や文亀二年には見られなかった「相公」が、登場する。「相公」は「参議」の唐名であるが、五山文学では、単に「大臣」[63]の意味で用いられることが多い。『玉隠和尚語録』では、玉隠が建長寺住持に就任する際の入院法語において、古河公方を「関東大相公」と呼んでいる（信濃⑩六八）。万里集九は、扇谷上杉定正を『梅花無尽蔵』において「関東相公」と呼ぶ（続群書⑫八一〇）。これは、[64]定正を関東管領と称えたものである。当時の五山文学では、公方を「大相公」、その補佐役である管領を「相公」と呼び分けていたのかもしれない。「関東副元帥」という表現で、山内上杉顕定が関東管領であったことは既に示されていることを踏まえれば、ここでの「相公」は屋上屋を架す行為とも受け取れる。玉隠がそれだけ顕定を飾ることに意を注いだことが読み取れよう。

更に興味深いのは「藤家棟梁顕定」である。「藤家棟梁」は、藤原家の棟梁を意味する。当時の関東の武家権力者において、藤原氏と言えば、山内上杉氏と扇谷上杉氏である。両氏とも名字は「上杉」であるが、氏（うじ）は「藤原」である。「藤家棟梁」は、山内上杉顕定が扇谷上杉氏を屈服させ、関東上杉氏の棟梁の座を取り戻したことを称賛した表現である可能性が高い。

玉隠は、山内上杉顕定が扇谷上杉氏を屈服させた永正二年の前後で、明らかに顕定に対して用いる尊称を変えている。関東の覇者となった山内上杉顕定を、玉隠が「相公」や「藤家棟梁」と称えていることからは、この詩僧の漢詩文が、その内容・表現においても、政治権力者の意向から逃れられないものだったことを、雄弁に物語る。鎌倉五山の活動を規定したのは、とりわけ鎌倉を庇護した政治権力であり、誰のために、どのような内容の漢詩文を紡ぎ出して捧げるかは、鎌倉の庇護者の意向によって規定された可能性が高いと言えるであろう。

63 市木武雄（一九九三）『梅花無尽蔵注釈1』（続群書類従完成会）
64 扇谷上杉氏は、実際には就任したことはなかったが、関東管領に就くこともできる立場にあった。

玉隠の建長寺補任の背景

以上を踏まえれば、明応七年（一四九八）に、まだ扇谷上杉氏と山内上杉氏・古河公方の抗争が継続している段階で、古河公方と山内上杉顕定の推挙を受けて玉隠の建長寺住持の補任が行われたことも、再考が必要となる。

斎藤夏来（二〇一八）は、「東国禅宗界の重鎮としても知られる玉隠の建長寺住持補任、すなわち五山住持への出世は、複雑に離合集散を繰り返す京都将軍家、関東管領、古河公方、およびその系列下の諸勢力の関係形成を促す契機となることが期待されたのであろう」と指摘する。

実は明応期には、（ア）将軍・義澄（当時は義高だが義澄で呼称統一）―伊勢宗瑞―扇谷上杉氏、（イ）前将軍・義稙（当時は義材だが義稙で呼称統一）―上杉房定（顕定の父）―山内上杉顕定―茶々丸、という前・現将軍を巻き込んだ同盟と対立の構図があったことが指摘されている（本書は則竹

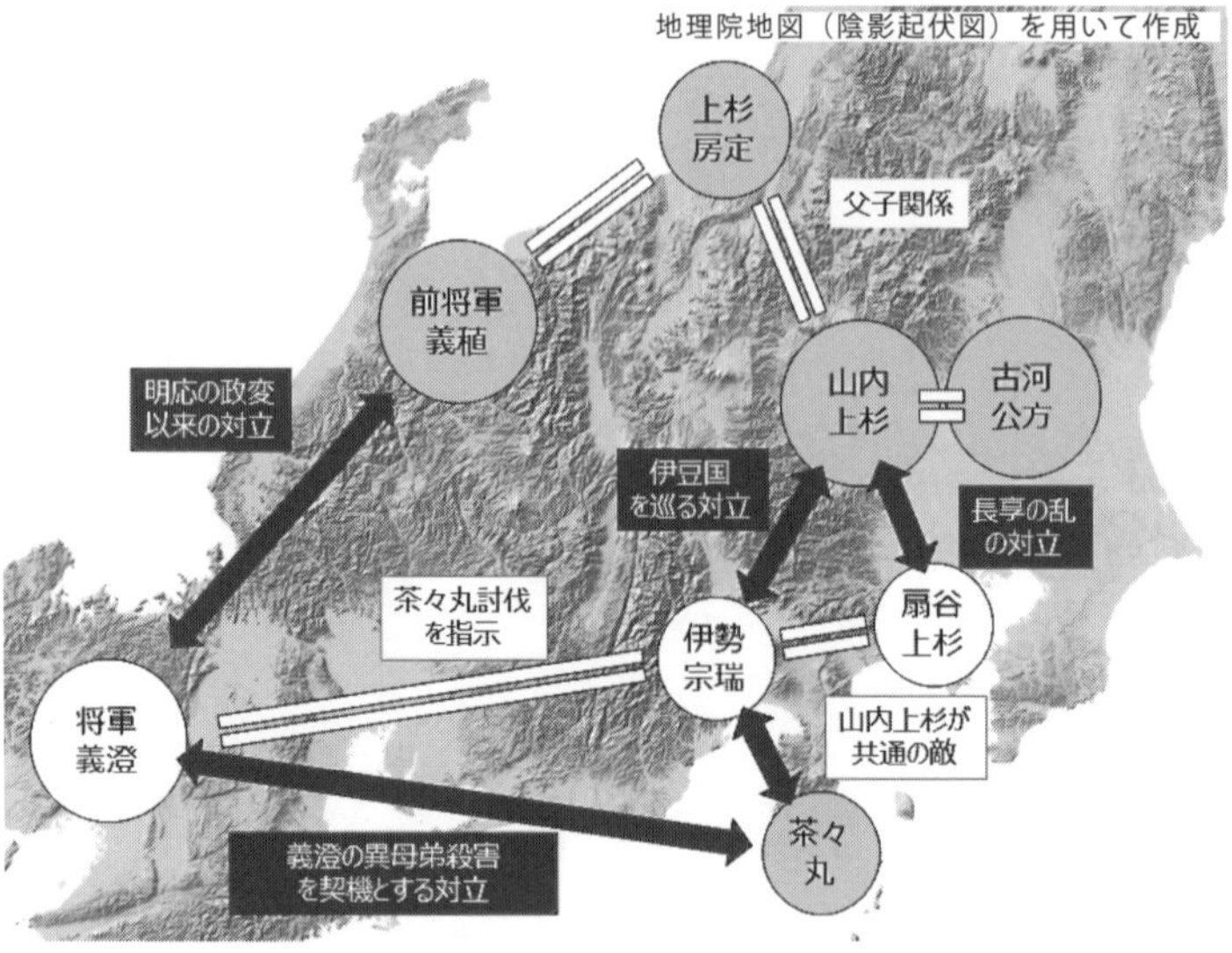

図 29：明応期の将軍家を巻き込んだ対立構図

（二〇一三）を参照）。

将軍・義澄は、明応二年（一四九三）の「明応の政変」で将軍・義植を排して誕生したが、義植は越中国に逃れ、「越中公方」と呼ばれるだけの勢力を維持し、両者の対立関係は継続した。また、将軍・義澄は、伊豆国で異母弟を殺害して堀越公方となった足利茶々丸を敵視し、伊勢宗瑞に討伐を指示した。伊勢宗瑞は、茶々丸勢力の討伐に着手し伊豆国支配を進めたことから、同国を領国とする山内上杉氏と対立関係となり、山内上杉氏と対立する扇谷上杉氏と同盟を結ぶことになった。一方、山内上杉顕定の父、越後国守護の上杉房定は、前将軍・義植と結び、山内上杉顕定も茶々丸を支援したのだった。

明応三年（一四九四）の「明応の再乱」以降、伊勢宗瑞が扇谷上杉氏の同盟者として関東争乱に登場する背景には、上のような対立構図があったこうした中、明応七年（一四九八）は、「将軍・義澄—伊勢宗瑞—扇谷上杉氏」の優勢傾向が現れたと考えられる年にあたる。

伊勢宗瑞は、明応六年には茶々丸方の反撃に苦しんだが[65]、翌明応七年には形成を逆転させ、遂に茶々丸を自害に追い込む。一方、将軍・義澄と対立した前将軍・義植は、明応七年九月に越中を出て越前の朝倉氏を頼っている。その理由には諸説あるが、越前への没落であったとする指摘[66]が存在する。関東では、山内上杉氏方となっていた道灌実子の太田資康が明応七年に〝生害〟する（『赤城神社年代記録』）。このことは、扇谷上杉氏が明応五年・六年の危機を乗り越え、形成を五分に戻していた可能性を示唆する。

65　黒田基樹（二〇一九）『戦国大名・伊勢宗瑞』（角川選書）、八一頁

66　萩原大輔（二〇一一）「中世・部会報告 足利義尹政権考」、『ヒストリア』第二二九号、八六—八七頁

山内上杉氏は和睦を求めた

これらが示唆するのは、明応七年時点の関東管領（山内上杉）―古河公方が、(i)関東での扇谷上杉氏との抗争での優位性を失い、(ii)支援した茶々丸の自害により領国であった伊豆国を伊勢宗瑞に経略され、(iii)同じく支援した前将軍・義稙も「越中公方」としての勢力を失う、という状況に追い込まれていた可能性である。

このタイミングで行われたのが、関東管領山内上杉氏と古河公方による玉隠の建長寺住持への推挙である。両者は、それまで敵対していた将軍・義澄に対して推挙状を送り、扇谷上杉氏を支持してきた玉隠（明応五年の扇谷上杉定正の三回忌法語の内容から明らかと言えるだろう）を、将軍だけが補任できる鎌倉五山の頂点＝建長寺住持に推薦したのだ。

この行為は、山内上杉氏と古河公方が、もはや「将軍・義澄―伊勢宗瑞―扇谷上杉氏」との抗争継続は困難と考えた上での、和睦の画策だったのではないだろうか。山内上杉氏と古河公方の推挙に基づく玉隠の建長寺住持補任は、将軍・義澄としては、古河公方・関東管領を従えたセレモニーとなる。扇谷上杉氏もまた、自身を支持した玉隠が古河公方・関東管領によって鎌倉五山のトップに推挙されたことで、事実上の勝利を内外に示すことができる。そして、古河公方・関東管領としては不利な状況での抗争を和に持ち込む、という実を取る形になる。

玉隠が実際に建長寺住持に就任したのが明応八年（一四九九）八月であり（信濃⑩六八）、両上杉氏の講和が成って古河公方が古河に帰座したのが同年十月であった（『赤城神社年代記録』）ことは示唆的である。玉隠の就任を以て、古河公方・関東管領側の譲歩が確定し、扇谷上杉氏も和睦を受け入れたと考えることができる。また同年九月に、建長寺住持就任直後の玉隠が、扇谷上杉持朝の三十三回忌法語を執り行ったことも注目される。この時の法語は、扇谷上杉氏の一族の歴史を振り返り、大いに称える内容であり、古河公方・山内上杉氏による玉隠の推挙が、この高僧と扇谷上杉氏の関係を分断するものではなかったことを示している。

古河公方と山内上杉氏が、親扇谷上杉氏の玉隠を建長寺住持に推挙することで、将軍を仲介者とする和睦を目指したとする考え方は、前後の状況を踏まえれば十分考えられる想定であろう。

明応六年に玉隠に求詩できたのは誰か

ここで筆者は、改めて問いたい。明応六年（一四九七）六月の時点で玉隠に求詩できたのは誰か。鎌倉を依然支配し、その前後に玉隠に法語を行わせた扇谷上杉氏は問題なくできたことであろう。そして、太田氏などの扇谷上杉氏の被官たちも同様である。条件⑥「太田六郎右衛門尉が明応六年時点において岩付城主であり、玉隠に「詩軸」の発注ができる状況にあったと想定できること」は、成立するのだ。

では、扇谷上杉氏と抗争状態にあった古河公方や山内上杉氏の被官たちはどうであったか。明応七年（一四九八）に、古河公方や山内上杉顕定が玉隠を建長寺住持に推挙したことを踏まえ、その前年においても公方や山内上杉氏は玉隠と良好な関係を維持していたと考えることはできるか。そして、扇谷上杉氏との抗争中であっても、古河公方や山内上杉氏の被官たちが玉隠に求詩できたと考えることも可能であろうか。

こうした見立ては難しいであろう。明応七年の推挙があっても、同時期に古河公方や山内上杉氏が玉隠を使役して詩を供させた事例は見られない。最初の事例は、四年後の文亀二年（一五〇二）

の山内上杉顕定の亡母の三回忌を待たねばならず、それすら両上杉氏抗争の講和期に執り行われたものであった。玉隠が建長寺住持に就任した直後に、扇谷上杉氏のための法語を行っていることとは非常に対照的である。

また、明応六年六月時点では、「将軍・義澄―伊勢宗瑞―扇谷上杉氏」側の優勢がまだ明確となっていない点に注目する必要があろう。古河公方の河越攻めは明応五年もしくは六年の夏から冬に行われたと考えられる。伊勢宗瑞は明応六年には茶々丸側の反撃に遭っていた。[67]山内上杉・古河公方が、玉隠を建長寺住持に推挙して「将軍・義澄―伊勢宗瑞―扇谷上杉氏」との和睦を図る段階には、まだ達していないのである。

明応六年（一四九七）は和睦が志向される状況はまだ現れていなかった。明応七年（一四九八）に山内上杉・古河公方が玉隠の建長寺住持へ推挙しても、実際に玉隠が就任したのは明応八年（一四九九）であり、和睦が成ったのも明応八年である。山内上杉氏が鎌倉の玉隠を使役して文化活動を行わせたとして確認される事例は、文亀二年（一五〇二）まで確認できない。明応六年時点では、山内上杉氏が玉隠に求詩できたとは考え難く、ましてその被官が、主君を差し置いて、自分の亡き父のために玉隠に求詩できたとは考えにくい。

67 『松陰私語』は、古河公方の河越攻めが「数月」続いた後、「寒中」に公方が体調を崩したことを契機に終了したと記す。

岩付左衛門丞顕泰＝太田六郎右衛門尉説は成立する

本章冒頭で、条件⑥の検討において、岩付左衛門丞顕泰＝太田六郎右衛門尉説が十分条件の充足に近い形で、その成立性が論じられることになると宣言したのは、以上の議論を踏まえたものである。他の岩付城築城者説では、十分な蓋然性を以て条件⑥を満たすことは難しい。しかし、一度は否定されたはずの太田氏築城説ならば条件は⑥は満たされるのである。

岩付左衛門丞顕泰に比定できる太田氏はいないとする否定論（否定論C）に対する反論は以上である。これら否定論には十分に可能であり、「岩付左衛門丞顕泰」を、太田道灌の後継者となった甥「太田六郎右衛門尉」に比定する想定が、矛盾を生じないことが示せたと言えるであろう。

第六章　太田氏築城説で岩付城史を叙述できるか（前）

太田氏築城説に対する否定論のうち、Ａ・Ｂ・Ｃに対する反論は終了した。残るは、「Ｄ：『岩付城を先祖から継承した岩付太田氏』という理解への疑義」のみである。Ｄに反論するには、本書の太田氏築城説の立場から岩付城の歴史を時系列で追い、太田道真の岩付築城から太田資頼による渋江氏からの岩付城強奪までを矛盾なく説明できることを示すのが、最も有効な手段であろう。その実行は、「はじめに」で宣言した「今日の定説としての戦国関東史との整合性」を追求する行為とも言える。本章と次章でこれを行いたい。

なお、史料の参照先の表記は、前章までに紹介がある場合には省略し、本章で初出となるものについてのみ付記した。

（一）岩付城の築城

岩付築城以前

『鎌倉大草紙』が岩付城の築城年とするのは長禄元年（一四五七）であるが、それ以前から、扇谷上杉氏が岩付地域を支配していたことは、旧平林寺梵鐘の「享徳五年」銘や、『永享記』における扇谷上杉持朝による岩付からの軍勢派遣記述（永享十二年（一四四〇））等からほぼ明らかである。太田道真にとっては孫にあたる叔悦禅師が、『叔悦禅師頂相』（岩太六一）において「瀟水兼湘水合、是師生縁」とされた記載も、同禅師が瀟水（荒川）と湘水（利根川）の合流点である岩付で生誕したと解釈することが可能であり、この解釈に従う場合、太田氏一族が岩付地域の統治・防衛を任され同地に滞在していた可能性も想定される。

太田道真の一次史料における初見は、「政所方引付」の永享十二年（一四四〇）二月の「太田六郎右衛門尉」である。扇谷上杉氏の家宰であった道真は、永享十二年（一四四〇）頃から岩付地域と関わりがあったと考えることができるであろう。なお、曹洞宗の高僧・月江正文が普門院（さいたま市大宮区）を開山したのは、『新編武蔵風土記稿』によれば応永三十三年（一四二六）のことであり、またその寂年は『本朝高僧伝』によれば寛正三年（一四六二）のことである。太田道真が、月江正文の法系と縁が深かったことは、後に道真が正文の弟子・泰叟妙康を住持として龍穏寺を再建した（『新編武蔵風土記稿』）ことから明らかであるが、道真と正文の縁は、扇谷上杉氏家宰として岩付地域に姿を見せた太田道真が、同地からほど近い普門院に足を伸ばしたことで生まれたものかもしれない。

法名「道真」の初出は文安四年（一四四七）。これは、扇谷上杉氏家宰として相模国守護代の職務も担い、臨済宗・鎌倉五山とも縁の深かった道真が、臨済宗の法名として名乗ったものであろう。その後道真は、岩付地域での働きの中で、普門院の高僧・月江正文と知遇を得て帰依し、その弟子として曹洞宗の法名「正等」も名乗ったのではないか。しかし、太田氏代々の公的な法名は「道」を通字とするものであり、公的な働きをする上では引き続き法名「道真」を名乗ることになった。「正等」はあくまでも、プライベートな法名として用いられたものと想定したい。

長禄元年の岩付築城

長らく緊張関係にあった鎌倉公方と関東管領上杉氏は、享徳三年（一四五四）、遂に激突し、「享徳の乱」が始まる。

当初の戦局は、先手を取った公方側が優勢であった。公方・足利成氏は康正元年（一四五五）には、武蔵国府中付近の合戦で上杉氏陣営を大敗させる。その後、足利成氏は古河に入り（以降、定住し古河公方と呼ばれる）、同年十二月には騎西城（加須市）を攻略する。以降、古河公方陣営は、騎西城を橋頭堡とし上杉陣営が支配する足立郡・埼西郡への攻勢を展開する。

康正二年（一四五六）十月の岡部原合戦や人見原合戦は、こうした古河公方陣営の攻勢によって生じた合戦であり、岩付地域も、康正二年（一四五六）の段階で古河公方陣営の攻撃を受けたことが、旧平林寺梵鐘銘の「享徳五年」銘から明らかである。『鎌倉大草紙』は、この時、古河公方方の簗田氏が「関宿より打て出、武州足立郡を過半押領し」と記載する。上杉陣営の一翼を成す扇谷上杉氏による足立郡・埼西郡支配が危機に陥ったことが窺われる。

こうした状況を打開すべく、扇谷上杉氏勢は、長禄元年（一四五七）に、河越・岩付・江戸の三城を築城したと『鎌倉大草紙』は記述する。この三城は、扇谷上杉氏領国の中核領域であった武蔵野台地から見て〝扇状〟に展開し、岩付城はその中央を守る位置に置かれた。「自耕斎詩軸并序」の「白羽扇指揮三軍守其中、曰中扇亦宜也」は、このような岩付城の位置を捉え、扇状に展開された三城のうち、中央の岩付城が「中扇」と称され、それが岩付の別名ともなったと述べているのであろう。また、同詩序における「築一城、通南北衝、寔国之喉襟也」も、岩付城の構築により荒川防衛線が確立し、扇谷上杉氏の中核拠点である河越城・江戸城の通交が叶ったことを示すと考えることができる。

渋江氏の関与

太田道真による岩付築城は、同地域の古豪・渋江氏の協力を得て行われたものであろう。渋江氏は武蔵七党に遡る古豪であり、かつて渋江郷と呼ばれた岩付地域に鎌倉時代から盤踞していた一族である。本書は、この渋江氏が、扇谷上杉氏家宰の太田氏に従って岩付城の構築を支援したと想定するが、その背景には三つの理由がある。

（ア）渋江氏館の候補地（府内三丁目遺跡）は、岩付城から僅か二キロメートル弱しか離れておらず、同城と同じ荒川（元荒川）右岸（西側）に位置する。距離が近く、障壁となる地形がないことを考えれば、この拠点が岩付城と対峙するものであったとは想定しがたい（図30：府内三丁目遺跡と岩付城の位置関係を参照されたい）。

（イ）渋江氏が岩付城築城者と対立する立場にあり、岩付地域から掃討されたのであれば、新たな岩付の主は、既存の要害である渋江氏館を利用し、これを改修・補強する形で自身の城郭とするだろう。近接した位置に岩付城が築かれたことは、広域権力者太田氏が、在地勢力である渋江氏と敵対しない立場で、自身の戦略目標に沿った新城郭を築いたことを示唆する。

（ウ）青木氏が指摘したように、渋江氏が荒川右岸[68]（西側）を本拠とし、同川左岸（東側）に進出しようとしていた勢力であった。その志向性は、荒川右岸に領国を展開し左岸の古河公方からの攻勢に備える形勢にあった扇谷上杉氏と共通である。荒川左岸勢力が、古河公方方につくことで岩付地域への進出を実現していたことは、本書で何度も引き合いに出した旧平林寺梵鐘が、荒川左岸の星智寺（現在の茨城県猿島郡境町）

68 青木氏は、永享七年（一四三五）時点において渋江氏が元荒川対岸の慈恩寺別当職と紛争を生じていた（足利持氏御教書（埼⑤五一五））ことを示し「渋江氏は地域の交通路掌握と荒川対岸域への進出を図っていた」と考察する。

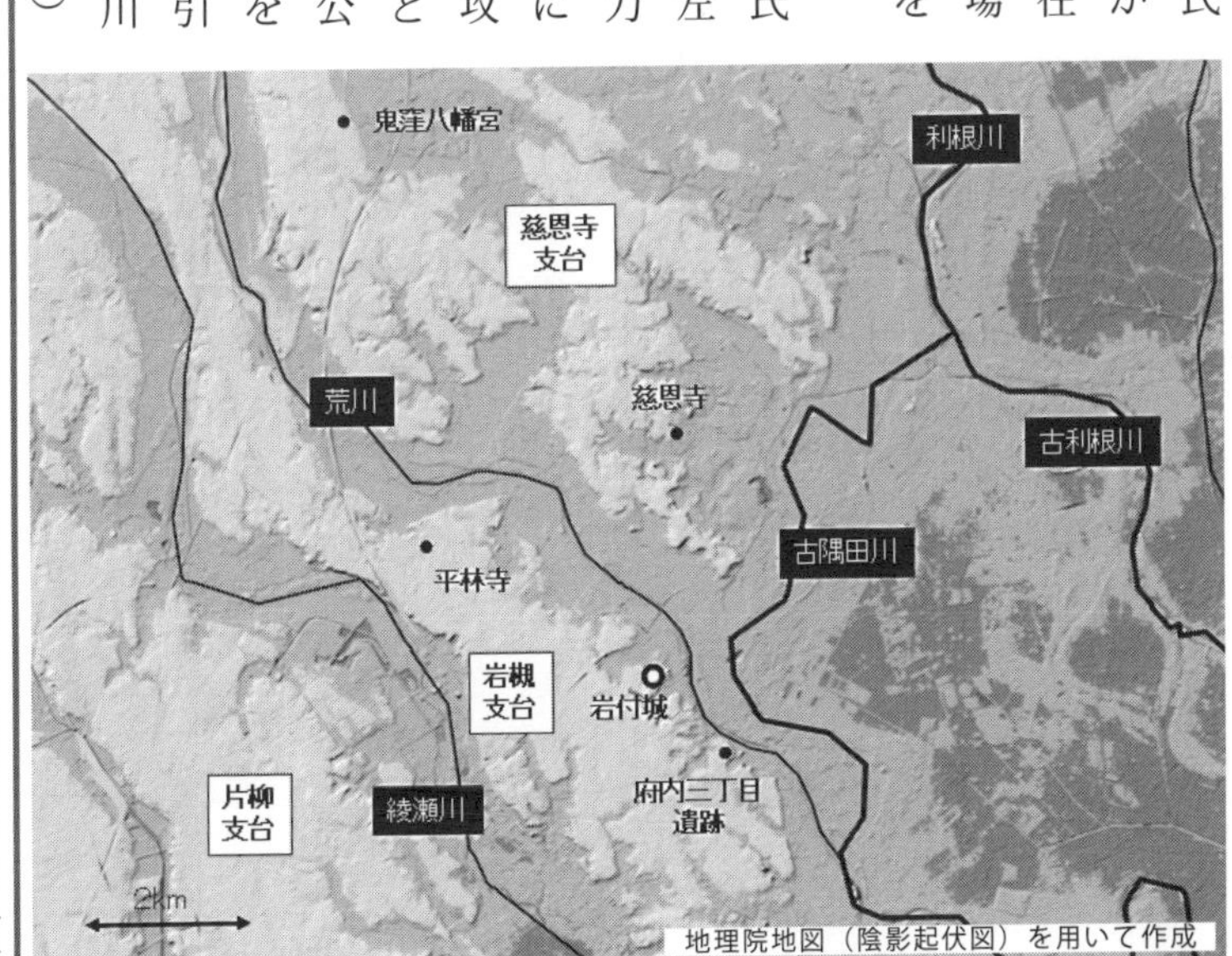

図 30：府内三丁目遺跡と岩付城の位置関係

に奉納されたことからも明らかである。荒川左岸勢力の渋江氏には、扇谷上杉氏に味方することに利があったことになる。

享徳の乱初期の渋江氏は、扇谷上杉氏と利害関係が一致する状況にあった。また渋江氏館と岩付城の位置関係からは、両拠点が対立関係にあったことは窺われない。渋江氏が、上位権力者である扇谷上杉氏・太田氏の軍勢の岩付駐屯を受け入れ、そのための拠点が自身の館の近くに築かれることを了とした。更にはその構築を支援したとの想定は、無理のないものと言えよう。

岩付城による荒川・利根川防衛線の確立

享徳の乱前期、上杉氏陣営と古河公方陣営は、荒川・利根川を挟んで激しく抗争したが、その合戦の多くは、「古河城」と「五十子陣」を結ぶライン上に帯状に分布する（太田荘会下、綱取原、羽継原、海老瀬口での合戦を想起されたい）。岩付周辺では、旧平林寺梵鐘の「享徳五年」銘が示唆する康正二年（一四五六）の争乱以外、大きな合戦は確認されない。このことは、長禄元年（一四五七）の岩付城の構築により荒川（元荒川）と利根川（古隅田川）の防衛線が確立された可能性を示唆する。『香蔵院珎祐記録』は、長禄三年（一四六〇）から寛正三年（一四六二）にかけて太田道真・道灌父子が足立郡佐々目郷（さいたま市南区・戸田市・蕨市）で大きな政治権限を行使したことを記し、父子の地位が揺るぎないものであったことが読み取れる。こうした太田氏の足立郡の強固な支配も、隣接する岩付地域が古河公方方の支配下にあったならば説明が難しく、太田氏による岩付築城と同城によって荒川・利根川防衛線が確立したとの従来理解と整合的である。

太田道真は早期に岩付城を出る

ただし、岩付城を構築した太田道真は、早い時期に同城を離れたことが想定される。『香蔵院珎祐記録』の長禄四年（一四六〇）三月条には、俵泥棒逮捕の状況を太田道真に伝えるべく、鎌倉から河越に供僧らを参陣させる考えが示されている。これにより遅くとも長禄四年（一四六〇）には、太田道真が河越城に恒常的に在城していたことがわかる。古河公方の攻撃対象が足立・埼西両郡から五十子陣に移ったことで、扇谷上杉氏にとっての対公方抗争の様相が変わったのであろう。家宰の道真の役割は、岩付城を拠点とする荒川防衛ではなく、五十子陣により近い河越城に入っての主君の扇谷上杉持朝の補佐に変わったのではないだろうか。太田道真の河越入りの時期は不明だが、五十子陣の構築が長禄元年（一四五七）とされていることを踏まえると、道真は、築城直後まもなく岩付城を配下に預け、自身は河越城に身を移したと考えられる。

以上より、太田道真の岩付在城は、長くとも長禄元年（一四五七）から同四年（一四六〇）にかけての三年間に過ぎなかったことになる。太田道灌が、長禄元年（一四五七）の築城から文明十八年（一四八六）に至るまでの約三十年間、江戸城に在城し、城主として君臨し続けたことと対照的と言える。

先に、太田氏系譜史料において、太田氏が岩付城を築城したとする史料が十一点中八点にも及ぶ一方で、築城者を道真とするもの[69]は二点のみであることを紹介したが、この事実は、道真の岩付在城期間の短さによって説明できるのであろう。江戸城主として約三十年間の月日を過ごした道灌と違い、道真は岩付城主であった期間があまりに短かく、その記憶は断片的にしか受け継がれなかったのではないか。そのため、長期に及ぶ越生・自得軒での隠居生活こそが太田道真という人物を特

69 他の五点は岩付築城者を道灌とし、残る一点は道灌の後継者・道俊とする

徴づける要素となり、あらゆる系譜史料に記されることになった反面、岩付築城の事績は伝承から漏れてしまいがちになったのではないだろうか。

道真後の岩付城主

では、築城者・太田道真が河越に去った後に、岩付城主となったのは誰か。残念ながら、「誰」を語るための信頼できる史料は存在しない。太田一族の中の誰か、あるいは被官であり在地領主である渋江氏が、道真後の岩付城を守ったと考えるのが、常識的な推測と言えようか。先に示した通り、道真の孫であり道灌の甥にあたる叔悦禅師が、灊水（荒川）と湘水（利根川）の合流点＝岩付で生誕したとの解釈が正しければ、太田氏一族の中には、岩付地域の統治を担当し同地に在住した者が存在し、この人物が叔悦禅師の父であった可能性も想定される。道真は、難局の去った岩付を、再び叔悦禅師の父に託したのかもしれない。

一つ興味深いのは、江戸時代に武蔵国各地の伝承等を取りまとめた『新編武蔵風土記稿』の「建置沿革」に、「岩槻太田図書資忠総州に戦死す」との記載（岩太六四四）があることである。太田図書助資忠は、太田道灌の弟であり、長尾景春の乱では河越城に入って主君・扇谷上杉定正とともに戦い、同乱鎮圧以降は千葉氏との抗争で活躍した人物である。質の高い史料に基づく議論とは言えないが、この伝承の存在は、道真以降に資忠クラスの太田氏が岩付城に入った可能性を示す。

本書としては、〝道真以降に資忠か資忠クラスの太田氏が岩付城主となった可能性も想定される〟、とまで論じることにしたい。在地領主の渋江氏は、その補佐役となったのではないだろうか。

（二）道真の隠居と求詩

太田道真が越生に隠居したのは、寛正二年（一四六一）である。この隠居は、室町幕府が新たな鎌倉公方として関東に下向させた足利政知と扇谷上杉氏の対立を清算するための「政治劇」であったとの指摘がある。

太田道真が以降も大きな権限を振るったことは、文明元年（一四六九）に、河越で道真主催の「河越千句」が開催されたことから明らかである。「河越千句」は、関東下向中であった著名な連歌師、心敬や宗祇を迎え、扇谷上杉氏の本拠・河越城で行われた連歌会であるが、こうした文化事業を、道真が主催したことは、この人物が依然として扇谷上杉氏家宰時代と変わらぬ権限を振るっていたことの証拠と言えよう。

注目されるのは、「河越千句」が隠居後八年目にあたる文明元年に行われていることである。古河公方と両上杉氏が激しく抗争した享徳の乱は、応仁二年（一四六八）の毛呂島・綱取原（ともに伊勢崎市）での合戦以降、落ち着きを見せる。次に両陣営の衝突が見られるのは、文明三年（一四七一）の上杉氏陣営による下野攻め・古河攻めである。文明元年という年は、両陣営の抗争が、一旦硬直状態に陥り、かりそめの平和が訪れたタイミングだったのかもしれない。

正等としての道真の求詩はいつか

「自耕斎詩軸并序」は、岩付築城者「正等」が、生前に複数の五山僧に絵を示し詩を求めたことを記す（而絵以求詩、有聴松住持龍華翁詩、懶菴亦其員而、詩序贅之）。

正等を太田道真に比定する場合、この「求詩」が行われたのは、「河越千句」が開催された文明元年（一四六九）頃と考えるのが、一つの妥当な想定であろう。一時的な平和が訪れたこの時期、道真は改めて曹洞宗での仏道修行に力を入れることを決意し、斎号「自耕斎」（「自耕」は仏道修行の隠喩）を名乗った。そして恩師・月江正文と出会う契機となった岩付駐屯時に見た田園風景を絵師に描かせ、その絵を五山僧らに示し、修行の励みとなるような詩文を綴らせたのではないだろうか。

道真の息子・道灌は、父の「河越千句」を意識してか、その五年後の文明六年（一四七四）に、やはり連歌師・心敬を呼んで「武州江戸城歌合」を開催している。その道灌が、初めて複数の五山僧に詩を書かせたのは、文明八年（一四七六）の『寄題江戸城静勝軒詩序』である。これにも父による先例があったとするならば、文明元年頃の正等による「求詩」は、時期的にもそれに相応しいであろう。

「求詩」に答えた僧たちの年齢

では、文明元年あるいは文明四年の正等＝太田道真の「求詩」との想定は、登場する五山僧たちの生年・寂年に照らして不整合を生じさせないだろうか。

「求詩」に答えた五山僧のうち、「詩軸」に名が記されているのは、玉隠と「龍華翁」の二名である。玉隠は、生年が永享四年（一四三二）と伝わるため、文明元年時点で三十七歳。才能ある詩僧として、既にその名が知られ、将来の栄達も見えている年頃である。権力者から「求詩」を受けるに相応しい年齢と言える。

「龍華翁」に比定されるのは竺雲顕騰と希世霊彦であるが、この二僧はどうか。

竺雲顕騰は、生年は伝わっていないが、『梅花無尽蔵』において木戸孝範の弟とされている。木戸孝範の生年は永享六年（一四三四）である。竺雲顕騰との年齢差は不明だが、仮に五歳差とすれば、文明元年（一四六九）の時点で三十歳となる。やや若いが、新進気鋭の詩僧として権力者からの「求詩」先の一人として選ばれるには問題のない年齢であろう。兄・木戸孝範が太田道灌の客将であり、太田氏との関わりが深かったことも踏まえれば、詩を求められた僧の一人に、若き竺雲顕騰が選ばれても不思議ではないだろう。

希世霊彦の生年は応永十年（一四〇三）と伝わっている。文明元年（一四六九）時点で六十六歳であり、まさに五山僧の重鎮として、権力者の詩の求めに応じるに相応しい年齢と言えるであろう。

（三）長尾景春の乱と戦線の変化

道真・道灌らが文化活動のパトロンとなり平和を享受した時期は、「長尾景春の乱」の勃発により終わる。文明八年（一四七六）に始まった同乱は上杉氏陣営の内部抗争であった。西関東に展開された同陣営の支配は、この乱によって大混乱に陥ったのである。

ただし、既に紹介した通り、〝西関東〟の内部で合戦が繰り広げられたこの期間、岩付地域は戦場になっていない。西関東と東関東の境目の岩付地域は、長尾景春与党と太田道灌の抗争の中で、争奪戦の対象となる地ではなかったのだ（図23参照）。この時、岩付城に配置されていたと想定される太田一族（『新編武蔵風土記稿』は太田資忠とする）や被官はどうなったであろうか。『太田道灌状』には太田資忠が道灌の指示によって他所から河越城に移されたことが見えるが、同様の展開は岩付城に配された太田一族の者にも起こった可能性が考えられる。岩付城に配置されていた太田氏あるいはその被官は、道灌の指示で〝西関東〟の戦地に再配置されたのではないだろうか。

この時、岩付城主を補佐する立場にいたと想定される在地領主・渋江氏は、どうなったであろうか。〝西関東〟を転戦させられた可能性も排除はできないが、岩付城を完全に留守にする訳にもいかない。筆者は、渋江氏の本隊は、引き続き岩付に残り、いわば「城代」のような形で、同城を守ったと考えたい。

太田資忠の死

文明十一年（一四七九）には、長尾景春の乱鎮圧の連戦の中で行われた臼井城において、太田資忠が討死するという事件が起こる。もしも太田資忠が岩付城主であったなら、岩付城は城主を失ったことになる。その後、太田道灌は、資忠に代わる岩付城主を指名しただろうか。道灌が、長尾景春の乱鎮圧後は千葉氏の制圧に全力を注いだことを考えると、有能な一族や被官を係争地ではない岩付城に配置するのは戦力の分散になる。「もしも太田資忠が岩付城主であったなら」との仮定の上での考察であるが、筆者は、資忠の討死以降の岩付城は「城代」の渋江氏が事実上の城主として領有する城として、変質していったのではないかと考える。この考察は、「もしも太田資忠が岩付城主であったなら」との仮定が無くても成立する。道真が、岩付城に配置した被官が誰であろうと、それが有能な人物であれば長尾景春の乱に投入された可能性は高いからである。

結果として文明八年（一四七六）から同十八年（一四八六）にかけて、岩付城は、在地領主であり「城代」を務めた渋江氏がその運営を差配する城になっていたのではないだろうか。

渋江氏説の岩付築城

なお、渋江氏築城説は、享徳の乱初期から文明十六年（一四八四）までを下限として、岩付地域の支配が公方方から再び上杉方に移ったものの、扇谷上杉氏は同地域を放棄したままの状態が続き、山内上杉氏被官の渋江氏が岩付城を築城したと想定する（青木（二〇一五））。しかし扇谷上杉氏は、享徳の乱期に「守護分国相模から武蔵東部にかけてを実質的な勢力圏として形成していた」（黒田（二〇一二②））と指摘されている。武蔵東部の岩付地域が上杉氏方に再編入されたにも関わらず、元支配者の扇谷上杉氏が統治に関与しなかったとの想定は、やや不自然かもしれない。

（四）道灌の謀殺と長享の乱

太田道灌の活躍により長尾景春の乱は文明十二年（一四八〇）に鎮圧され、文明十四年（一四八二）には古河公方陣営と上杉氏陣営の講和（都鄙和睦）が成立する。二十八年間にわたった「享徳の乱」は、ここに終結する。以降、上杉氏陣営の敵は下総国の千葉氏のみとなり、道灌は全精力を傾けて千葉氏討伐に邁進していく。

しかし、長尾景春の乱をほぼ独力で鎮圧し、更に千葉氏討伐を主導する道灌の威勢は、主君である扇谷上杉氏のみならず、その上位権力者である関東管領・山内上杉氏すら脅かすものになろうとしていた。その結果起こったのが、文明十八年（一四八六）の扇谷上杉定正による道灌謀殺である。

ところが皮肉にも、共通の脅威である道灌を排除したことで、両上杉氏は、互いが両雄並び立たずの状態にあることをむしろ鮮明に突きつけられたのかもしれない。両者の緊張関係は次第に高まり、互いを潰し合う長期の抗争に突入していくことになったのだ。これが長享元年（一四八七）から永正二年（一五〇五）まで十七年間にわたって展開された「長享」の乱である（図6：長享の乱の前期と後期の対立構図）。

長享の乱の始まりと前後して、道灌亡き後の太田氏は、実子・資康と、甥と想定される六郎右衛門尉の二系統に分裂する。

扇谷上杉氏方太田氏の当主は六郎右衛門尉

『年代記配合抄』によれば、「太田六郎右衛門」という人物が、扇谷上杉氏陣営に残った太田氏において惣領となる。道灌が謀殺された文明十八年（一四八六）のことである。この人物は、推定明応五年（一四九六）の七月二十四日付の山内上杉顕定書状において、小田原城と推測される要害に籠城した扇谷上杉氏方の重臣「太田六郎右衛門尉」と推測されている。太田六郎右衛門尉と太田道灌の血縁関係は不明であるが、『太田資武状』が、道灌の後継者は養子となった元甥であるとしていることから、甥であった可能性が高い。

「六郎右衛門尉」の名乗りは、太田道真の若い時代のものと全く同じである。道灌の実子の太田資康が、実父と同じ源六という仮名を名乗った（『梅花無尽蔵』）ことと対照的である。道灌の実子であることを家督継承の根拠とした資康に対して、六郎右衛門尉は、当時まだ存命であった太田氏長老・道真を後ろ盾にしていたのではないか。本書は、扇谷上杉氏陣営に残った太田氏の新当主・六郎右衛門尉は、陣営内で逆賊とされた道灌から家督を継承した形式を取ることには憚りがあったと想定する。太田氏の家督は主君に誅された道灌から一旦その父・道真に戻り、六郎右衛門尉は、祖父にあたる道真から家督を継承する形式を取ったと考えたい。

道灌実子・資康の転向

一方、道灌実子の太田資康は、扇谷上杉氏のもとを離れて山内上杉氏のもとに身を寄せる。長享二年（一四八九）に、太田資康の陣を訪ねた万里集九は、資康を『梅花無尽蔵』において「太田二千石公之家督源六資康」と呼んでおり、資康が自身を道灌の家督継承者と位置づけていたことがわかる。また『梅花無尽蔵』は、同陣に三浦道寸がいたことも記す。道寸は扇谷上杉氏被官の有力者であり、資康の岳父であったと伝わる人物である。扇谷上杉氏被官の一部が資康に追従したことが窺われる。ただし、太田氏一族の大半は扇谷上杉氏陣営に残ったらしい。万里集九は、太田資康が道灌（二千石）の一人子であるにも関わらず、彼を補佐する者が少なかった（希扶佐二千石之孤資康）と嘆いている。

長享の乱初期の展開と岩付地域

長享二年（一四八八）二月、山内上杉氏は、まず扇谷上杉氏の本拠地である糟屋館（伊勢原市）を攻める（実蒔原合戦）。しかし、扇谷上杉氏はこれを跳ね返し、むしろ攻勢を取ったらしい。同年六月には扇谷上杉氏の武蔵国における本拠である河越城近くの須賀谷原（嵐山町）で山内上杉氏と交戦し（須賀谷原合戦）、その後十一月には、山内上杉氏の本拠・鉢形城に近い高見原（小川町）でも合戦を展開する（高見原合戦）。また、長享の乱初期には古河公方は扇谷上杉氏支持の立場を取ったらしく、延徳二年（一四九〇）に、扇谷上杉氏に与する古河公方が忍城を攻撃し、成田氏を従わせたと考えられている。第二章（一）で指摘した通り、いずれの攻防においても、岩付地域は、抗争地からは遠かった（図19参照）。

その後、延徳二年（一四九〇）後半に扇谷上杉氏と山内上杉氏は講和し、明応三年（一四九四）まで停戦状態が続くことになる。

『本土寺過去帳』によれば、太田道真は長享二年（一四八八）の二月に没したことになる。道真は、二年前に惣領となった六郎右衛門尉が、長享の乱初期の合戦を戦う様子を見届けることなく、この世を去ったことになる。

渋江氏の置かれた状況

この時、岩付地域の渋江氏は、どのような状況に置かれていたか。

本書が想定する道灌謀殺時の渋江氏は、太田氏に従う在地領主である。絶大な権力を有した太田氏が分裂し、扇谷上杉氏被官の中から三浦道寸のように山内上杉氏方に転向する者も出る状況の中、渋江氏もまた身の振り方に悩んだことであろう。

しかし、渋江氏の動向を決定したのは、山内上杉氏と扇谷上杉氏の優劣の問題以上に、荒川（元荒川）を挟んで対峙する巨大勢力・古河公方陣営の動きであったことだろう。古河公方が扇谷上杉氏支持の立場を取り、延徳二年（一四九〇）には忍城を攻める状況にあって、古河公方と扇谷上杉氏の境目に位置した岩付の渋江氏が、遠い山内上杉氏方に転向することは考えにくい。渋江氏は、扇谷上杉氏方太田氏の寄子という地位を保ったまま、長享の乱初期をやり過ごしたのではないだろうか。

（五）明応の再乱

和睦に至った扇谷上杉氏と山内上杉氏であったが、明応三年（一四九四）から、抗争が再開される。これを「明応の再乱」と呼ぶが、その背後には、京都で起こった「明応の政変」があったと言われている。

明応の政変は、明応二年（一四九三）に、管領である細川政元が、将軍・義稙（当時は義材であったが義稙で呼称統一）を廃して、義澄（当時は義遐であった義澄で呼称統一）を擁立した政変である。元将軍・義稙は越中に逃れて、越後の上杉房定（山内上杉顕定の父）と結び、山内上杉顕定もこの動きに合流する。

一方、新将軍・義澄は、勢力確立のためにも伊豆の堀越公方の家督争いに介入し、自身の異母弟・潤童を公方とすることに成功したものの、前堀越公方の長男・茶々丸が潤童を殺害し、二代目堀越公方となってしまう。新将軍・義澄は、仇討のために伊勢宗瑞を伊豆に派遣し、茶々丸を攻撃させたが、これが伊豆国守護である山内上杉顕定を刺激することになった。顕定は茶々丸を支援し、ここに前将軍・義稙―上杉房定―山内上杉顕定―茶々丸という連携が形成される。

一方、伊勢宗瑞は、茶々丸を支援する山内上杉顕定に対抗するため、顕定と和睦したものの潜在的な対立関係にあった扇谷上杉定正と結び、ここに、新将軍・義澄―伊勢宗瑞―扇谷上杉氏という連携が形成されることになる（図33：明応期の将軍家を巻き込んだ対立構図参照）。

山内上杉氏と扇谷上杉氏は、再び抗争を展開することになったのである。

扇谷上杉定正の急死と渋江氏の立場の変化

扇谷上杉氏と山内上杉氏の抗争は、明応三年（一四九四）八月頃に再開される。しかし、伊勢宗瑞の助勢を受けて、山内上杉氏に攻勢をかけた扇谷上杉定正であったが、同年十月に、荒川を渡る途中で頓死してしまう。形成は逆転し、混乱する扇谷上杉陣営を山内上杉氏が攻める局面となるが、この時、大きな情勢変化が生じる。長享の乱初期は扇谷上杉氏の味方であった古河公方が、山内上杉氏と軍事行動を取り、扇谷上杉氏を攻撃したのだ。

これによって、渋江氏の置かれた状況は激変することになったはずである。扇谷上杉氏と古河公方の両陣営の〝境目〟に置かれた渋江氏は、両陣営が同盟関係にあれば、渋江氏と岩付地域は安泰である。しかし、両者が敵対関係になれば、状況は一気に不安定化する。〝境目〟の岩付城とその実質的城主・渋江氏は、どちらの陣営に付くかの判断を迫られたことであろう。

筆者は、渋江氏はこの時、もうこれ以上扇谷上杉氏に従うのは無理だと判断したのではないかと推測する。もともと山内上杉氏は、扇谷上杉氏よりも所領も広く、勢力に勝る。扇谷上杉氏が山内上杉氏に対応できたのは、当主・定正の武将としての才覚と、巨大勢力・古河公方陣営の後ろ盾があったためである。その当主・定正が頓死を遂げ、古河公方が反扇谷上杉氏に回った以上、扇谷上杉氏方に勝利の見込みはない。渋江氏は、岩付城ごと山内上杉氏方、あるいは古河公方方に転向したのではないだろうか。

足利政氏書状が示唆する岩付勢力の寝返り

岩付城の初見史料とされる古河公方・足利政氏書状が、明応三年十一月に出されたことは、この時、岩付勢力が歴史の表舞台に躍り出たことを示唆する。同書状は、古河公方配下の簗田氏が、岩付勢力に「合力」したことを記すが、そのような状況が生じたのは、岩付勢力＝渋江氏が、扇谷上杉氏方から山内上杉氏方もしくは古河公方方に転向したためと考えれば説明がつく。

なお先にも紹介した通り、「合力」は「基本的に独立勢力同士で用いられる」言葉である。青木（二〇一五）は、古河公方がこの言葉を使ったことを以て、この時の岩付勢力を山内上杉氏方と考察する。筆者はこの考え方を否定しないが、青木氏が、岩付勢力がこの書状のはるか以前、具体的には文明十六年（一四八四）を下限としてそれ以前から一貫して山内上杉氏方であったとする点には、同意できない。岩付勢力が文明期から山内上杉氏方であった場合、長享の乱の初期（一四八七～一四九〇）においても同勢力は山内上杉氏方であったことになる。当時、扇谷上杉氏が古河公方と同盟して山内上杉氏と抗争を展開していたことを踏まえると、岩付勢力は、扇谷上杉氏と古河公方という盟約する二大敵勢力の境目に位置したことになる。山内上杉氏方としてその両者の通交を妨げる役割を果たしたことになる岩付勢力が、東西に肉薄する二大勢力によって挟撃されることなく、抗争の記録も無く、明応の再乱（一四九四～）まで生き延びることはできたか。筆者には、非常に不自然な想定に思える。

明応三年の渋江氏の動静

では、本書はどう考えるか。満たすべき条件は次の四点である。

(i)長享の乱の初期（一四八七～一四九〇）に岩付地域に抗争の記録がないこと、
(ii)明応の再乱（一四九四～）から突如として岩付の名が古河公方方として史料上に登場すること、
(iii)岩付勢力が古河公方から独立勢力同士で用いられる「合力」の対象とされたこと、
(iv)享徳の乱前期には岩付周辺が上杉氏陣営の支配下にあったことを示唆する金石史料が存在すること（鬼窪郷から聖天院に奉納された鰐口銘）

これら四条件を満たすのは難しい。それは次のような問題が生じるためである。

・岩付勢力が古くから山内上杉氏方であれば、長享の乱初期の岩付地域の平穏が説明し難い（条件ⅰ・ⅱとの齟齬）
・同勢力が昔から古河公方方であるとの想定は、応仁期の金石史料と矛盾する（条件ⅳとの齟齬）
・古くから公方配下であれば（例えば黒田（一九九四）は岩付勢力＝渋江氏を古河公方奉公衆と位置付ける）被官としての位置づけも明確化され、「合力」という語で象徴される半独立性は想定し難い（条件ⅲとの齟齬）

ところが、「岩付勢力が当初は扇谷上杉氏方であったものの、明応の再乱期に山内上杉氏方もしくは公方方に転向した」との想定を置けば、問題は解決する。

・岩付勢力が享徳の乱期に扇谷上杉氏方であれば、金石史料とも矛盾しないことになる。（条件

ⅳの充足）

・同勢力が、続く長享の乱初期においても引き続き扇谷上杉氏方であったならば、岩付は扇谷上杉氏と結ぶ古河公方との境目の地であったことになり、抗争とは無縁であったことも頷ける。（条件ⅰの充足）

・同勢力が、明応の再乱（一四九四〜）に直面し、敵に回った古河公方陣営の圧力に耐えかね山内上杉氏方もしくは公方方に転向したと想定すれば、岩付地域が突如扇谷上杉氏と古河公方の抗争地として浮上し、同地が古河公方方として史料上に登場することも説明できる。（条件ⅱの充足）

・また、古河公方が岩付勢力への支援を「合力」（独立勢力に対する支援）と表現したことも説明できる。青木氏が指摘したように、岩付勢力が山内上杉氏方となったのであれば、古河公方が「合力」の語を使用したことは頷ける。岩付勢力が転向した先が公方方であった場合も、古河公方にとってまだ自身の配下として組み込めた存在ではない。「合力」が「対等な関係である必要はなく、たとえば大名から軍事的に従属させている領主たちに向けてのものでもよい」（久保健一郎（二〇一五））言葉であることを踏まえると、新たに自身のもとに転向してきた元敵方の地域領主を、公方が「合力」の対象としても不思議ではない。（条件ⅲの充足）

条件ⅰ〜ⅳは全て、矛盾なく説明されることになる。

そしてこの岩付勢力こそ、太田氏不在が続いた岩付城で、実質的な城主と化していた〝城代・渋江氏〟であった、と筆者は考える。

（六）岩付城の奪還と詩軸の作成

明応五年の「西郡一変」と定正の三回忌

山内上杉氏・古河公方陣営の攻勢は続く。先に紹介した推定明応五年（一四九六）の七月二十四日付の山内上杉顕定書状には、小田原城と推測される扇谷上杉氏側の要害の「自落」や、「西郡一変」との状況、更に相模国中郡の実田要害（平塚市）への進軍が報じられている。扇谷上杉氏は、本国である相模国の西郡を失い、更に中郡まで攻め込まれる状況に陥ったのだ。なお相模西郡攻撃の際には、太田六郎右衛門尉も、小田原城と思われる要害の防衛に関与したことが、前出の山内上杉顕定書状に記されている。太田六郎右衛門尉も、陣営最大の危機に直面し、懸命の働きを見せたのであろう。

追い詰められた扇谷上杉氏であったが、中郡や鎌倉のある東郡の防衛には成功したらしい。「西郡一変」が報じられた三か月後の明応五年十月には、扇谷上杉朝良が喪主となり、二年前に急死した前当主・扇谷上杉定正の三回忌が、鎌倉建徳寺で執り行われている。法語を担当したのは、鎌倉五山の玉隠英璵である。扇谷上杉氏は、鎌倉五山の高僧を動員し、三回忌の法事を実施できる程度には、領国の平安を取り戻したのだ。

先に述べた通り、この時の玉隠の法語には、「物征伐之刑、似秋霜之殺叢」（秋霜が叢を殺すがごとく敵を征伐する）のように、生前の扇谷上杉定正の武勇を称賛した血生臭い表現が多くみられる。最悪の状況を脱したとは言え、扇谷上杉陣営内には、依然続く危機的状況を受け、殺気立つ空気が漂っていたのかもしれない。

古河公方の河越攻めと「詩軸」の作成

続いて扇谷上杉氏陣営を襲ったのは、古河公方による河越城攻めである。『松陰私語』によれば、古河公方は、自ら三千騎の大軍を率いて遠征し、扇谷上杉氏の武蔵国における本拠・河越城を攻めたのである。ただしこの遠征は、「数月」に及ぶ包囲戦を展開したにも関わらず河越城の守りを崩すことができず、古河公方の「寒中」での体調不良により退陣に終わることになった。

この河越攻めの正確な年次はわかっていない。山田（二〇一五）は明応五年の出来事と推測する一方、黒田（二〇〇四）や則竹（二〇一三）は翌年の明応六年（一四九七）のこととする。「詩軸」は明応六年六月に作成されたため、河越攻めが明応五年の出来事であったなら、「詩軸」は扇谷上杉氏が古河公方の河越攻めを撃退した翌年に書かれたことになる。明応六年の出来事であったなら、この詩文は古河公方の河越攻めの前に書かれたことになる。

本書は、いずれの場合であっても、この河越城攻めの失敗の前後で、扇谷上杉氏陣営が岩付城を奪還し、古河公方陣営との国境を固めたと想定する。そして、その立役者が、太田六郎右衛門尉であったことで、この人物が岩付地域の領有を許されたと考えたい。

岩付城奪還によって扇谷上杉氏の危機を救った功績によって太田六郎右衛門尉は、太田氏の慣例（と本書は想定する）である右衛門尉から左衛門尉（丞）へ改称を主君に許されたのではないだろうか。そして、自身の太田氏惣領としての正当性と、岩付を拠点とする地域領主として扇谷上杉陣営の一翼をなす新しい太田氏の姿を示すべく、玉隠に「詩軸」の作成を依頼したのではないだろうか。鎌倉五山は、依然扇谷上杉氏に庇護下にあった。玉隠への詩文作成の要請は、太田六郎右衛門尉が扇谷上杉氏被官だからこそ可能な行為であったと位置付けられよう。

「詩軸」に込められた意図

太田六郎右衛門尉による「自耕斎詩軸并序」作成は筆者の想定する仮説である。しかし、この想定を置いた時、六郎右衛門尉による「詩軸」作成は、様々な方面に対する意図があったと考察することができる。

(i)太田一族に対しては、既に故人となった一族の長老・道真によって六郎右衛門尉が確かに家督継承を認められたことを、鎌倉五山の権威の下で宣言する意図が想定される。

(ii)主君・扇谷上杉氏に対しては、太田氏が前線基地岩付を守る防人となり、二度と主君に並ぶことを目指さないと誓約する意図が想定される。

(iii)在地勢力・渋江氏に対しては、久方ぶりに岩付城主として現れた太田氏が、岩付城の築城者であり、その領有権を継承した正当な城主であることを分からせる狙いがあったと考えることができる。

「詩軸」は、どこに飾られたのか。『太田資武状』は、道灌の後継者は河越西門に居したと記す。ここに太田六郎右衛門尉の伝承が反映されているなら、「詩軸」は河越西門の太田氏惣領の屋敷に飾られたのかもしれない。あるいは、〝岩付〟左衛門丞顕泰としての気概を示すためにも、岩付城の本丸に飾られたのかもしれない。

なお、岩付城址において、十五世紀末から十六世紀初頭に廃止されたと考えられる堀跡から「扇谷上杉氏のかわらけ」が突如大量に出土したことが指摘されている（青木（二〇一五））。この発掘調査の結果は、明応六年（一四九七）頃を境に、岩付地域が扇谷上杉氏方太田氏に支配下に組み込まれた、とする本書の想定と整合すると言えるであろう。

否定論Ｄ‐①への反論

以上、太田六郎右衛門尉による「詩軸」作成は、明応六年（一四九七）時点のこの人物の対一族、対主君、対在地勢力の主な課題に対する解決策として位置づけられることが確認できた。また、ここまでの記述により、否定論Ｄ‐①（「詩軸」作成の三年前の岩付勢力が反扇谷上杉氏方であったことは「詩軸」作成依頼者の岩付左衛門丞顕泰が扇谷上杉氏方の太田氏ではなかったことを示唆する）には十分な反論ができたであろう。明応三年の反扇谷上杉氏方の岩付勢力とは、山内上杉氏方もしくは古河公方方に転向した渋江氏であり、明応六年の岩付左衛門丞顕泰は、これを再び奪還した扇谷上杉氏方の太田六郎右衛門尉であったと考えれば、否定論Ｄ‐①の議論に対して、矛盾のない説明が可能となるためだ。

明応三年から六年の間で、岩付城の服属先が変わったとする本書の想定を、〝都合のよい議論〟と指摘する向きもあるかもしれない。しかし、明応六年時点で、依然扇谷上杉氏の支配下にあった鎌倉五山の高僧に〝求詩〟できたのは、扇谷上杉氏かその被官だけであった可能性が高い。岩付城の服属先が明応三年から六年の間で変化したとする本書の想定は、むしろ蓋然性の高いものと言えるであろう。

成田氏説の岩付築城

なお、成田氏築城説（黒田（二〇一三）・黒田（二〇一九））は、長享の乱が最初の和睦を迎えた延徳二年（一四九〇）から、明応三年（一四九四）の伊勢宗瑞の岩付攻めまでの間に、古河公方方の「成田正等」が岩付城を構築したとする。このとき「成田正等」は、既に当主兼忍城主の地位を息子の顕泰に譲って隠居の身であったとされる（黒田（二〇一二①））。そして、岩付築城後まもなく正等が死去したため、成田氏当主兼忍城主であった成田顕泰が岩付城に移り、亡父の事績を称えるべく明応六年（一四九七）に「詩軸」を作成し、永正六年（一五〇九）までに再び忍城に戻ったとする（黒田〔二〇一三〕）。

あり得ない想定ではないが、

・正等が岩付築城後に隠居し、その後は仏道修行に没頭したとする「詩軸」の記載と整合しないこと、

・隠居した元当主と現役当主が、二代続けて本拠の忍城を離れて三十キロメートル離れた岩付城に入るという大事業を行ったにも関わらず、成田氏の系譜史料（成田系図・龍淵寺年代記・成田記）に一切記載がないこと、

などが、やや不自然と言えようか。

また、明応六年時点で鎌倉五山の玉隠に求詩できたのは扇谷上杉氏とその被官のみとする本書の指摘（第五章〔六〕）は、成田氏説・渋江氏説の双方にとって課題となるであろう。

玉隠の建長寺住持就任と両上杉氏の和議

古河公方の河越遠征が失敗すると、形勢は次第に扇谷上杉氏有利に展開する。

先に述べた通り、明応期の扇谷上杉氏と、山内上杉氏・古河公方連合の対立は、列島規模で俯瞰すると、（ア）将軍・義澄―伊勢宗瑞―扇谷上杉氏と、（イ）前将軍・義稙―上杉房定―山内上杉顕定―足利茶々丸、という大きな構図で展開されるものであった。この対立構図において、扇谷上杉氏が属した前者のグループが、明応七年（一四九八）から優勢になったのである。

関東では、明応七年に、山内上杉氏方となっていた道灌実子の太田資康が生害する（赤城神社年

代記録）。また同年には、伊豆国における伊勢宗瑞と足利茶々丸の抗争が、茶々丸の自害によって幕を下ろし、宗瑞の勝利が確定する。さらには将軍・義澄と対立した前将軍・義稙も、越中を出て、越前の朝倉氏を頼る。その理由には諸説あるが、越前への没落であった可能性も指摘されている。

こうした中、同年、山内上杉氏と古河公方は、将軍・義澄に玉隠を鎌倉五山第一位である建長寺住持に推挙する。この推挙で注目されるのは、山内上杉顕定が、

・推していた前将軍・義稙ではなく、敵である新将軍・義澄に推挙状を送っていること、

・扇谷上杉定正のために三回忌法語を務めた僧・玉隠を、推挙していること、

である。

本書は、形勢不利となった山内上杉顕定が、扇谷上杉氏側の将軍に屈服し、扇谷上杉氏のために前当主定正を称えた玉隠を関東禅林の最高権威にいただくことで、和睦を申し出た可能性を指摘したい。その後の流れが、

(i)明応八年（一四九九）八月に、玉隠が建長寺住持に就任し、

(ii)同年九月、玉隠が、扇谷上杉持朝の三十三回忌法語を執り行い、扇谷上杉氏の一族の歴史を振り返り、大いに称え、

(iii)同年十月、両上杉氏の講和が成って古河公方が古河に帰座する、

と展開したことも、本書の指摘と整合する。玉隠は、扇谷上杉氏を強く支持する立場を変えることなく、建長寺住持に就任しているのであり、建長寺の新住持となった玉隠が、扇谷上杉氏の歴史を称えてから、両上杉氏の和議が成っているのである。

明応の再乱は、扇谷上杉氏にとって有利な形で和睦に至った。扇谷上杉氏とその重臣である太田

氏は、事実上の勝利を収めたと言えるのではないだろうか。

（七）長享の乱の終結と六郎右衛門尉の死

しかし、道灌後の扇谷上杉氏方太田氏を牽引した六郎右衛門尉にも、悲劇が訪れる。

永正二年（一五〇五）に、山内上杉氏が越後上杉氏の助勢を受けて河越城を包囲し、遂に扇谷上杉氏を屈服させたのである。しかもそれ以上の悲劇が六郎右衛門尉を襲う。同年、太田六郎右衛門尉は、中野陣において主君・扇谷上杉朝良によって誅殺されてしまったのだ（『年代記配合抄』永正二年条）。

太田氏惣領は、二代続いて主君・扇谷上杉氏によって誅されたことになる。六郎右衛門尉の誅殺が、扇谷上杉氏の敗北の原因であったのか、結果であったのかは定かではない。扇谷上杉氏が、重臣の太田六郎右衛門尉を誅したことで陣営が混乱したと考えることも可能であるが、逆に、山内上杉氏への降服を検討する扇谷上杉氏に反対したために、六郎右衛門尉が誅されたとの見方も可能であろう。[70]

太田永厳の登場

六郎右衛門尉の遺跡を継いだのは「備中守」であり（『年代記配合抄』永正二年条）、『石川忠総留書』に登場する「太田備中入道永厳」や「八代文書」に現れる「太田入道永厳」と同一人物だと考えられている。

注目されるのは、永厳が、前惣領の六郎右衛門尉も名乗るに至らなかった受領名「備中守」を名

70 則竹（二〇一三）は前者、山田（二〇一五）は後者の可能性を指摘する

乗ったことである。

武家権力者の名乗る官職は、京職である官途名（右衛門尉など）から始まり、地方官である受領名（備中守など）に至ることが多い。太田道真も、家督継承直後は「六郎右衛門尉」を名乗り、壮年期になると「備中守」を名乗っている。太田道灌に至っては、父・道真に遠慮してか、その官職は官途名「左衛門大夫」に留まり、「備中守」を名乗るには至らなかった。道灌の後継者となった六郎右衛門尉もまた、受領名を名乗った痕跡は無い。

こうした先例を踏まえれば、太田永厳が、初めから受領名「備中守」を冠して史料に登場したことは注目される。早い段階から「備中守」を名乗ることを許されたことが推測される永厳は、主君・扇谷上杉氏から優遇され、取り立てられた人物だったのかもしれない。想像を逞しくすれば、扇谷上杉氏による太田六郎右衛門尉排除について、永厳がこれを助ける立場にいた可能性も想定できるかもしれない。

いずれにせよ、以降、扇谷上杉氏方の太田氏の惣領は永厳となり、この人物の活躍は、大永四年（一五二四）まで見られることになる。

太田資康の系統の帰参

山内上杉氏方に転向していた道灌実子の太田資康の系統も、長享の乱終結後に再び扇谷上杉氏被官として復帰し、江戸城に入る。江戸太田氏の始まりである。太田資康の系統とされる太田大和守資高が江戸に入ったことについては、主君・扇谷上杉氏から「免赦をうけた」との指摘もある（黒田〈二〇〇九〉）。しかし、（ア）長享の乱の勝者が、資康の系統が与した山内上杉氏であること、（イ）

敗北した扇谷上杉朝良が、隠居して江戸に入ったこと、(ウ)永正七年(一五一〇)に、伊勢宗瑞の武蔵国侵攻があった際に太田資高が山内上杉氏に援軍を依頼しており(岩史二三五・北区①二七二)同氏と山内上杉氏との関係性が示唆されること、等を踏まえると、太田資高が敗北した扇谷上杉朝良を監視する一種の〝進駐軍〟的な立場で、扇谷上杉氏陣営に戻ったとの想定も可能であろう。

ただし、黒田(二〇〇九)が指摘する通り、太田氏惣領の受領名「備中守」は太田永厳が名乗っており、江戸太田氏はこの受領名を名乗っていないことは、太田資康の系統が太田氏の傍系と位置付けられたことを示すと考えるべきであろう。

岩付支配と「詩軸」の行方

六郎右衛門尉の死後、太田氏の岩付支配がどうなったかを直接的に示す史料は存在しない。

しかし、後述の通り、長享の乱終結の五年後にあたる永正七年(一五一〇)には、岩付城主と想定される「渋江孫太郎」なる人物が、山内上杉憲房の書状に登場する。このような渋江氏の活躍が確認される以上、同氏は山内上杉氏あるいは古河公方に与して長享の乱の勝者となったことを受けて、岩付に復帰したと考えるべきであろう。筆者は、長享の乱が集結した永正二年(一五〇五)に、渋江氏は支配者として岩付に帰還したと想定したい。

一方、岩付城に配置されていた太田氏は、永正二年(一五〇五)の長享の乱終結後ほどなく同城を追われ、太田氏が支配する他の地域に移っていったことであろう。もし「詩軸」が、岩付城本丸に飾られていたのであれば、この時、太田氏関係者が持ち去ったかもしれない。ただし、六郎右衛門尉は今や主君に誅された新たな逆賊である。逆賊が作らせた掛け軸は、太田一族として、もはや表立って飾れるものではなくなったのではないか。六郎右衛門尉の後継者「太田入道永厳」は、主君の怒りの対象となった「詩軸」を〝消した〟のかもしれない。その結果、玉隠の手元に残された写しだけが残され、『文明明應年間関東禅林詩文等抄録』の一部として伝えられたのではないだろうか。

第七章　太田氏築城説で岩付城史を叙述できるか（後）

前章では、岩付城の築城から「詩軸」の作成と破棄に至る顛末を、通史として叙述した。岩付築城と「詩軸」作成の謎はこれでほぼ解かれたことになるが、否定論Ｄ‐②、③、④に対する反論はまだ終わっていない。また、この岩付城太田氏築城説に基づく通史叙述が、諸史料と矛盾しないことを示すには、〝太田氏の城としての岩付城〟を示す史料豊富な太田資正時代までの流れを示すことが必要であろう。そこで本書は、「詩軸」後の岩付城の歴史についても通史叙述を行うことにしたい。

特に注目したいのは、黒田基樹氏が、岩付城太田氏築城説の否定材料とした太田資頼の振舞いである。主君である扇谷上杉氏を裏切って岩付城を攻略し、その後主君が岩付を攻めるとあっさり帰参し、岩付城主として収まる。黒田氏が描きだした太田資頼はまさに戦国の梟雄と言うべき人物であり、「先祖代々岩付城を継承してきた太田氏」という旧来のイメージを崩壊させるに十分であった。しかし、太田資頼の行動には謎が多く、単純な梟雄説では説明が困難である。ところが、本書が提起した太田氏築城説では説明が可能となるのだ。

（一）岩付城主・渋江氏の時代

長享の乱終結後により、関東には、古河公方を最上位とし、山内上杉氏がその補佐を行い、扇谷上杉氏が山内上杉氏に従属する旧来の体制が甦った。

しかし、争乱は新たな段階に入る。（ア）古河公方は、父・政氏と子・高基の抗争（第三次永正の乱）が本格化し、（イ）山内上杉氏は実家の越後上杉氏が家宰の長尾氏によって討たれたため、その懲罰のために越後遠征を開始して、関東を留守にし、（ウ）その間隙を縫うように、かつては扇谷上杉氏の同盟相手であった伊豆の伊勢宗瑞が、扇谷上杉氏領国に侵攻したのである。永正七年（一五一〇）のことである。

永正七年の岩付城主・渋江孫太郎

この時、山内上杉氏当主の顕定が越後で討死する。当主を失った山内上杉氏を仕切ったのは養子の憲房であり、この人物が扇谷上杉氏への援軍を編成して派遣したことが、永正七年八月三日の書状から確認される。この援軍の中に「渋江孫太郎」がいた。渋江孫太郎は成田下総守や藤田虎寿丸らの有力国衆と同等に扱われていることから、彼らに比肩する存在であったことがうかがわれる。その領国は岩付地域であったと考えるのが自然であろう。当然、岩付城の城主でもあったはずである。

この岩付城主・渋江孫太郎の存在は、岩付城を太田氏が築城・継承したとする旧来の太田氏築城説では説明が困難とされてきた（否定論D-②）。しかし、本書の太田氏築城説では十分説明が可能である。先に示した通り、永正二年（一五〇五）の長享の乱の敗北で太田氏は岩付支配を失い、同地域を割譲させた山内上杉氏＝古河公方方は、同地に自陣営を頼った渋江氏を戻したと想定される。

渋江氏は、七年ぶりに岩付への帰還を果したことになる。本書の想定では、この五年後の永正七年（一五一〇）には同氏が成田氏に比肩する勢力を得ていたことになる。しかし、渋江氏の岩付支配は、長尾景春の乱以降の二十年の月日をかけて構築したものであったと想定され、太田六郎右衛門尉が主導した太田氏による五年間の岩付支配も同地に残った渋江氏一族に依存するものであったと考えられる。以上を踏まえれば、同氏の岩付支配が、早期に往時の姿を取り戻したとの想定は不自然ではないであろう。

岩付城主・渋江氏と慈恩寺との諍い

永正期（一五〇四～一五二一）に足利政氏が息子・基頼に宛てた年次未詳書状に「慈恩寺之事、高基方へ以下下総守一筆遣候、返礼大概宜候」とあり、岩付地域の大寺・慈恩寺に対して成田下総守が影響力を有したことが示唆される点は、長塚（一九九〇）が指摘し、黒田（一九九四）が成田氏築城説の傍証とした議論（否定論D‐③）であるが、これも、ここまでの議論の延長線上で説明が可能となる。

そもそも、岩付での寺領を巡る争いに成田下総守の仲裁があてにされたことを根拠として、成田氏がかつて岩付城主であったと論じることはできない。先の指摘が行われた長塚孝氏の論文には、上野新田荘の寺院の支配について足利政氏・扇谷上杉朝良・成田顕泰の三者の調停で決定が行われたことが紹介されている（北区①二八三）。しかし、新田荘の支配者は岩松氏や同氏の家宰であった横瀬氏であり、岩松氏らの上位権力者であった足利政氏以外の二者（扇谷上杉氏と成田氏）は、同地に対して直接的・間接的に支配者であったことは想定し得ない。すなわち、寺領を巡る諍いには、領域外の政治権力による仲裁・決裁が行われることがあったことになるのだ。

本書の想定では、永正二年（一五〇五）の時点で、扇谷上杉氏と太田氏は岩付地域から排除され、同地域の統治には古河公方方となった渋江氏が当たっていたことになる。慈恩寺と何らかの諍いを起こしたのはこの渋江氏であると考えられ、その仲裁に、領域外の有力者として、同じ武蔵国の古河公方被官である忍の成田下総守があてにされたと解釈できる。慈恩寺に関わる諍いの仲裁に成田氏の関与が期待されたことは、同氏が岩付地域のかつての領主であったことの傍証とはならない。

なお、以上の議論は、中世太田領研究会の比企文和氏にご教示いただいたものであることを記しておきたい。

（二）第三次永正の乱と太田氏・渋江氏

第三次永正の乱と伊勢宗瑞の相模侵攻

伊勢宗瑞の武蔵侵攻を撃退した頃から、第三次永正の乱が激化する。古河公方陣営は父・政氏派と息子・高基派に分裂し、山内上杉氏も越後で討死した顕定の跡目を争う二人の養子、顕実と憲房のどちらを推すかで分裂した。両陣営の跡目争い結びつき、「政氏―顕実」陣営と「高基―憲房」陣営の抗争に発展していく。扇谷上杉氏は、「政氏―顕実」陣営に与した。

この時、岩付の渋江氏は「高基―憲房」陣営に参加したらしい。永正八年（一五一一）と推測される八月に、関宿城（野田市）に在城していた高基のもとに「岩付衆」が参陣していたことが畠山内匠頭副条（叢書⑫五三）によって確認される。

同乱は、永正十一年（一五一四）頃に「高基—憲房」陣営の勝利が確定する。第三次永正の乱で敗者側となった扇谷上杉氏は、同時期に展開された伊勢宗瑞による相模国侵攻によって、更なる窮地に陥る。永正十一年（一五一四）には、太田永厳が相模国西郡に進軍し、伊勢勢の侵攻に対抗したものの（叢書⑫七〇）、流れは変えられなかった。永正十三年（一五一六）、伊勢宗瑞は扇谷上杉氏の被官・三浦氏を滅ぼし、相模国の経略を完成させる。扇谷上杉氏は、自身が属する「政氏—顕実」陣営の敗北と、伊勢宗瑞による本国・相模の経略という二つの災厄に見舞われたことになる。

岩付、再び扇谷上杉氏の支配下へ

しかし、劣勢に追い込まれた扇谷上杉氏であったが、岩付地域ではむしろ攻勢に出ていたことを示唆する史料が存在する。それが、『円福寺記録』の永正十三年（一五一六）条である。同記録は、第三次永正の乱で敗れた足利政氏を、扇谷上杉朝良が受け入れ、岩付城に迎えたことが記されている。いわゆる、足利政氏の「岩付移座」である。扇谷上杉氏が、足利政氏を岩付に迎えたことは、岩付地域が再び扇谷上杉氏の勢力圏に組み込まれたことを意味する。

足利政氏が移座した時代の岩付地域がどのような状況にあったかは、わからない。黒田（二〇一三）は、渋江氏が引き続き岩付を統治し、足利政氏を迎え入れた当事者となったと推測するが、筆者もこの考えに賛同する。ただし、黒田氏は渋江氏が一貫して足利政氏派であったと想定するが、先述の通り、永正八年（一五一一）時点で渋江氏が足利高基派であったことを踏まえれば、その可能性は低いであろう。筆者は、（ア）扇谷上杉氏が、敵である高基派の渋江氏を攻めて岩付地域を奪還し、（イ）同地域支配を行う上での在地古豪の渋江氏を使役するためにも、かつての主君である足利政氏を上位に置いたものと考えたい。

足利政氏の岩付移座に対して、太田氏はどのような態度を取ったか。これを考えるヒントとなるのが、永正十四年（一五一七）と想定される足利政氏の十一月二十八日付書状（岩史一一〇九）である。この書状において政氏は、「太田美濃入道」という人物に対して、「度々小宮山左衛門尉覃違乱候、甚以曲事候」と述べ、同氏配下の小宮山氏がたびたび足立郡淵江（足立区）の領地を違乱（勝手な支配）すると抗議している。

領地をめぐるトラブルは中世の常であるが、太田氏にとって足利政氏は、主君・扇谷上杉氏の主人とも言うべき存在であり、このような上位者の領地を「度々」「違乱」するのはゆゆしき事態である。単に太田氏が現地の領主を統制できていなかったと考えることは可能だが、足利政氏の岩付移座に内心反対していた太田氏が、配下の「違乱」を敢えて見過ごしてきた可能性も排除できない。先に述べた通り、扇谷上杉朝良が永正十五年（一五一八）に死去すると、足利政氏は岩付を退去することになるが、その裏には、太田美濃入道ら扇谷上杉氏被官の中に反発があったと考えれば理解しやすい。

太田資頼の登場

この足利政氏書状に登場する「太田美濃入道」とは何者か。黒田（二〇一三）は、受領名「美濃守」を名乗ったことで知られる太田資頼か、その父であろうと推測する。筆者もこれに賛同する。太田資頼が大永四年（一五二四）の岩付城攻略で史料に登場する（『年代記配合抄』大永二年条）ことを踏まえれば、その七年前の足利政氏書状の「太田美濃入道」も、太田資頼であった可能性は高い。

『年代記配合抄』によれば太田資頼の生年は文明十六年（一四八四）であり、これに随えば、永正十四年（一五一七）時点で三十三歳である。『太田潮田系図』や『太田家譜』によれば資頼の出家は一九歳のことであり、三十三歳の時点で「入道」であることは、おかしくない。

太田資頼と太田永厳

太田永厳の活動は大永四年（一五二四）まで確認される（『石川忠総留書』）。すなわち、足利政氏が「美濃入道」に抗議をした時点でも、永厳は惣領であったことにある。

では、「美濃入道」と惣領永厳は、どのような関係にあったのか。黒田（二〇一三）は永厳が兄、資頼が弟であったと想定する。原口（二〇一九）は、永厳＝永賢（資家）を父、資頼を子（次男）と想定する。本書では、両者は同じ太田氏として比較的近い親族関係にあったとの認識するに留めておきたい。

注目すべきは、足利政氏が惣領永厳を介するのではなく、「美濃入道」当人に直接抗議を行っている点である。このことは、「美濃入道」が、惣領永厳に対して一定の独立性を有していたことを窺わせる。受領名「美濃守」を名乗っていたことも、こうした理解と整合的と言えよう。二度にわたる惣領の誅殺という大事件に見舞われた太田氏は、ある程度分化が進んでいたのではないだろうか。

筆者は、六郎右衛門尉以来、太田一族の一部が岩付地域に対する領有意識を新たにし、その代表が「太田美濃入道」とその配下とであったと考えたい。太田美濃入道は、扇谷上杉氏陣営が岩付地域を再併合活躍したにも関わらず、同地統治への太田氏の関与が許さなかったことに、不満を抱いていたのではないだろうか。そしてこの太田美濃入道の不満が、後述する大永四年の岩付攻略の遠因となったのではないだろうか。

永正の乱の終結と小弓公方の強勢

足利政氏の「岩付移座」は永正十五年（一五一八）四月の朝良の死によって終わりを告げる。政氏派であった朝良が没すると、扇谷上杉氏陣内の方針が変わったのか、政氏は岩付を退出することになる。そして、甘棠院（久喜市）に隠居して政治生命を終える。しかし、政氏の子・足利義明は、兄・高基との抗争を止めなかった。永正十五年（一五一八）七月に上総国の真里谷武田氏に迎えられて、「小弓公方」を名乗り、古河公方陣営との抗争を開始したのである。

扇谷上杉氏も、新たに生まれた小弓公方陣営に加わった。永正十三年（一五一六）に扇谷上杉氏から本国・相模を奪った伊勢氏（この時には宗瑞の息子・氏綱が当主）も、小弓公方陣営に属したらしく、この期間、扇谷上杉氏と伊勢氏は、同じ陣営に属することで一応の和睦が成立していたと考えられる。小弓公方と古河公方の対峙が、関東の勢力争いの主軸となった永正十五年（一五一八）から大永四年（一五二四）までの六年間、岩付を巡る抗争は無く、同地の情勢は不明である。しかし、伊勢氏と扇谷上杉氏の停戦は長くは続かなかった。

（三）太田資頼の岩付攻略

いよいよ、黒田基樹氏が岩付城太田氏築城説の有力な否定材料とした、太田資頼の岩付攻略とその後の振舞いについて、叙述を進めることにしたい。

伊勢氏の北条改称と武蔵侵攻の開始

大永四年（一五二四）、関東情勢は大転換を迎える。ともに小弓公方陣営に属することで停戦状態にあった扇谷上杉氏と伊勢氏が、抗争を再開したのである。仕掛けたのは伊勢氏であった。伊勢氏は、名字を「北条」に改め、扇谷上杉氏の残された領国である武蔵国に大攻勢を仕掛けた。

北条氏の攻勢は、次のようなものであった。

（1）大永四年正月十三日、江戸太田氏を調略し江戸城攻略（『年代記配合抄』[71]大永四年条）、

（2）同年正月十四日、扇谷上杉朝興は松山城（比企郡吉見町）に退避し、その後山内上杉氏の藤田陣に後退（『石川忠総留書』[72]大永四年条）

（3）同年二月には、太田資頼も調略し、渋江氏が在城する岩付城を攻略（『年代記配合抄』[73]大永二年条）、

（4）同年三月二十日には、蕨城（蕨市）も制圧（叢書⑫九四）、

（5）同年四月には、山内上杉氏方の毛呂城（入間郡毛呂山町）も攻略（岩史三〇八）。

北条氏綱の攻勢は、扇谷上杉氏が本拠・河越城を退出して逃げ落ちねばならない程、同氏を追い込んだのである。

71　「正月十三日江戸落居、太田源次三郎謀叛企氏綱ニ一同ス」

72　「同十三日北条新九郎氏綱江戸の城をせめ即日没落、翌日十四日朝興河越より松山にうつる、十五日移藤田陣」

73　「道可氏綱ヲ頼岩付ヲ責落、渋井右衛門太輔討死」。黒田（一九九四）は、大永四年の誤りとする。

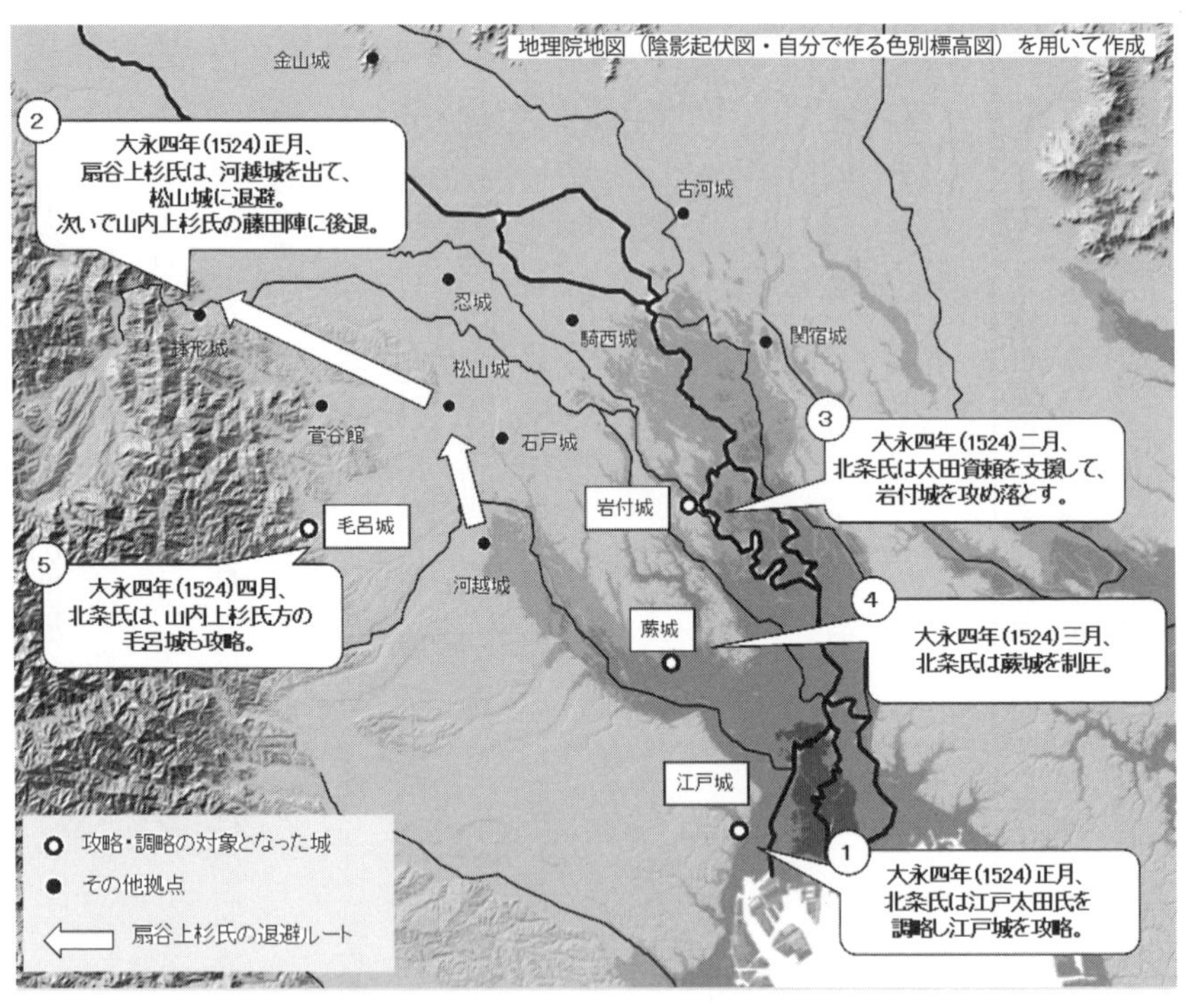

図31：大永四年の北条氏綱の武蔵国攻め

太田永厳、最後の働き

この時、太田氏惣領の永厳は、『石川忠総留書』の大永四年条によれば、正月十日に扇谷上杉氏と山内上杉氏の和睦のため、代官として山内上杉憲房のもとに出仕する（同十日同名五郎与憲房一和、為代官太田備中入道永厳出仕、於羽尾峯対面憲房）。小弓公方陣営に属した扇谷上杉氏は、古河公方陣営であった山内上杉氏とは対立関係にあった。しかし北条氏綱の動きを危険視し、山内上杉氏との和睦を志向したのであろう。

この記載以降、永厳は、史料から姿を消す。推定大永五年（一五二五）三月二十三日付の太田資頼書状（埼資⑥一〇六・岩史七四五・北区①三〇七）では、資頼が扇谷上杉氏被官を代表して越後の長尾為景に救援を要請している。また同日付の三戸義宣書状（埼資⑥一〇七・岩史七四五・北区①三〇六）では、三戸義宣がやはり長尾為景に関東情勢を伝えており、そこに登場する太田氏は、北条氏に寝返った「太田大和入道」（太田資高）と、岩付を守って北条氏と戦う「太田美濃入道」（太田資頼）のみである。

資頼の岩付攻めは太田氏築城説を否定しない

大永四年（一五二四）の太田資頼の岩付攻めは、黒田（一九九四）において、岩付城・太田氏築城説に対する反証（否定論D-④）として取り扱われた出来事である。太田資頼が攻めた岩付城の在城者は渋江氏（渋井右衛門太夫）であり、渋江氏が太田氏以前の岩付城主であったことが明確に示される。岩付城が太田氏によって築城・継承されたとする従来の太田氏築城説は、大いに揺らぐことになった。

しかし本書は、

（ア）太田道真によって築城された岩付城が、その後、事実上渋江氏が領有する城となり、

（イ）その後太田六郎右衛門尉が同城を奪還し、「詩軸」で領有を主張したこともあったが、

（ウ）永正の乱の終結とともに、岩付城が再び渋江氏の城に戻った、

という経緯を想定する。

大永四年の太田資頼の岩付攻略は、六郎右衛門尉以来の再度の太田氏による岩付攻めと位置付けられることとなるため、太田氏による岩付築城や「詩軸」の作成は、否定されないことになる。

太田資頼は、惣領永厳を討ったたか

では、大永四年の岩付攻めの際、太田資頼が惣領・永厳を討ったとする黒田（一九九四）の主張はどうなるか。

大永四年（一五二四）の岩付攻めにおいて、渋江氏に加えて太田氏惣領・永厳も、資頼によって討たれたとする根拠は、『本土寺過去帳』の「岩付落城々主打死」と、『太田潮田系図』に「備中守早世　武州岩槻城主」という二つの史料記載である。『太田潮田系図』の「備中守」を太田永厳に比定する黒田氏は、同系図が「武州岩槻城主」とする以上、永厳は岩付城主であった可能性が高いとする。しかし、黒田氏が『年代記配合抄』の「渋井右衛門太輔討死」に基づき、この時の岩付城主を渋江氏に比定したことは、先に紹介した通りである。岩付城主は太田永厳だったのか、渋江氏だったのか。この問題に対して、黒田氏は「二人の岩付城主が併存するという状況」（（黒田（一九九四））との想定を導入する。そして『本土寺過去帳』の「岩付落城々主打死」記載は、渋江氏のみならず永厳の討死も指すと主張したのである。

先に紹介した『石川忠総留書』大永四年（一五二四）条によれば、同年正月の時点で、永厳が主君・扇谷上杉氏の代官として活動していたことは明らかであり、二月に北条氏方について岩付城を攻撃した太田資頼とは、敵味方に分かれたことは間違いない。しかし、「二人の岩付城主が併存」したとの想定には無理があるであろう。扇谷上杉氏の宿老であった太田永厳が岩付城主となり、在地勢力の渋江氏が城代を務めたとの想定も可能ではあるが、この場合、城主と城代が揃って討死したならば、立場的により上位にあった永厳の討死を差し置き、渋江氏の討死のみが『年代記配合抄』に記されたのは奇妙である。太田永厳が同族の太田資頼に攻められ、岩付城で討死したとの黒田氏の想定は、十分な検証を受けたものとは言えないのではないだろうか。

なお、原口（二〇一九）は、永厳は大永四年正月の山内上杉氏への出仕の後、北条勢と戦い討死したのではないかと想定する。この場合、惣領・永厳が北条氏との合戦で討死したことを受け、いわば重石の取れた形となった太田資頼が主君を裏切り、北条方に転向する決断をしたと考えることもできよう。

いずれの場合であっても、本書が提起する太田氏築城説（太田道真が岩付城を築城し太田六郎右衛門尉が奪還して「詩軸」を書かせたと想定）の蓋然性には影響しない。否定論D - ④が、本書の太田氏築城説の下では否定論とならないことは、以上の議論で明らかであろう。

（四）太田氏と渋江氏の岩付争奪の謎

大永四年（一五二四）二月の太田資頼の岩付城攻略に関する通史記述と考察を終えたことで、太田氏築城説に対する全ての否定論に対して、反論を終えることができた。ここで本書の岩付城通史を終えてもよいのかもしれない。しかし、前節冒頭で言及した太田資頼の奇妙な振舞いと岩付城太田氏築城説との整合性は、これ以降に登場することになる。太田氏築城説の総合的な蓋然性検討のため、筆者としては以降の展開についても叙述を行うにしたい。

八年間で四度の抗争

大永四年（一五二四）から享禄四年（一五三一）にかけて展開された岩付城抗争は次の通りである。

①大永四年二月、太田資頼が北条氏綱と結び、岩付城を攻略。城主の渋江右衛門太輔が討死。

②同年七月、扇谷上杉朝興が武田信虎の支援を得て河越城・岩付城を奪還[74]。太田資頼は扇谷上杉氏に帰参[75]。大永五年の渋江氏の攻勢で、資頼が岩付城から退出していることから、資頼は扇谷上杉氏に岩付城を安堵されたと想定される。

③大永五年（一五二五）二月、渋江氏の残党・渋江三郎が、北条氏綱と結び岩付城を再攻略[76]。攻防戦で三千人が死亡（『本土寺過去帳』）。太田資頼（扇谷上杉氏方）は石戸城（北本市）に撤退する。（黒田（二〇一三）は、石戸城が太田資頼の本拠であったと推測する）

④享禄四年（一五三一）九月、太田資頼が（扇谷上杉氏方）が岩付城を再奪還。同城城主・渋江三郎（北条氏方）は討死[77]。以降、太田氏の岩付城領有が続く。

渋江氏の岩付地域への執心

太田資頼と渋江氏の間での岩付城攻防は、合計三回行われた訳であるが、非常に興味深いのは、両者を支援する勢力が入れ替わっている点である。当初、北条氏の支援を受けたのは太田資頼であった（右記①）。しかし太田資頼が扇谷上杉氏に帰参すると（右記②）、今度は渋江氏が北条氏の支援を受けて太田資頼と戦うようになる（右記③④）。岩付地域に鎌倉時代以来盤踞してきた渋江氏にとって、同地を失うことは死活問題である。支援者を替えてでも岩付地域の支配を取り戻そうとした渋

74 『高白斎記』（北区一四一）大永四年条「七月小甲子廿日信虎公関東へ御出陣、岩付攻メ」
75 『石川忠総留書』大永四年条「上田美濃守入道道可帰参」。「上田」は「太田」の誤記。
76 『年代記配合抄』大永五年条「二月渋井三郎氏綱ヲ頼岩付ヲ責落ス、道可石戸へ移ル」
77 『年代記配合抄』享禄四年条「道可岩付ヲ責落、渋井三郎討死」

江氏の動向は、所領から切り離されては生きられない在地領主の切実さを示すものと言える。

太田資頼の動向の奇妙

一方、太田資頼の動向はやや奇妙である。資頼は、大永四年（一五二四）二月には主君を裏切ってまで岩付城とその周辺地域を確保したのであるが（右記①）、その五ヶ月後に主君・扇谷上杉氏に攻められるとあっさりと降参し、同氏に帰参する（右記②）。黒田（二〇一三）が「資頼は、氏綱を頼って岩付城を攻略したにもかかわらず、扇谷上杉氏から反攻を受けると、すぐにそれに帰参してしまったのである」と述べたように、その変わり身ぶりには無節操さすら感じられる。

ところが翌大永五年（一五二五）には、その資頼が意外な動きを見せる。北条氏綱の支援を受けて渋江三郎が岩付城を攻めると、多くの死者を出す抗戦を展開したのである（右記③）。この時の死者を、『本土寺過去帳』は「三千余人打死」とする。いささか大げさで不正確な数字に思えるものの、同合戦が多くの死者を出す激しい戦いであったことは間違いないであろう。扇谷上杉氏被官の同輩からの評価も注目される。先に紹介した大永五年（一五二五）の三戸義宣の書状では、江戸太田氏の「太田大和入道」（資高）は「無覚悟故、江戸落居」と非難されているに対して、岩付太田の「太田美濃入道」（資頼）は「去月落居、無是非次第候」と擁護されている。これは、資頼による同年の対北条氏・渋江氏に対する抗戦（右③）が評価されたものと考えてよいであろう。

しかも資頼は、その六年後の享禄四年（一五三一）には、捲土重来とも言うべき合戦を仕掛け、渋江氏から再び岩付城を奪取している（右記④）。岩付城領有にかける資頼のこの執心ぶりは、渋江氏に劣らないものがある。

主君に攻められるとすぐに降服した資頼（右記②）と、多くの死者を出しながら渋江氏に抗戦した資頼（右記③）や六年越しの岩付城奪取戦を仕掛けた資頼（右記④）の人物像は、同一人物とは思えない落差があり、説明が難しい。主君に攻められるとすぐに降服した資頼の意思決定（右記②）をやや批判的に叙述した黒田（二〇一三）であるが、その後の資頼の抗戦ぶりについては、単に事実を叙述するのみであり論評を避ける。それは両者を整合的に説明することができなかったためではないか。

扇谷上杉氏の判断の奇妙

奇妙な点は他にもある。扇谷上杉氏が太田資頼を攻めた時（右記②）、帰参を許しただけでなく、敵方に寝返って不当に得たはずの岩付城と周辺領域を、そのまま資頼に安堵した点である。通常であれば、謀叛を働いた資頼を罰するはずである。もちろん、窮地にあった扇谷上杉氏としては被官の中でも有数の実力者であった資頼を殺すのは惜しい。帰参させて再度自身のために働かせようとするのは妥当な判断である。しかし、その場合であっても、岩付城と周辺領域は取り上げるべきであろう。太田資頼には、石戸城周辺の所領があったはずであり（石戸城の位置は図2：岩付城周辺の地形と河川を参照されたい）、先に足利政氏との諍いの原因となった淵江周辺の所領もあったはずである。また、渋江氏も、渋江三郎が北条氏を支援者として反攻を展開していることから、滅びてはおらず、岩付支配に戻れるだけの余力を以前保っていたことが窺われる。

太田資頼の岩付領有への固執

なぜ太田資頼は、岩付城を安堵されて以降は主君を裏切ることなく大きな犠牲を払ってまでして岩付城を死守しようとしたのか。先行研究が十分に検討を行っていないこの議論であるが、筆者は、「太田資頼が強く固執したのが岩付城領有そのものであった」との想定を置けば説明が可能だと考える。

資頼があっさり降参したのは岩付を安堵された時であり、資頼が敵に寝返る・抗戦する・遠征する等の大きな賭けに出たのは岩付を奪う時、もしくは奪われる危機の時である。例えば、資頼があっさりと降服した大永四年の扇谷上杉朝興による岩付攻めは、その後の展開より岩付安堵を条件とした帰参交渉が行われたことが想定される。一方、資頼が頑強に抵抗した大永五年の渋江三郎による岩付攻撃は、渋江氏が岩付城主への返り咲きを目指している以上、資頼が同城城主の地位を保ったままの降服はあり得ない。

資頼の行動は、「岩付城の領有が脅かされるかどうか」によって規定されているかのように見える。

「詩軸」が生んだ岩付領有への固執

では、「太田資頼が強く固執したのが岩付城領有そのものであった」との想定が正しかった場合、その固執の理由はどのように説明されるであろうか。

既往の成田氏築城説や渋江氏築城説は、太田氏は資頼の岩付攻めまで岩付との縁は無かったと想定する。黒田（二〇一三）は、大永五年の渋江三郎の攻勢を受けた太田資頼が石戸城に撤退した（『年代記配合抄』）ことや、同城がこの人物の菩提寺である養竹院（川島町）からも近かったことを踏まえ、資頼の本来の本拠が石戸城周辺であった可能性を指摘する。黒田氏のこの議論には説得力があるが、その一方で、太田資頼と岩付地域の縁の薄さを強調するほど、なぜ縁の無かった城に、資頼が執着した理由を説明することが難しくなる。

しかし、本書の太田氏築城説はその理由を説明できる。六郎右衛門尉以降の太田氏は、扇谷上杉氏家宰としての権限の多くを失い、絶対権力者である扇谷上杉氏の被官の一つとして、地域領主化の道を進んだ。本書では、そのような状況に置かれた六郎右衛門尉時代の太田氏は、岩付地域を象徴的な本拠とし、地域領主としての勢力を維持・拡大を企図したと想定した。ここにおいて、太田氏が岩付地域に対して強い領有意識を形成するに至った可能性を想定することは許されよう。また、本書が想定した六郎右衛門尉が岩付領有を正当化するための仕掛けとしての「詩軸」も、太田氏にとって岩付に特別な意味を付与したと考えることができる。ここで浮上するのが、「詩軸」の存在によって以降の太田氏にとって岩付城の領有こそが惣領の証となったのではないか、との仮説である。

岩付城の領有が太田氏惣領の証となったのであれば、同城は太田資頼にとって、是が非でも手に入れたいものとなる。道真から惣領と認められた六郎右衛門尉や、惣領の受領名「備中守」を名乗った永厳と異なり、受領名「美濃守」を名乗った太田資頼は明らかに庶流である。こうした出自の資頼が、永厳亡き後の太田氏で惣領の地位を得ようとするならば、岩付城領有の果たす効果は絶大である。太田資頼は、〝美濃入道〟を名乗る庶流でありながら、岩付城の領有により一族から惣領と認められることになったのではないだろうか。

岩付太田系の系譜史料である『太田潮田系図』は、資頼が自身の遺言に従い、養竹院で沈水香を薪にして火葬され、香木の香りが河越の地まで届いたと伝える（以沈水香為薪葬之、是依遺言也、河越地迄引余薫）。この逸話が真実であれば、太田資頼にとって想い出の残る故地は、岩付地域ではなく、河越周辺であったことが窺われる。それでも、資頼は岩付城に拘った。代理人を岩付城に置き自身は本来の本拠である石戸城に入るという選択肢は取られず、資頼自身が岩付城に入る道を選んだ。この尋常ならざる固執は、「詩軸」が岩付城主こそが太田氏に惣領という考え方を生んだと考えればこそ、得心できると筆者は考える。

扇谷上杉氏が資頼に岩付を安堵した訳

扇谷上杉氏が、謀叛した太田資頼を攻めて降伏させておきながら、謀叛で得た岩付城をそのまま安堵したことも、上記の想定を置けば、説明が容易である。

扇谷上杉氏は、岩付地域を象徴的本拠として太田氏の地域領主化を進めた太田六郎右衛門尉を誅殺した。その後、一度は失った岩付地域を再服属された後も、同地に太田氏を戻さず、足利政氏にその統治を託した。その足利政氏と太田美濃入道の間に、所領を巡る諍いがあったことは既に触れた通りである。そして政氏が岩付を去った後も、同地の支配は渋江氏に託された可能性が高く、太田氏の関与は確認されない。このように、扇谷上杉氏が、六郎右衛門尉以降の太田氏を岩付地域から排除したのは、扇谷上杉氏が太田氏の再度の強大化を防ぎたかったためであろう。

しかし、扇谷上杉氏の下で忠実に働いた太田永厳が歴史の表舞台から退場すると、太田氏の有力者は太田資頼となり、この人物は遂に謀叛を起こしてまで岩付地域を得ようとした。太田氏の強大化は懸念されるが、最大の被官が敵方に回る損害は大きい。扇谷上杉氏は、武田信虎の援軍を得て太田資頼を屈服させたものの、遠征が終われば甲斐に戻る武田氏をいつまでも頼る訳にはいかない。また、扇谷上杉氏領国が、北条氏綱によって深く浸食された今、恐れるべきは太田氏の強大化ではなく、北条氏の再度の侵攻であったことであろう。

ここに扇谷上杉氏の方針転換が生じたと、筆者は想定する。これまで認めなかった太田氏の岩付領有を認める。その代わり自身への忠勤を誓わせ、北条氏の再侵攻の盾とする。このような決断があったのであれば、扇谷上杉氏が資頼の謀叛の罪を問うことなく、謀叛で得た岩付をそのまま安堵した不思議も説明されることになる。そして事実、一度は謀叛した太田資頼も、岩付を安堵されて以降は、主君を再び裏切ることはなかったのだ。

(五) 太田資正の時代へ

扇谷上杉氏への忠勤を果たした資頼が没したのは、『養竹院位牌』(岩太六二七)や『養竹院過去帳』(岩太六三二)によれば天文五年(一五三六)のことである。

この後、扇谷上杉氏は、北条氏綱・氏康の攻勢にあって次々と重要拠点を失い、天文十五年(一五四六)の河越合戦(川越夜戦)で滅亡する。資頼後の岩付の太田氏は、嫡男・資顕の時代に北条方に転向した。しかし、次男・太田資正(一五二二〜一五九一)が当主となると、扇谷上杉氏の再興を目指し北条氏と激しい抗争を展開する。資正の戦いは、最終的には敗北に終わったものの、それは同時代の僧侶が「武州大乱」(岩通二八五)と記すほど苛烈なものであった。岩付城と岩付太田氏は、扇谷上杉氏滅亡後においても、反北条・親上杉の重要拠点として機能したのだ。太田資頼に岩付を安堵した扇谷上杉氏の判断は、その次男・資正の奮戦をみるに、間違っていなかったと言えるであろう。

資正の惣領意識と「詩軸」

父・資頼の遺跡を継ぎ岩付を本拠に戦った太田資正は、『太田家譜』が〝太田氏惣領の大紋〟と伝える「鏑矢左前」を掲げる軍記を使用していた。上杉謙信（当時は長尾景虎）のもと集った関東諸将の名前と旗印を記した『関東幕注文』（埼資⑧六二八・岩史一一九一）に見える「大田美濃守かふらや左前」が、それである。資正の時代の太田氏は、江戸太田と岩付太田の二系統に別れて久しかった。しかし、資正には「岩付太田こそが太田の惣領」との意識があったのだ。

資正の惣領意識はどこから生まれたものか。それは、父・資頼から受け継いだものだったのではないか。そしてその根拠は、「詩軸」によって惣領の証とされた岩付城の領有であったのではないか。筆者はそう考えたい。

以上で、本書の岩付城・太田氏築城説に基づく〝岩付城通史〟の叙述を終える。本書の岩付城・太田氏築城説は、関東戦国史の中に位置づけた際にも破綻を引き起こしことはなかった。むしろ従来の通史記述では説明が難しかった事象を、より納得できる形で示せることができたのではないだろうか。

第八章　「自耕斎詩軸并序」は読み解けたか

岩付城太田氏築城説に寄せられた全ての否定論に対して、反論を終えることができた。信頼度の高い史料と矛盾が生じない形で、太田氏による同城の築城・継承・喪失・奪還の顛末を叙述することができ、それは今日の定説としての戦国関東史の流れとも整合し、また岩付周辺の中世の地理的条件と矛盾を生じないものとなった。

むろん、いくつかの課題は残った。岩付左衛門丞顕泰に比定される太田六郎右衛門尉が、「左衛門丞（尉）」を称し、法名「顕泰」を名乗ったことを裏付ける確実な史料は存在しない。本書が為したのは、六郎右衛門尉が「左衛門丞（尉）」に改称した可能性や、法名「顕泰」を名乗った可能性は否定されない、との検討までである。

しかし、本書の検討により太田氏築城説でなければ説明しがたい点が多いことも判明した。「詩軸」が書かれた明応六年、まだ扇谷上杉氏の庇護下にあった鎌倉の玉隠に漢詩文の作成を頼めたのは、扇谷上杉氏かその有力被官のみであった可能性が高い。岩付築城者「正等」の事績や人物像は太田道真のそれに近く、「詩軸」に描かれた正等の「子」でもあり、「苗裔」（末裔）でもある「顕泰」の存在は、太田道真にとっての六郎右衛門尉でなければ説明が難しいことも確認できた。

岩付城・太田氏築城説が、今なお成立の余地が残る生きた学説であることは、証明できたと言ってよいであろう。

しかし本書にはもう一つ課題があった。岩付城の築城者論の根本史料である「詩軸」（自耕斎詩軸并序）の読み解きである。ここまでは、太田氏築城説への否定論への反論を主題とし、必要に応じて「詩軸」の新解釈を行ってきた。しかし、こうした新解釈によって、「詩軸」が太田氏築城説の立場からの読み解かれたと言えるかは、まだ検討されていない。

この検討を行い、本書の締めとしたい。

（一）「詩軸」読解の振り返り

まず、これまでに示した、「詩軸」読解と太田氏築城説の整合について振り返りたい。表記の簡便のため、参照先については、「第〇章（□）節」を「〇章・□」と表記することにしたい。

自耕斎（正等）の正体を隠す異様な構成

「詩軸」は、称揚の対象である自耕斎という人物について、正体をなかなか明かさず、この人物が「自耕斎」と名乗った理由についても読者をミスリードし続ける異様な構造を取る。そして最後まで真の名字を明かさないまま（名字「岩付」を名乗った領主は確認されない）終わってしまう（二章・三）。

この異様な構成は、依頼者の岩付左衛門丞顕泰＝太田六郎右衛門尉が、主君・扇谷上杉氏の勘気を被らないようにするため、（ア）名字「太田」の直接的な使用（五山文学による太田の称揚は道灌の栄華を想起させる）を避け、（イ）・太田道真についても「自得軒道真」の呼称（河越城で主君を差し置き城主同然に振舞った過去を想起させる）を避けた、との想定を置くことで説明が可能となる（五章・二）。

名字のごとき「岩付」の意味

岩付左衛門丞顕泰が、真の名字を避けて地形「岩付」を名字のごとく冠して「詩軸」に登場した理由は、同地域が扇谷上杉氏領国の東端に位置し、敵対する古河公方との前線基地であったことを受け、自身らを、主君を守る防人と位置付けたものと解釈される。岩付左衛門丞顕泰＝太田六郎右衛門尉は、道真・道灌時代の主君と同等の権限を失う中、地域領主化を目指したことが想定される人物である。この太田氏の地域領主化が岩付地域を中心になされたと考えることで、上記と符合する解釈が可能となる（五章・二）。

太田道真を想起させる自耕斎（正等）の振る舞い

「詩軸」に描かれた自耕斎（正等）は、（ア）隠居の時期、（イ）諸葛亮に比される知将としての世評、（ウ）複数の五山僧を使役する道灌並みの権力、（エ）五山僧と親交しながら曹洞宗に帰依した信仰、（オ）「白羽扇指揮三軍守其中」との活躍が『鎌倉大草紙』の道真の岩付築城と符合すること、等から太田道真を想起させるよう記載されているとの解釈が可能である（四章・一・二・六）。

「詩軸」の終盤で、俄かに〝龍〟のイメージが自耕斎（正等）に付与されたことも、越生は〝龍〟ヶ谷の〝龍〟穏寺に隠居した太田道真を想起させる仕掛けと見ることができる（四章・六）。

自耕斎（正等）を称える中国為政者らの逸話

「詩軸」には、自耕斎（正等）を称えるべく、多くの中国の為政者らの逸話が登場するが、本書の検討により、それぞれの出所が明らかとなった。その全員が農に精通し時に自ら耕し、民に心を寄せた為政者として描かれており、広域権力者がその身を農の近くに置いたことを美徳とする価値観がみられることを確認した。こうした価値観は、「自耕斎」を名乗った岩付築城者を、扇谷上杉氏の家宰としてまさに広域権力者であった太田道真に比定する本書の立場と整合する（四章・四）。

岩付ではない自耕斎（正等）の隠居の地

自耕斎（正等）が太田道真であれば、「詩軸」においてこの人物が岩付で隠居生活を送ったかのような記載がなされたことは、道真の実際の隠居地が越生であったことと齟齬を生じる。

しかし、「詩軸」では、自耕斎は「絵」を考えたことを契機に「傅岩之地」（岩付に通じる）での古代殷王朝の宰相・傅説の事績を思い浮かべ、玉隠は岩付で活躍した父子を傅説の再来とする。自耕斎の隠居の地が岩付であれば、その風景は眼前に展開されているため、「傅岩之地」＝岩付を想起する契機としての「絵」は不要である。「絵」を考えたことを契機として岩付を思い浮かべていることは、自耕斎の隠居地が岩付ではなく、「絵」に描かれていた風景が岩付のものであったことを示唆する。この「絵」が、冒頭で登場する「耕田之絵」であり、真宗の「令画以耕田之象」と比され、自耕斎による五山僧らへの求詩の題材とされた（而絵以求詩）と考えられることを踏まえれば、玉隠の仕掛けであった可能性は高い（四章・五）。

以上より「詩軸」は、自耕斎が隠居生活を送った地が、あたかも岩付であったかのように記述しながら、実際には別の土地であったことを仄めかす記載を差し込んでいることになり、自耕斎（正等）＝太田道真の想定と符合的である。

「百畝郷田」の意味

自耕斎（正等）父子が小領主であった根拠とされた「百畝郷田」は『孟子』に出所が求められ、〝公への奉公を条件として与えられた、傍輩らと同等の広さの所領〟と解釈されることになった。この解釈は、かつて主君の執事兼重臣らの筆頭である家宰として絶対的な権限を掌握した太田氏が、六郎右衛門尉の時代には主君扇谷上杉氏の権限一元化によってこの権限を失い、他の重臣らの傍輩として生きる道を模索したことと符合する（四章・四）。

子であり子孫（苗裔）である顕泰

「詩軸」において岩付左衛門丞顕泰が、自耕斎（正等）の子であるとされながら（例えば父子豈不傳岩賢佐之再世乎）、家督継承の表現と考えられる「一家機軸、百畝郷田、付之於苗裔顕泰也」においては〝子孫〟を意味する「苗裔」とされる奇妙さも、この人物を太田六郎右衛門尉に比定することで説明される。太田六郎右衛門尉は、道真の孫世代にあたるものの、道灌死後に太田氏惣領となるに際にして祖父道真から家督を継承した形式をとったことが想定されるためである（五章・五）。

全文読解された「詩軸」が、本書の太田氏築城説と矛盾を生じず、それと極めて符合的な説明が可能であることは、以上の振り返りによって明らかと言えるであろう。しかし、ここまで筆を進めたことで、筆者はまだやり残したことがあることに気づくことになった。それは「詩軸」における〝太田〟の発見である。

（二）「太田」の隠喩は見出されるか

本書が示した通り、「詩軸」が、作為的で技巧的な詩文であり、そして「正等」と「岩付左衛門丞顕泰」が太田氏であったなら――。この仮説が正しいならば、「詩軸」のどこかに正等と顕泰の真の名字「太田」が潜んでいてもおかしくはない。いや、これだけの技巧を尽くした詩文であるならば、真の名字「太田」が、わかる者にはわかる形でどこかに隠されていなければおかしいではないか。

それが、ここまで筆を進めた筆者が突きつけられた課題である。太田氏築城説が本当に「詩軸」

が隠されているはずなのだ。しかし、「詩軸」の隠喩が隠されているはずなのだ。しかし、「詩軸」の文面を何度読み返しても、筆者は発見することができなかった。「詩軸」にあるはずの〝太田〟の隠喩隠喩。それは、解いたつもりになったジグソーパズルの、最後の嵌まらないピースのように思えた。

「百畝郷田」のもう一つの解釈

しかし、最後のピースは突然、筆者の目の前に現れた。

それは、本書の執筆協力者である中世太田領研究会の原口和子氏との対話の中での出来事であった。筆者が、自耕斎（正等）から顕泰へ家督の象徴として継承された「百畝郷田」に関する考察（三章・二）を伝えた際、原口氏は、この着想に対して基本的に同意しつつ、「しかし、百畝郷田には別の意味も込められている可能性もあるのではありませんか」と言ったのだ。

以下、原口氏の指摘を要約する。

「百」という字は、単に数字の百という意味以外に、〝数・量・種類が多いさま〟という意味も持つ。百畝の私田は、三ヘクタール強の土地に過ぎず領主の所領としては確かに狭い。しかし『孟子』が示唆するように、一般家族が所有する私田としては十分に広かったならば、「詩軸」における「百畝郷田」にも、同じ意味、即ち地域領主として十分広い所領との意味が込められていてもおかしくは無い。ならば、「百畝郷田」は〝広い田〟あるいは、〝大いなる田〟となる。「太田」は〝大いなる田〟。すなわち、家督の象徴として顕泰に継承された「百畝郷田」こそが「太田」の隠喩と言えるのではないか。

所領と太田氏家督の継承宣言

原口氏の指摘に、筆者は衝撃を受けた。そして新たな着想に至ることになった。それは、「詩軸」の最後を締める漢詩「粒々養成躬可知犂鋤不是効顰為旱天霖雨傅岩野一片心田得我私」に関するもう一つの解釈である。

第二章ではこの漢詩を「穀物を養って育てることで、自ら知ることができる。犂鋤などの農具を使うのは、（農業の）真似事をするためではないということを。（自耕斎は）干魃のときにも傅岩の野の一片の心の田において長雨を降らせたことで（仏教の悟りを衆生に伝える他受用の行為を為したことで）、我が私田（自身の悟り、自受用）を得たのだ」と解釈した。「得我私」を、自耕斎が悟りを得た、という意味で捉えたのだ。

しかし、「得我私」の「私」は、「詩軸」の文脈上公田に対する私田であり、「百畝郷田」と表現された私有耕地でもある。そして第四章で示した通り、この「百畝郷田」は、継承した岩付左衛門丞顕泰が主君に奉公することで安堵された、一地域領主としての所領と解釈される。ここに「百畝郷田」が「太田」の隠喩であったとの想定を加えれば、この漢詩は、まったく別の意味も持つことになろう。すなわち、「得我私」とは、自耕斎が悟りを得たという意味に加え、岩付左衛門丞顕泰（太田六郎右衛門尉）が、「百畝郷田」で象徴される太田氏の家督とその所領を継承したことを示す表現と解釈することも可能なのだ。

新たな解釈にたどり着いた筆者は、百畝郷田＝太田の隠喩説の証拠を求め、『詩経』にあたることにした。

『詩経』への誘い

『詩経』は、中国最古の詩篇であり、四書五経と呼ばれる儒教の聖典の一つである。第四章で述べた通り、百畝郷田の出所は『孟子』における「詩云、雨我公田、遂及我私、由此観之、先公而後私、周亦用助也」であるが、この「雨我公田」から始まる詩は、孟子の時代よりさらに古い周王朝時代の詩集『詩経』からの引用されたものである。筆者は、『詩経』に記されたオリジナルの「雨我公田」の詩を探れば、そこに「太田」を示唆する何らかの記載があるのではないかと、直観したのだ。

この直観には根拠があった。「詩軸」には、『詩経』への誘いとも言うべき記載が存在する。

一つは、「詩云」である。「雨我公田、遂及我私」以下のみを引用しても、この詩を踏まえた『孟子』の主張は明白である。理想とされる古代周王朝では、公田での奉仕があってこそ私田の領有が認められたことは、十分に伝わる。しかし、玉隠は「詩云」を残した。引用した『孟子』に、更に引用元があることを明示することで、読み手には『詩経』の存在が印象付けられる。

もう一つは、やはり「詩軸」に登場する「豳詩七月之情」である。第二章で示した通り、「豳詩七月」は『詩経』の「豳風」に収録された有名な農業詩「七月」を指す。「七月」は『詩経』を代表する詩として知られる。例えば王安石は「発廩」という詩で、「豳詩」は儒教の聖人・周公が作ったものであり（豳詩出周公）、願わくば自身も「七月」の詩を書きたい（願書七月篇）と述べている。『詩経』の有名詩「七月」の登場により、読み手は二回にわたって『詩経』への想いを掻き立てられるのだ。

以上のような考察をしつつ、「太田」を示唆する何らかの記載の存在を求めて『詩経』の注釈書をめくった筆者は、衝撃に打たれることになった。そこにあったのは「太田」の示唆どころではなかった。孟子が引用した『詩経』の詩、「雨我公田」を含むその古代の農業儀式の詩は、タイトルそのものが「大田」だったのだ。

「百畝郷田」は大田（太田）

『詩経』の「小雅」に収められた古代周王朝の農業儀式の詩「大田」を引用したい。現代語訳は、『新釈漢文体系111 詩経 中』の通釈を踏まえ、筆者が要約したものである。

大田多稼、既種既戒（広く大きな田地に実り多かれと願い、予め種を選んで植え、農具を準備し）
既備乃事、以我覃耜（農具を整え、農耕に勤める。私の鋭いすきをもって）
俶載南畝、播厥百穀（南畝で土を起こし、草を起こして多くの穀物の種をまき）
既庭且碩、曾孫是若（苗はまっすぐ大きく育つ、曾孫は満足する）
既方既皁、既堅既好（房がなり、実ができ、実は堅く熟し、美しい穂をつける）
不稂不莠、去其螟螣（雑草のいぬあわ・はぐさが無く、害虫のくきむし・はむしを取り去ったので）
及其蟊賊、無害我田穉（ねむし・ふしむしを取り去ったので、私の若い苗が食べられることはなかった）
田祖有神、秉畀炎火（田の祖神に神霊なる力があり、害あるものを取って大火の中にくべた）
有渰萋萋、興雨祁祁（雲がもくもくと空をおおい流れ行き、雨がたっぷり降る）
雨我公田、遂及我私（私たちの公田に雨が降り、遂に私の私田に雨が及ぶ）
彼有不穫穉、此有不斂穧（あそこには刈っていない若い稲がたり、ここに収めていない稲があり）

彼有遺秉、此有滞穂　（あそこには取り残しの稲があり、ここには捨てられた稲がある）
伊寡婦之利　（余った稲は夫を失った独身の女性たち取り分）
曾孫来止、以其婦子　（祭主である曾孫がやってきた。その婦人や子どもたちと一緒に）
饁彼南畝、田畯至喜　（あの南畝で酒食を共にすれば、田の祖神がやって来て飲食する）
来方禋祀、以其騂黑　（四方の神々を祀り、赤毛の牛、黒毛の羊豕ともちきび）
與其黍稷、以享以祀　（うるきびとを供える。そのように神々に供え祀れば）
以介景福　（神々は大いなる幸福を与えてくださる）

孟子が引用した「雨我公田、遂及我私」を含むその詩の題は「大田」であり、冒頭の一節は、「大田多稼」（広く大きな田地に実り多かれと願い）であった。公田で務めながら、与えられた私田の実りを喜ぶこの古代詩は、その私田すなわち百畝郷田を「大田」と呼ぶ。その大きさは、「彼有不穫穉、此有不斂穧」（あそこには刈っていない若い稲がたり、ここに収めていない稲があり）、「彼有遺秉、此有滞穂」（あそこには取り残しの稲があり、ここには捨てられた稲がある）との表現で雄弁に語られている。

『孟子』の主題は、「公田」での奉仕あっての百畝の「私田」所有が認められるという農地制度の在り方である。しかしその根拠となった『詩経』の詩は素朴な農業詩であった。その主題は「私田」の大きさと実りの豊かさであり、百畝の「私田」は「大田」（太田）と称えられていたのだ。

太田氏繁栄への祈り

非常に興味深いことに、『詩経』「小雅」に収録された「大田」という詩には、同じく『詩経』「豳風」の詩「七月」と全く同じ表現が登場する。それが「以其婦子、饁彼南畝、田畯至喜」である。意味は、〝（祭主である曾孫が）婦人や子どもたちと一緒に（やってきた）。あの南畝で酒食を共にすれば、田の祖神がやって来て飲食する〟というもの。『新釈漢文体系111 詩経 中』によれば、「以其婦子」は、未来の祭主である曾孫が、子孫が婦人や子どもたちを付き添って現れる様子を示す。それは一族の末広がりの繁栄の象徴であり、そこには輝かしい未来のイメージが描かれていることになる。「饁彼南畝、田畯至喜」は、百畝郷田での酒食に田の神々が参加し、幸福をもたらされることが示唆されるのだ。

「自耕斎詩軸并序」は『詩経』の詩「七月」を示した上で、『孟子』が引用した『詩経』の詩に誘う。誘われて『詩経』を紐解けば、『孟子』が引用した詩は「大田」と分かり、そして両詩には共通部があることを知る。そこで描かれのは一族の繁栄と神々の祝福への祈念である。「詩軸」に書かれた「豳詩七月之情」とは、子孫繁栄を悦ぶ心持ちだったのかもしれない。

筆者は思う。玉隠は、『詩経』「小雅」の「大田」という詩を、そのタイトルも内容も知った上で、あえてそれを引用する『孟子』からの孫引きという形で「自耕斎詩軸并序」に登場させたのであろう。出所を、有名な『孟子』までしか遡らない読み手には、「雨我公田」の詩と「百畝郷田」の主題は、公田と私田の区別であり、同輩たちと対等な立場で主君への忠勤を果たす新しい太田氏の在り方が伝わる。しかし、さらに詩の原典たる『詩経』まで遡る読み手は、詩題が「大田」であり、その詩が豊かな実りと子孫繁栄を願ったものであることを知る。ここにおいて表面的には伏せ続けた名字「太田」（大田）が明確に浮かび上がり、岩付という新天地での繁栄とその永続、そして神々の祝福というビジョンが立ち上がるのだ。

しかも「詩軸」が書かれたのは「一夏強半」、すなわち旧暦六月である。受け取った太田六郎右衛門尉は、旧暦七月にこの漢詩文を読んだのではないだろうか。玉隠の仕掛けを読み取り、秋の始まりの七月の空気の中で「豳詩七月之情」を感じつつ、満足げに頷いて。

筆者による「自耕斎詩軸并序」の読み解きの旅は、ここに終わった。

「詩軸」は、徹頭徹尾、太田氏のために書かれた詩文だった。名字を出して一族を称揚できない状況に追い込まれた太田氏とその惣領のために書かれた詩文。それは、真の名字を伏せ、辺境の地「岩付」を名字のごとく掲げて主君への忠勤を誓う宣誓であり、惣領の家督継承の正当性を五山僧の権威で保証する一種の証文でもあった。しかし深く読み込む者には、隠された名字「太田」が浮かび上がる暗号であり、太田氏一族の繁栄を祈る悦びの詩であった――。むろん、全ては仮説である。しかし仮説ながら、このように考えることができること、そしてこう考えることで「詩軸」に込められた数々の仕掛けが無理なく説明できると示すことができたのだ。

筆者は、満足して筆を擱くことにしたい。

あとがき

戦国時代に築かれた城は、果たしていくつあったのか。これを数万と推計する書物に出会ったことがあるが、その真偽や正確性を論じる知見は筆者にはない。しかし膨大な数の城が存在することは間違いないであろう。本書は、膨大な数にのぼる戦国の城から、岩付城という一城を取り上げ、その築城者に関する論考を展開するものである。数万の城の中で、百名城や続百名城にも入らないようないささかマイナーな城に光を当てた書物を世に出せたこと、そして、それを手に取る読者に出会えたことには、感謝の言葉もない。

はじまりは、二〇一七年の暮れであった。知り合ってまだ間もなかった原口和子氏（中世太田領研究会）に「岩付城の築城者は、やはり太田氏なのではないか」と言われたことが、全ての始まりである。このとき私は、同意できなかった。岩槻に住む歴史好きとして岩付城の築城者論争を知ってはいた。だが、信頼できる史料に裏付けられた成田氏築城説に反論するのは難しいと思ったのだ。しかし、原口氏から本文でも紹介した藤井進一氏の「白羽扇指揮三軍守其中」の解釈をうかがったことで私の考えは変わった。太田氏築城説に対してこれだけ整合的な解釈ができるなら、同説には未だに成立の余地があるのではないか。そう直感したのだ。三年間にわたる検討は、ここから始まった。

途中、苦労や紆余曲折はあった。それでもこれらを乗り越えることができたのは、多くの方々の助けがあったからである。以下、少々長い謝辞となるが、お世話になった方々へのお礼を述べさせていただきたい。

中世太田領研究会の比企文和氏には、太田氏築城説の鬼門とも言うべき岩付左衛門丞顕泰の人物比定検討において多く助言・講評をいただいた。本書が提起した太田六郎右衛門尉に焦点を当てる太田氏築城説は、比企氏の協力無くして着想できなかったであろう。

原口和子氏の助けは、本文でも度々記した通りである。道灌以後の太田氏系譜に関する原口氏の独創的な論考に、何度示唆をもらったことか。何より「百畝郷田」に関する氏の考察は、パズルの最後のピースを与えてくれることになった。考えてみれば、私の岩付築城者論は、始まりも終わりも原口氏に依る。この世の果てまで飛んだつもりが、お釈迦様の掌の上にいた孫悟空のような気分でもある。

ＮＰＯ法人越谷市郷土研究会の秦野秀明氏にも多くのご教授をいただいた。岩付築城者論の検討を進めるにつれ、私は享徳・長享の乱期の岩付地域の地理的・地形的な位置づけの重要性を認識した。しかし、中世関東の地勢を決める河川流路については多くの先行研究があり、一朝一夕にはその全体像を掴むことができない。この分野に造詣の深い秦野氏の助けが無ければ、本書に提示した河川流路の再現だけでも更に数年はかかったに違いない。また中世の綾瀬川の様相や果たした役割については、榎本郁生氏から多くの示唆をいただいた。本書で示した岩付地域と河川の関わりは、お二人のご助力があって描けたものである。感謝の意を表したい。

「自耕斎詩軸并序」に関する研究成果を参照することを許諾くださった藤井進一氏、中世関東の稲作について教えてくださった高橋逸人氏、玉隠と古河公方との関わりについて助言くださった鴨志田智啓氏、史料収集に関してサポートをしてくださった今福匡先生にも、感謝を申し上げたい。

先行研究の先生方にも、多くを学ばせていただいた。

本書では、黒田基樹先生の御説に時に疑義を呈する立場を取った。しかし、私が新たな太田氏築城説を構築する上で参照した戦国黎明期の関東史の書籍・論文の大半は、黒田先生によるものである。扇谷上杉氏や太田氏についての先行研究を求めれば必ず黒田先生の書籍・論文に突き当たる。私は、黒田先生が築かれた壮大な体系に学びつつ、その一部に疑問を呈したに過ぎない。どれほど大きくを学ばせていただいたことか。

本書の太田氏築城説が、小宮勝男先生の正等＝太田道真説を前提として、これを発展させたものであることは言うまでもない。太田氏説を否定する根拠となった「自耕斎詩軸并序」の精読に挑み、その一節から正等が太田道灌クラスの権力者兼文人であると看破した先生の慧眼には敬服する他ない。在野研究の可能性と持つべき気概を、私は小宮先生に学ばせていただいた。

太田氏築城説を徹底的に批判した青木文彦先生の研究は、私にとって眼前に立ちはだかる大きな壁であった。しかし、これに応えるために私は玉隠と同時代の五山文学をむさぼり読み、当時に禅僧らの漢詩文の表現パターンを学ぶことになった。青木先生のおかげで本書の検討は深まったと言える。また本書を読んだ方であれば、旧平林寺梵鐘の享徳五年銘が、上杉氏陣営と岩付地域の関わりが享徳の乱以前に遡ることの立証においてどれほど重要な役割を果たしたかをご存知であろう。地域史研究の成果を知悉する青木先生のご紹介がなければ、この梵鐘銘の存在と解釈に辿りつくことはできなかった。更に、青木先生には龍華翁の人物比定などについて直接のご指導もいただいた。岩付築城者に対する青木先生と私の見解は異なる。しかし先生は、そうした相違にとらわれず、地域史を探索しようとする後進に惜しみない協力と助言を与えてくださった。歴史を研究する者のあるべき姿を教えていただいた。

研究の過程と成果を追う中で、私は先生方に私淑させていただいたと考えている。先生方にはこの場を借りて謝意をお伝えさせていただく次第である。

忘れてはいけないのが、このマニアックな論考の出版にオーケーを出し、出版まで導いてくださったまつやま書房の皆様である。前作『太田資正と戦国武州大乱』（共著）と違い、築城者の論考は読み手が限られる。出版に値するか判断は難しいところであった。それでも決断くださった山本正史代表、そして執筆・推敲を支えてくださった山本智紀主幹、担当編集の内田翼氏のおかげで、この本はこうして手に取れる形になった。厚く御礼を申し上げたい。

本書がこうして世に出ることができた裏には、実に多くの方々の支えがあった。

二つほど断っておかねばならないことがある。

一つは、筆者の私が史学に関して独学の徒に過ぎないことである。「中世太田領研究会」という立派な名称の会に属しているためか、私は学術研究者と誤解されることがある。これは正しくない。私は、本業を別に持ち、興味あるテーマの研究を独学で進める日曜史家（日曜大工ならぬ）に過ぎない。どうか厳しい目で、本書の検討を吟味いただきたい。ただし、アカデミアの先生方への敬意と、確立された学術的アプローチに倣おうとしたことはお伝えしたい。先行研究にあたる、原典としての史料を読む、その際史料の位置づけ・信頼度への批判を行う。本職の研究者ではないからこそ、こうした基礎的なアプローチに妥協せず取り組んだつもりである。どうか著者の経歴・肩書ではなく、検討のアプローチと考察の内容で本書をご評価いただきたく思う。

もう一つ強調したいのは、本書の検討が、成田氏築城や渋江氏築城説を否定するものではないことである。そもそも本書の目的は太田氏築城説の成立性を示すことであり、先行説を否定することではない。自耕斎詩軸并序の岩付左衛門丞と同じ「顕泰」を名乗った当主が存在する成田氏、そして一次史料から確認される最古の岩付城主「渋江孫太郎」を輩出した渋江氏は、依然、岩付築城の当事者であった可能性を主張できる立場にある。両説が依然として蓋然性の高い説であることは変わらないのだ。本書が意図したのは、太田氏築城説にも蓋然性が認められることを示すことである。太田氏築城説をこれら先行説と並んで、現役の岩付城築城者説の一つに数えられるならば、本書の目的は果たせたことになろう。

むろん、これら三説のうち、どの説が最も蓋然性が高いかという議論に興味が無い訳ではない。しかし、太田氏築城説の側から検討を進めてきた私に、公平中立の立場でこの議論を行うことはできない。それは読者諸賢を含めた第三者に託すべきものであり、大仰に言えば歴史が結論を下すべき領域であろう。

最後に、私個人の岩付城（岩槻城）への想いを述べさせていただきたい。

わずか十年足らずであるが、私は岩槻に暮らした。家は、戦国末期の岩付城の大構（城を城下町ごと囲む土塁）の内側にあり、今も地形や町の区画に残る同城の構造を、体で感じることのできる場所であった。生活を共にする岩付城には、深い愛着が芽生えた。

その岩付城が、室町の格調高い漢詩文に登場する。同時代一流の高僧が、謎の人物「正等」を称える形で岩付城の築城の物語を語っている。これは凄いことだと、検討を進めながら何度となく思った。太田道灌が築いた江戸城を除けば、築城の詩が書かれた城など全国にどれほどあるだろうか。そう考えれば、「自耕斎詩軸并序」は、地元の方々にとって、岩付城址を抱えるさいたま市にとって、誇りの源泉となるべき文化財と言えるはずである。

ところが今日、岩付城の地元でも「自耕斎詩軸并序」の存在は、あまり知られていない。地元の人々が愛した〝太田道灌による岩付築城〟という伝説が「自耕斎詩軸并序」によって否定されたことで、もしかするとこの詩文は半ば厄介者のような扱いを受けているのかもしれない。こうした見方が仮に正しいなら、これほど残念なことはない。城の築城者の候補が複数あり、論争が戦わされていること自体、興味深い。しかもその論争の根本史料は、同時代一流の僧侶が書き残した格調高き五山文学である。むしろ誇るべきであろう。邪馬台国論争が、古代中国一流の史家・陳寿が記した「魏志倭人伝」が根本史料となり、その解釈で盛り上がるように、岩付城はこの五山文学作品の解釈で盛り上がってもよいはずだ。

執筆を進めながら、私は、「自耕斎詩軸并序」のような価値ある史料に恵まれた岩付城の歴史の豊かさを改めて実感した。築城者は誰かという議論は楽しい。しかしそれ以上に重要なのは、この豊かさではないか。私がこの本を書いたのは、そのことを伝えるためだったのかもしれないと思う。

岩槻は、私にとって第二の故郷である。十年前、結婚したばかり妻と一緒に、ここで生きていこうと選んだ城下町。生まれたばかりの息子を連れ、家族で久伊豆神社の参道を歩き、歴史と文化を味わった。妻が病でこの世を去った時、息子と二人残された私たちを支えてくれたのは、この街の温かさであった。そして再び妻を迎えて新しい家族となろうとした私たちにとって、岩槻は門出の地ともなった。

忘れえぬ十年を過したこの第二の故郷には、城下町としての魅力でより一層、輝いてほしい。もしも本書がその一助となったなら、私にとってそれに勝る喜びはない。

二〇二〇年十月三十一日　武州神田山の麓にて、遠き岩付の城を思いつつ

中世太田領研究会　柴田昌彦

参考文献

〈市町村史及び資料集〉
『岩槻市史 古代・中世史料編Ⅰ 古文書史料（上）』
『岩槻市史 古代・中世史料編Ⅰ 古文書史料（下）』
『岩槻市史 古代・中世資料編Ⅱ 岩付太田氏関連史料』
『岩槻市史 通史編』
『越生の歴史Ⅰ 原始・古代・中世』
『小田原市史 史料編原始古代中世Ⅰ』
『北区史 資料編 古代中世1』
『北区史 資料編 古代中世2』
『古河市史 資料編 古代中世』
『新編埼玉県史 通史編2』
『新編埼玉県史 資料編6』
『新編埼玉県史 資料編5』
『新編埼玉県史 資料編8』
『新編埼玉県史 資料編9』
『埼玉県史料 叢書11』
『埼玉県史料 叢書12』
『宮代町史 通史編』
『信濃史料 第九巻』
『信濃史料 第十巻』
『続群書類従 第十二輯下 文筆部』
『続群書類従 第二十輯上 合戦部』
『続群書類従 第二十一輯上 合戦部』
『吉川市史 資料編 原始・古代・中世』

〈著作・編著〉
新井浩文（二〇一二）『関東の戦国期領主と流通』（岩田書院）
石川忠久（一九九八）『新釈漢文体系111詩経 中』（明治書院）
市木武雄（一九九三）『梅花無尽蔵注釈 第1巻』（続群書類従完成会）
市木武雄（一九九三）『梅花無尽蔵注釈 第2巻』（続群書類従完成会）
市木武雄（一九九三）『梅花無尽蔵注釈 第3巻』（続群書類従完成会）

市木武雄（一九九四）『梅花無尽蔵注釈第4巻』（続群書類従完成会）
市木武雄（一九九五）『梅花無尽蔵注釈第5巻』（続群書類従完成会）
入谷義高校注（一九九〇）『五山文学集（新日本古典文学大系）』（岩波書店）
岩野眞雄編（一九三二）『仏教信仰実話全集第九巻』（大東出版）
宇野精一（二〇一九）『孟子 全訳注』（講談社学術文庫）
梅沢太久夫（二〇一八）『埼玉の城』（まつやま書房）
大野峻（一九七八）『新釈漢文大系 67国語下』（明治書院）
小国浩寿（二〇一三）『鎌倉府と室町幕府（動乱の東国史5）』（吉川弘文館）
葛飾区郷土と天文の博物館編（二〇一〇）『葛西城と古河公方足利義氏』（雄山閣）
久保健一郎（二〇一五）『戦国大名の兵粮事情』（吉川弘文館）
久保健一郎（二〇二〇）『享徳の乱と戦国時代（列島の戦国史1）』（吉川弘文館）
黒田基樹（一九九五）『戦国大名北条氏の領国支配』（岩田書院）
黒田基樹編著（二〇〇一）『戦国期東国の大名と国衆』（岩田書院）
黒田基樹編著（二〇一〇）『シリーズ・中世関東武士の研究 第1巻 長尾景春』（戎光祥出版）
黒田基樹（二〇一一）『戦国関東の覇権戦争』（洋泉社）
黒田基樹編著（二〇一二a）『シリーズ・中世関東武士の研究 第5巻 扇谷上杉氏』（戎光祥出版）
黒田基樹編著（二〇一二b）『論集 戦国大名と国衆7 武蔵成田氏』（岩田書院）
黒田基樹編著（二〇一三）『論集 戦国大名と国衆12岩付太田氏』（岩田書院）
黒田基樹編著（二〇一四）『シリーズ・中世関東武士の研究 第12巻 山内上杉氏』（戎光祥出版）
黒田基樹（二〇一九）『太田道灌と長尾景春』（戎光祥出版）

黒田基樹（二〇一九）『戦国大名・伊勢宗瑞』（角川選書）
黒田基樹（二〇〇一）『戦国期東国の大名と国衆』（岩田書院）
黒田基樹（二〇〇四）『扇谷上杉氏と太田道灌』（岩田書院）
黒田基樹（二〇〇九）『図説太田道灌』（戎光祥出版）
呉座勇一（二〇二〇）『日本中世への招待』（朝日新書）
小宮勝男（二〇一二）『岩槻城は誰が築いたか』（さきたま出版会）
五来重編（一九八三）『修験道史料集（Ⅰ）東日本篇 山岳宗教史研究叢書17』（名著出版）
埼玉県（一九九三）『中川水系 人文 中川水系総合調査報告書2』
さいたま市教育委員会（二〇〇八）『岩槻城跡（三の丸跡第7地点）発掘調査』
斎藤夏来（二〇一八）『五山僧がつなぐ列島史』（名古屋大学出版会）
杉山一弥編著（二〇一九）『図説鎌倉府 構造・権力・合戦』（戎光祥出版）
鈴木哲雄（二〇〇五）『中世関東の内海世界』（岩田書院）
高島緑雄（一九九七）『関東中世水田の研究―絵図と地図にみる村落の歴史と景観』（日本経済評論社）
千々和至（一九八八）『板碑とその時代』（平凡社）
中世太田領研究会（二〇一九）『太田資正と戦国武州大乱』（まつやま書房）
則竹雄一（二〇一三）『古河公方と伊勢宗瑞（動乱の東国史6）』（吉川弘文館）
橋本直子（二〇一〇）『耕地開発と景観の自然環境学』（古今書院）
丸島和洋（二〇一六）『真田信繁の書状を読む』（星海社）
峰岸純夫（二〇一七）『享徳の乱 中世東国の「三十年戦争」』（講談社選書メチエ）
村井章介編著（二〇一四）『東アジアのなかの建長寺』（勉誠出版）
山田邦明（二〇一四）『享徳の乱と太田道灌（敗者の日本史8）』（吉川弘文館）
横浜市歴史博物館（二〇一九）『〝道灌以後〟の戦国争乱 横浜・上原家文書にみる中世』

嵐山史跡の博物館編（二〇一五）『平成26年度シンポジウム「戦国時代は関東から始まった」講演資料』

渡辺信一郎（二〇一九）『中華の成立　唐代まで』（岩波新書）

〈論文〉

青木文彦（二〇一五）「戦国時代の岩付とその周辺」、嵐山史跡の博物館編（二〇一五）収録

飯山実（一九八一）「梵鐘流転の一事例について」、『埼玉史談』第二十八巻第二号

大圖口承（一九八六）「岩付城主太田資顕とその資料」、黒田基樹編著（二〇一三）収録

川本慎自（二〇一四）「室町時代の鎌倉禅林」、村井章介編『東アジアのなかの建長寺』（勉誠出版）

木村聡（二〇〇九）「結城合戦前後の扇谷上杉氏—新出史料の紹介と検討を通じて」、黒田基樹編著（二〇一四）収録

黒田基樹（一九九三）「太田永厳とその史料」、黒田基樹編著（二〇一三）収録

黒田基樹（一九九四）「扇谷上杉氏と渋江氏—岩付城との関係を中心に—」、黒田基樹編著（二〇〇一）収録

黒田基樹（二〇一〇）「長尾景春論」、黒田基樹編著（二〇一〇）収録

黒田基樹（二〇一二①）「総論 戦国期成田氏の系譜と動向」、黒田基樹編著（二〇一二b）収録

黒田基樹（二〇一二②）「扇谷上杉氏の政治的位置」、黒田基樹編著（二〇一二a）収録）

黒田基樹（二〇一三）「総論 岩付太田氏の系譜と動向」、黒田基樹編著（二〇一三）

田中信（二〇一〇）「葛西城と扇谷上杉氏のかわらけ」、葛飾区郷土と天文の博物館編（二〇一〇）収録

長塚孝（一九九〇）「古河公方足利氏と禅宗寺院—旧利根川下流域を中心に—」、『葦のみち』第二号

長塚孝（二〇一八）「太田道灌と太田資長」（『日本史のまめまめしい知識第3集』（岩田書院））

原田信男（一九九七）『中世村落の景観と生活』（明治大学大学院博士論文）

松浦茂樹（二〇一五）「関宿から利根川東遷を考える」、水利科学五九巻一号二七―五六頁
松浦茂樹（二〇一八）「綾瀬川の歴史と現状」、水利科学六二巻一号二八―七一頁
梁瀬裕一（二〇一〇）「田中信氏の『山内上杉氏のかわらけ』についての若干のコメント」、葛飾区郷土と天文の博物館編（二〇一〇）収録

＜インターネットウェブサイト＞
ADEAC（アデアック）
（https://trc-adeac.trc.co.jp/）
国立国会図書館デジタルコレクション
（https://dl.ndl.go.jp/）
国文学研究資料館 電子図書館
（https://www.nijl.ac.jp/）
国立公文書館デジタルアーカイブ
（https://www.digital.archives.go.jp/）
東京大学史料編纂所
（https://www.hi.u-tokyo.ac.jp/index-j.html）

【著者紹介】
柴田昌彦
1974年、栃木県生まれ。東京大学工学部卒業、同大学院工学系研究科修了。10年間の在岩槻時代に、戦国武将・太田資正やその居城・岩付城（岩槻城）に関心を持ち、独自に研究に取り組む。中世太田領研究会所属。東京在住。著書に『太田資正と戦国武州大乱』（共著、まつやま書房）がある。

中世太田領研究会とは
中世太田領研究会とは、広く岩付太田氏やその係累の事績を地理・歴史的立場から総合的に研究している個人・団体を支援し、連携を図るとともに、自らも総合的に研究調査していこうとする社会教育関係団体です。
連絡先：ootasukemasa22@gmail.com
ブログ「『太田資正と戦国武州大乱』日記」：
https://ootasukemasa22.cocolog-nifty.com/blog/

自耕斎詩軸并序を読み解く——
玉隠と岩付城築城者の謎

2021年1月10日　初版第一刷発行

著　者　中世太田領研究会　柴田昌彦
発行者　山本　正史
印　刷　恵友印刷株式会社
扉題字　武田かず子
発行所　まつやま書房
〒355－0017　埼玉県東松山市松葉町3－2－5
Tel.0493－22－4162　Fax.0493－22－4460
郵便振替　00190－3－70394
URL:http://www.matsuyama－syobou.com/

ISBN 978-4-89623-144-1